工程施工与质量简明手册丛书

公路工程

王云江　吴钢伟　林大干◎主编

中国建材工业出版社

图书在版编目（CIP）数据

公路工程/王云江，吴钢伟，林大干主编．--北京：中国建材工业出版社，2020.7（2023.8 重印）

（工程施工与质量简明手册丛书）

ISBN 978-7-5160-2892-6

Ⅰ．①公… Ⅱ．①王… ②吴… ③林… Ⅲ．①道路工程-工程施工-技术手册 Ⅳ．①U415-62

中国版本图书馆 CIP 数据核字（2020）第 064655 号

公路工程

Gonglu Gongcheng

主编　王云江　吴钢伟　林大干

出版发行：中国建材工业出版社

地　　址：北京市海淀区三里河路 11 号

邮　　编：100831

经　　销：全国各地新华书店

印　　刷：北京雁林吉兆印刷有限公司

开　　本：787mm×1092mm　1/32

印　　张：13.125

字　　数：300 千字

版　　次：2020 年 7 月第 1 版

印　　次：2023 年 8 月第 2 次

定　　价：49.00 元

本社网址：www.jccbs.com，微信公众号：zgjcgycbs

内 容 简 介

本书依据现行国家标准、行业标准和规范编写，全书结构体系完整，内容简明、重点突出，充分体现科学性、实用性和可操作性，具有较强的指导作用和实用价值。本书包括工程质量评定、路基土石方工程、排水工程、防护支挡工程、路面工程、桥梁工程、涵洞工程、隧道工程、交通安全设施、绿化工程、声屏障工程 11 部分内容。

本书可作为公路工程施工人员学习参考用书，也可供高等院校相关专业师生阅读。

《工程施工与质量简明手册丛书》
编写委员会

《工程施工与质量简明手册丛书——公路工程》
编　委　会

主　　编： 王云江　吴钢伟　林大干

副 主 编： 叶凤英　王　宇　陈建军　钱宏春　褚金雷

参　　编： 王　杰　王树良　艾　敏　占上锋　刘雪枝　曲永昊　陈　江　汪业青　陈　智　张立新　张　帅　汪　蜻　应军伟　沈　炜　金丹君　郑晓洋　郑　冠　周彬彬　周振群　赵　新　党亚龙　贾少伟　谢自强　管敏超　廖淑珍　滕　钻

（参编按姓氏笔画排序）

主编单位： 浙江省大成建设集团有限公司

参编单位： 浙江交工集团股份有限公司

宁波市建设工程安全质量管理服务总站

前　言

为及时有效地解决建筑施工现场的实际技术问题，我们策划并组织专家编写了“工程施工与质量简明手册丛书”。本丛书为系列口袋书，内容简明实用，“身形”小巧，便于携带，可随时查阅，使用方便。

丛书共16本，各分册分别为《建筑工程》《安装工程》《装饰工程》《市政工程》《园林工程》《公路工程》《基坑工程》《楼宇智能》《城市轨道交通》《建筑加固》《绿色建筑》《城市轨道交通供电工程》《城市轨道交通弱电工程》《城市管廊》《海绵城市》《管道非开挖（CIPP）工程》。

本丛书中的《公路工程》根据现行国家和行业的施工与质量验收标准、规范，并结合公路工程施工与质量实践编写而成，基本覆盖了公路工程施工的主要领域，旨在为公路工程施工人员提供一本简明实用、方便携带的小型工具书，便于他们在施工现场随时查阅、快速解决实际问题。本书包括工程质量评定、路基土石方工程、排水工程、防护支挡工程、路面工程、桥梁工程、涵洞工程、隧道工程、交通安全设施、绿化工程、声屏障工程11部分内容。

对于本书中的疏漏和不当之处，敬请广大读者不吝指正。

编　者
2020.04.01

目　　录

1　工程质量评定

1.1　一般规定

（1）公路工程质量检验评定应按单位工程、分项工程、分部工程评定，并应符合下列规定：

① 单位工程：在合同段中，具有独立施工条件和结构功能的工程。

② 分部工程：在单位工程中，按路段长度、结构部位及施工特点等划分的工程。

③ 分项工程：在分部工程中，根据施工工序、工艺或材料等划分的工程。

（2）单位工程、分部工程和分项工程应在施工准备阶段按表 1-1 进行划分。

（3）公路工程质量检验评定应符合下列规定：

① 分项工程完工后，应根据本标准进行检验，对工程质量进行评定。隐蔽工程在隐蔽前应检查合格。

② 分部工程、单位工程完工后，应汇总评定所属分项工程、分部工程质量资料，检查外观质量，对工程质量进行评定。

表 1-1　一般建设项目的工程划分

单位工程	分部工程	分项工程
路基工程（每 10km 或每标段）	路基土石方工程（1～3km 路段）①	土方路基，石方路基，软土地基处治，土工合成材料处治层等

续表

单位工程	分部工程	分项工程
路基工程（每10km或每标段）	排水工程（1～3km路段）①	管节预制，混凝土排水管施工，检查（雨水）井砌筑，土沟，浆砌排水沟，盲沟，跌水，急流槽，水簸箕，排水泵站沉井、沉淀池等
	小桥及符合小桥标准的通道，人行天桥，渡槽（每座）	钢筋加工及安装，砌体，混凝土扩大基础，钻孔灌注桩，混凝土墩、台，台身安装，台背填土，就地浇筑梁、板，预制安装梁、板，就地浇筑拱券，混凝土桥面板桥面防水层，支座垫石和挡块，支座安装，伸缩装置安装，栏杆安装，混凝土护栏，桥头搭板，砌体坡面护坡，混凝土构件表面防护，桥梁总体等
	涵洞、通道(1～3km路段)①	钢筋加工及安装，涵台，管节预制，管座及涵管安装，波形钢管涵安装，盖板预制，盖板安装，箱涵浇筑，拱涵浇（砌）筑，倒虹吸竖井、集水井砌筑，一字墙和八字墙，涵洞填土，顶进施工的涵洞，砌体坡面防护，涵洞总体等
	防护支挡工程(1～3km路段)①	砌体挡土墙，墙背填土，边坡锚固防护，悬臂式挡土墙，扶壁式挡土墙，锚杆、锚定板和加筋土挡土墙、墙背填土等
	大型挡土墙，组合式挡土墙（每处）	钢筋加工及安装，砌体挡土墙，悬臂式挡土墙，扶壁式挡土墙，锚杆、锚定板和加筋土挡土墙，墙背填土等
路面工程（每10km或每标段）	路面工程（1～3km路段）①	垫层、底基层、基层、面层、路缘石、路肩等

续表

单位工程	分部工程	分项工程
桥梁工程[②]（每座或每合同段）	基础及下部构造（1～3 墩台）[③]	钢筋加工及安装，预应力筋加工和张拉，预应力管道压浆，混凝土扩大基础，钻孔灌注桩，挖孔桩，沉入桩，灌注桩桩底压浆，地下连续墙，沉井、钢围堰的混凝土封底，承台等大体积混凝土结构，砌体，混凝土墩、台，墩台身安装，支座垫石和挡块，拱桥组合桥台，台背填土等
	上部构造预制和安装（1～3 跨）[③]	钢筋加工及安装，预应力筋加工和张拉，预应力管道压浆，预制安装梁、板，悬臂施工梁，顶推施工梁，转体施工梁，拱券节段预制，拱的安装，转体施工拱，中下承式拱吊杆和柔性系杆，刚性系杆，钢梁制作，钢梁安装，钢梁防护等
	上部构造现场浇筑（1～3 跨）[③]	钢筋加工及安装，预应力筋的加工和张拉，预应力管道压浆，就地浇筑梁、板，悬臂施工梁，就地浇筑拱券，劲性骨架混凝土拱，钢管混凝土拱，中下承式拱吊杆和柔性系杆，刚性系杆等
	桥面系、附属工程及桥梁总体	钢筋加工及安装，混凝土桥面板桥面防水层，钢桥面板上防水粘结层，混凝土桥面板桥面铺装，钢桥面板上的沥青混凝土铺装，支座安装，伸缩装置安装，人行道铺设，栏杆安装，混凝土护栏，钢桥上钢护栏安装，桥头搭板，混凝土小型构件预制，砌体坡面护坡，混凝土构件表面防护，桥梁总体等
	防护工程	砌体坡面护坡，护岸[④]，导流工程等
	引道工程	见路基工程、路面工程的分项工程

续表

单位工程	分部工程	分项工程
隧道工程[5]（每座或每合同段）	总体及装饰装修（每座或每合同段）	隧道总体、装饰装修工程
	洞口工程（每个洞口）	洞口边仰坡防护，洞门和翼墙的浇（砌）筑，截水沟、洞口排水沟、明洞浇筑、明洞防水层、明洞回填
	洞身开挖（100延米）	洞身开挖
	洞身衬砌（100延米）	喷射混凝土、锚杆、钢筋网、钢架、仰拱、仰拱回填、衬砌钢筋、混凝土衬砌、超前锚杆、超前小导管、管棚
	防排水（100延米）	防水层、止水带、排水
	路面（1～3km路段）[1]	基层、面层
	辅助通道[6]（100延米）	洞身开挖、喷射混凝土、锚杆、钢筋网、钢架、仰拱、仰拱回填、衬砌钢筋、混凝土衬砌、超前锚杆、超前小导管、管棚、防水层、止水带、排水
绿化工程（每合同段）	分隔带绿地，边坡绿地、护坡道绿地、碎落台绿地、平台绿地（每2km路段） 互通式立体交叉区与环岛绿地、服务设施区绿地、取、弃土场绿地（每处）	绿地整理，树木栽植，草坪、草本地被及花卉种植，喷播绿化

续表

单位工程	分部工程	分项工程
声屏障工程（每合同段）	声屏障工程（每处）	砌块体声屏障，金属结构声屏障，复合结构声屏障
交通安全设施（每20km或每标段）	标志、标线、突起路标、轮廓标（5～10km路段）①	标志，标线，突起路标，轮廓标
	护栏（5～10km路段）①	波形梁护栏，缆索护栏，混凝土护栏，中央分隔带开口护栏
	防眩设施、隔离栅、防落物网（5～10km路段）①	防眩板、防眩网，隔离栅，防落物网等
	里程碑和百米桩（5km路段）	里程碑，百米桩
	避险车道（每处）	避险车道
交通机电工程	其分部、分项工程划分见《公路工程质量检验评定标准 第二册 机电工程》	
附属设施	管理中心、服务区、房屋建筑、收费站、养护工区等设施	按其专业工程质量检验评定标准评定

注：① 按路段长度划分的分部工程，高速公路、一级公路宜取低值，二级及二级以下公路可取高值。

② 分幅桥梁按照单幅划分，特大斜拉桥和悬索桥按照表1-2进行划分，其他斜拉桥和悬索桥可作为一个单位工程参照表1-2进行划分。

③ 按单孔跨径确定的特大桥取1，剩余根据规模取2或3。

④ 护岸可参照挡土墙进行划分。

⑤ 双洞隧道每单洞作为一个单位工程。

⑥ 辅助通道包括竖井、斜井、平行导坑、横通道、风道、地下风机房等。

表 1-2　特大斜拉桥、特大悬索桥工程划分

<table>
<tr><th>单位工程</th><th>分部工程</th><th>分项工程</th></tr>
<tr><td rowspan="5">塔及辅助、过渡墩（每个）</td><td>塔基础</td><td>钢筋加工及安装，混凝土扩大基础，钻孔灌注桩，灌注桩桩底压浆，沉井、钢围堰的混凝土封底等</td></tr>
<tr><td>塔承台</td><td>钢筋加工及安装，双壁钢围堰，沉井、钢围堰的混凝土封底，承台等大体积混凝土结构等</td></tr>
<tr><td>索塔</td><td>钢筋加工及安装，预应力筋加工和张拉，预应力管道压浆，混凝土索塔，索塔钢锚箱节段制作，索塔钢锚箱节段安装、支座垫石和挡块等</td></tr>
<tr><td>辅助墩</td><td rowspan="2">钢筋加工及安装，预应力筋加工和张拉，预应力管道压浆，钻孔灌注桩，灌注桩桩底压浆，承台等大体积混凝土结构，沉井、钢围堰的混凝土封底，混凝土墩、台，墩台身安装、支座垫石和挡块等</td></tr>
<tr><td>过渡墩</td></tr>
<tr><td rowspan="2">锚碇（每个）</td><td>锚碇基础</td><td>钢筋加工及安装，混凝土扩大基础，钻孔灌注桩，灌注桩桩底压浆，地下连续墙，沉井、钢围堰的混凝土封底等</td></tr>
<tr><td>锚体</td><td>钢筋加工及安装，锚碇锚固体系制作，锚碇锚固体系安装，锚碇混凝土块体，预应力锚索的张拉与压浆，隧道锚的洞身开挖，隧道锚的混凝土锚塞体等</td></tr>
<tr><td rowspan="5">上部钢结构制作与防护</td><td>主缆</td><td>索股和锚头的制作与防护，主缆防护</td></tr>
<tr><td>索鞍</td><td>索鞍制作，索鞍防护</td></tr>
<tr><td>索夹</td><td>索夹制作，索夹防护</td></tr>
<tr><td>吊索</td><td>吊索和锚头制作与防护</td></tr>
<tr><td>加劲梁</td><td>钢梁制作，钢梁防护，自锚式悬索桥主缆索股的锚固系统制作等</td></tr>
</table>

续表

单位工程	分部工程	分项工程
上部结构浇筑与安装	加劲梁浇筑	混凝土斜拉桥主墩上梁段的浇筑，混凝土斜拉桥梁的悬臂施工，组合梁斜拉桥的混凝土板等
	安装	索鞍安装，主缆架设，索夹和吊索安装，悬索桥钢加劲梁安装，自锚式悬索桥主缆索股的锚固系统安装，自锚式悬索桥吊索张拉和体系转换，钢斜拉桥钢箱梁段的拼装、组合梁斜拉桥工字梁段的悬臂拼装，混凝土斜拉桥梁的悬臂施工等
桥面系、附属工程及桥梁总体	桥面系	钢筋加工及安装，混凝土桥面板桥面防水层或钢桥面板上防水黏结层，混凝土桥面板桥面铺装或钢桥面板上沥青混凝土铺装
	附属工程及桥梁总体	支座安装，伸缩装置安装，人行道铺设，栏杆安装，混凝土护栏，钢桥上钢护栏安装，混凝土构件表面防护，桥头搭板，桥梁总体等

1.2 工程质量检验

（1）分项工程应按基本要求、实测项目、外观质量和质量保证资料等检验项目分别检查。

（2）分项工程质量应在所使用的原材料、半成品、成品及施工控制要点等符合基本要求的规定，无外观质量限制缺陷且质量保证资料真实齐全时，方可进行检验评定。

（3）基本要求检查应符合下列规定：

① 分项工程应对所列基本要求逐项检查，经检查不符合规定时，不得进行工程质量的检验评定。

② 分项工程所用的各种原材料的品种、规格、质量及混合料配合比和半成品、成品应符合有关技术标准规定并满足设计要求。

（4）实测项目检验应符合下列规定：

① 对检查项目按规定的检查方法和频率进行随机抽样检验并计算合格率。

② 本标准规定的检查方法为标准方法，采用其他高效检测方法应经比对确认。

③ 本标准中以路段长度规定的检查频率为双车道路段的最低检查频率，对多车道应按车道数与双车道之比相应检查数量。

④ 应按下式计算检查项目合格率：

$$\text{检查项目合格率}(\%)=\frac{\text{检查合格的点(组)数}}{\text{该检查项目的全部检查点(组)数}}\times 100$$

（5）检查项目合格判定应符合下列规定：

① 关键项目的合格率应不低于95%（机电工程为100%），否则该检查项目为不合格。

② 一般项目的合格率应不低于80%，否则该检查项目为不合格。

③ 有规定极值的检查项目，任一单个检测值不应突破规定极值，否则该检查项目为不合格。

④ 采用本标准所列方法进行检验评定的检查项目，不满足要求时，该检查项目为不合格。

（6）外观质量应进行全面检查，并满足规定要求，否则该检验项目为不合格。

（7）工程应有真实、准确、齐全、完整的施工原始记录、试验检测数据、质量检验结果等质量保证资料。质量保证资料应包括下列内容：

① 所用原材料、半成品和成品质量检验结果；

② 材料配合比、拌和加工控制检验和试验数据；

③ 地基处理、隐蔽工程施工记录和桥梁、隧道施工监控资料；

④ 质量控制指标的试验记录和质量检验汇总图表；

⑤ 施工过程中遇到的非正常情况记录及其对工程质量影响分析评价资料；

⑥ 施工过程中如发生质量事故，经处理补救后达到设计要求的认可证明文件等。

（8）检验项目评为不合格的，应进行整修或返工处理直至合格。

1.3 工程质量评定

（1）工程质量等级应分为合格与不合格。

（2）分项工程、分部工程、单位工程质量评定应有符合《公路工程质量检验评定标准》（JTG F 80/1—2017）附录K规定的资料。

（3）分项工程质量评定合格应符合下列规定：

① 检验记录应完整。

② 实测项目应合格。

③ 外观质量应满足要求。

（4）分部工程质量评定合格应符合下列规定：

① 评定资料应完整。

② 所含分项工程及实测项目应合格。

③ 外观质量应满足要求。

（5）单位工程质量评定合格应符合下列规定：

① 评定资料应完整。

② 所含分部工程应合格。

③ 外观质量应满足要求。

（6）评定为不合格的分项工程、分部工程，经返工、加固、补强或调测，满足设计要求后，可重新进行检验评定。

（7）所含单位工程合格，该合同段评定为合格；所含合同段合格，该建设项目评定为合格。

1.4 路基、路面压实度评定

（1）路基和路面基层、底基层的压实度以重型击实标准为准。沥青层压实度应以现行《公路沥青路面施工技术规范》（JTG F40）的规定为准。对于特殊干旱、潮湿地区或过湿土，可以现行《公路路基设计规范》（JTG D30）《公路路基施工技术规范》（JTG/T 3610）规定的压实度标准进行评定。

（2）标准密度应做平行试验，求其平均值作为现场检验的标准值。对于均匀性差的路基土质和路面结构层材料，应根据实际情况增补标准密度试验，求得相应的标准值。

（3）路基、路面压实度应以1～3km长的路段为检验评定单元，按要求的检测频率进行现场压实度抽样检查，求算每一测点的压实度 k_i。细粒土现场压实度检查可采用灌砂法或环刀法；粗粒土及路面结构层压实度检查可以采用灌砂法、水袋法或钻孔取样蜡封法。应用核子密度仪时，应经对比试验检验，确认其可靠性。

检验评定段的压实度代表值 k（算术平均值的下置信界限）为：

$$k=\overline{k}-\frac{t_{\mathrm{a}}}{\sqrt{n}}S\geqslant k_0$$

式中 $\overline{k}$——检验评定段内测点压实度的平均值；

t_{a}——t 分布表中随测点数和保证率（或置信度 a）而变的系数，可见表 1-3，采用的保证率：高速公路、一级公路：基层、底基层为 99%，路基、路面面层为 95%；其他公路：基层、底基层为 95%，路基、路面面层为 90%；

S——检测值的标准差；

n——检测点数；

k_0——压实度标准值。

（4）路基、基层和底基层：$k\geqslant k_0$，且单点压实度 k_i 全部大于等于规定值减 2 个百分点时，评定路段的压实度合格率为 100%；当 $k\geqslant\pm k_0$，且单点压实度全部大于等于规定极值时，按测定值不低于规定值减 2 个百分点的测点数计算合格率。

$k<k_0$ 或某一单点压实度 k_i 小于规定极值时，该评定路段压实度为不合格，相应分项工程评为不合格。

（5）沥青面层：当 $k\geqslant k_0$ 且全部测点大于等于规定值减 1 个百分点时，评定路段的压实度合格率为 100%；当 $k\geqslant k_0$ 时，按测定值不低于规定值减 1 个百分点的测点数计算合格率。$k<k_0$ 时，评定路段的压实度为不合格，相应分项工程评为不合格。

表 1-3　$t_a/\sqrt{n}$值

保证率 n	99%	95%	90%	保证率 n	99%	95%	90%
2	22.501	4.465	2.176	21	0.552	0.376	0.289
3	4.021	1.686	1.089	22	0.537	0.367	0.282
4	2.270	1.177	0.819	23	0.523	0.358	0.275
5	1.676	0.953	0.686	24	0.510	0.350	0.269
6	1.374	0.823	0.603	25	0.498	0.342	0.264
7	1.188	0.734	0.544	26	0.487	0.335	0.258
8	1.060	0.670	0.500	27	0.477	0.328	0.253
9	0.966	0.620	0.466	28	0.467	0.322	0.248
10	0.892	0.580	0.437	29	0.458	0.316	0.244
11	0.833	0.546	0.414	30	0.449	0.310	0.239
12	0.785	0.518	0.393	40	0.383	0.266	0.206
13	0.744	0.494	0.376	50	0.340	0.237	0.184
14	0.708	0.473	0.361	60	0.308	0.216	0.167
15	0.678	0.455	0.347	70	0.285	0.199	0.155
16	0.651	0.438	0.335	80	0.266	0.186	0.145
17	0.626	0.423	0.324	90	0.249	0.175	0.136
18	0.605	0.410	0.314	100	0.236	0.166	0.129
19	0.586	0.398	0.305	>100	$\frac{2.3265}{\sqrt{n}}$	$\frac{1.6449}{\sqrt{n}}$	$\frac{1.2815}{\sqrt{n}}$
20	0.568	0.387	0.297				

1.5　水泥混凝土弯拉强度评定

（1）水泥混凝土弯拉强度试验方法应使用标准小梁法或钻芯劈裂法，试件使用标准方法制作，标准养护时间 28d，路面钻芯劈裂时间宜控制在28～56d以内，不掺粉煤灰宜用28d，掺粉煤灰宜用28～56d。

（2）高速公路和一级公路每工作班制作2～4组，日进度<500m取2组，≥500m取3组，≥1000m取4组。其他公路每工作班制作1～3组，日进度<500m取1组，≥500m取2组，≥1000m取3组。每组3个试件的平均值作为一个统计数据。

（3）水泥混凝土弯拉强度的合格标准应符合下列规定：

① 当试件组数大于10组时，平均弯拉强度合格判断式为：

$$f_{cs} \geq f_r + k\sigma$$

$$\sigma = C_E \overline{f}_c$$

式中 f_{cs}——混凝土合格判定平均弯拉强度（MPa）；

f_r——设计弯拉强度标准值（MPa）；

k——合格判定系数，见表1-4；

σ——弯拉强度统计均方差；

C_E——实测弯拉强度统计变异系数；

$\overline{f}_c$——实测弯拉强度统计平均值（MPa）。

表1-4　合格判定系数 *k* 表

试件组数 n	11～14	15～19	≥20
k	0.75	0.70	0.65

② 当试件组数为11～19组时，允许有一组最小弯拉强度小于0.85f_r，但不得小于0.80f_r。当试件组数大于或等于20组时，高速公路和一级公路均不得小于0.85f_r，其他公路允许有一组最小弯拉强度小于0.85f_r，但不得小于0.80f_r。

③ 当试件组数小于或等于10组时，试件平均强度不得小于1.15f_r，任一组强度均不得小于0.85f_r。

④ 实测弯拉强度统计变异系数C_E值应符合设计要求。

(4) 当标准小梁合格判定平均弯拉强度f_{cs}、最小弯拉强度f_{min}和统计变异系数C_E中有一个不符合上述要求时，应在不合格路段每公里每车道钻取3个以上ϕ150mm的芯样，实测劈裂强度，通过各自工程的经验统计公式换算弯拉强度，其合格判定平均弯拉强度f_{cs}和最小值f_{min}必须合格；否则，应返工重铺。

(5) 评定路段内水泥混凝土弯拉强度评为不合格时，相应分项工程评为不合格。

1.6 水泥混凝土抗压强度评定

(1) 评定水泥混凝土的抗压强度，应以标准养护28d龄期的试件、在标准试验条件下测得的极限强度为准，每组试件3个。制取组数应符合下列规定：

① 不同强度等级及不同配合比的混凝土应在浇筑地点或拌和地点分别随机取样，分别制取试件。

② 浇筑一般体积的结构物（如基础、墩台等）时，每一单元结构物应制取2组。

③ 连续浇筑大体积结构时，每80～200m^3或每一工作班应制取2组。

④ 上部结构的主要构件长16m以下应制取1组，16～30m制取2组，31～50m制取3组，50m以上者不少于5组。小型构件每批或每工作班至少应制取2组。

⑤ 每根钻孔桩至少应制取2组；桩长20m以上者不少

于 3 组；桩径大、浇筑时间很长时，不少于 4 组。如换工作班时，每工作班应制取 2 组。

⑥ 小桥涵、挡土墙、声屏障等构筑物每座、每处或每工作班制取不少于 2 组。当原材料和配合比相同并由同一拌和站拌制时，可几座或几处合并制取 2 组。

⑦ 应根据施工需要，另制取几组与结构物同条件养生的试件，作为拆模、吊装、张拉预应力、承受荷载等施工阶段的强度依据。

（2）水泥混凝土抗压强度的合格标准。

① 同批试件组数≥10 组时，应以数理统计方法评定，并满足下述条件：

$$m_{fcu} \geqslant f_{cu,k} + \lambda_1 S_n$$

$$f_{cu,min} \geqslant \lambda_2 f_{cu,k}$$

式中　n——同批混凝土试件组数；

m_{fcu}——同批 n 组试件强度的平均值（MPa），精确到 0.1MPa；

S_n——同批 n 组试件强度的标准差（MPa），精确到 0.1MPa。当 $S_n<2.5$MPa 时，取 $S_n=2.5$MPa；

$f_{cu,k}$——混凝土设计强度等级（MPa）；

$f_{cu,min}$——n 组试件中强度最低一组的值（MPa），精确到 0.1MPa；

λ_1、λ_2——合格判定系数，见表 1-5。

表 1-5　$\lambda_1 \lambda_2$ 的值

n	10～14	15～19	≥20
λ_1	1.15	1.05	0.95
λ_2	0.9	0.85	

② 同批试件组数＜10 组时，可用非数理统计方法评定，并满足下述条件：

$$m_{fcu} \geqslant \lambda_3 f_{cu,k}$$

$$f_{cu,min} \geqslant \lambda_4 f_{cu,k}$$

式中 λ_3、λ_4——合格判定系数，见表 1-6。

表 1-6 λ_3、λ_4 的值

混凝土强度等级	＜C60	≥C60
λ_3	1.15	1.10
λ_4	0.95	

（3）检查项目中，水泥混凝土抗压强度评为不合格时，相应分项工程为不合格。

1.7 喷射混凝土抗压强度评定

（1）喷射混凝土抗压强度应在喷射混凝土板件上，切割制取边长为 100mm×100mm×100mm 的立方体试件，在标准养护条件下养护至 28d，用标准试验方法测得的极限抗压强度，乘以 0.95 的系数（精确到 0.1MPa）。

（2）单洞两车道或三车道隧道每 10 延米，应至少在拱部和边墙各取 1 组（3 个）试件。

其他工程，每喷射 50～100m^3 混合料或＜50m^3 混合料的独立工程，不得少于 1 组。材料或配合比变更时应制取新试件。

（3）喷射混凝土强度的合格标准应符合下列规定：

① 当同批试件组数 n≥10 时，试件抗压强度平均值不低于设计值，任一组试件抗压强度不低于 0.85 倍的设计值。

② 当同批试件组数 $n<10$ 时，试件抗压强度平均值不低于 1.05 设计值，任一组试件抗压强度不低于 0.9 倍的设计值。

（4）实测项目中喷射混凝土抗压强度评定为不合格时，相应分项工程应为不合格。

1.8 水泥砂浆强度评定

（1）评定水泥砂浆的强度应以标准养护 28d 的试件为准，试件为边长 70.7mm 的立方体每组 3 个试件。制取组数应符合下列规定：

① 不同强度等级及不同配合比的水泥砂浆应随机取样，分别制取试件；

② 重要及主体砌筑物，每工作班应制取 2 组；

③ 一般及次要砌筑物，每工作班可制取 1 组；

④ 试件组数应不少于 3 组；

⑤ 拱券砂浆应同时制取与砌体同条件养护试件，以检查各施工阶段强度。

（2）试验及计算方法应符合现行《建筑砂浆基本性能试验方法标准》（JGJ/T 70）的规定。

（3）水泥砂浆强度的合格标准应符合下列规定：

① 同强度等级试件的平均强度不低于设计强度等级的 1.1 倍。

② 任意一组试件的强度最低值不低于设计强度等级的 85%。

（4）实测项目中水泥砂浆强度评为不合格时，相应分项工程应为不合格。

1.9 无机结合料稳定材料强度评定

（1）无机结合料稳定材料强度，应以规定温度下保湿养生 6d、浸水 1d 后的 7d 无侧限抗压强度为准。

（2）应在现场按规定频率取样，按工地预定达到的压实度制备试件。每 $2000m^2$ 或每工作班制备 1 组试件。不论稳定细粒土、中粒土或粗粒土，当多次偏差系数 $C_E<10\%$时，可为 6 个试件；$C_E=10\%\sim15\%$时，可为 9 个试件；$C_E>15\%$时，应为 13 个试件。

（3）试件的平均强度 $\overline{R}$ 应满足下式要求：

$$\overline{R}\geqslant\frac{R_d}{1-Z_aC_E}$$

式中 R_d ——设计抗压强度（MPa）；

C_E ——试验结果的偏差系数（以小数计）；

Z_a ——标准正态分布表中随保证率而变的系数。高速、一级公路：保证率 95%，$Z_a=1.645$。其他公路：保证率 90%，$Z_a=1.282$。

（4）评定路段内无机结合料稳定材料强度评为不合格时，相应分项工程为不合格。

1.10 路面结构层厚度评定

（1）评定路段内路面结构层厚度应按代表值和单个合格值的允许偏差进行评定。

（2）应按规定频率，采用挖验或钻取芯样测定厚度。

（3）厚度代表值为厚度的算术平均值的下置信界限

值，即：

$$X_L = \overline{X} - t_a \frac{S}{\sqrt{n}}$$

式中　X_L——厚度代表值（算术平均值的下置信界限）；

$\overline{X}$——厚度平均值；

S——标准差；

n——检查数量；

t_a——t 分布表中随测点数和保证率（或置信度 a）而变的系数，可查表 1.4.5。采用的保证率：高速、一级公路：基层、底基层为 99%，面层为 95%；其他公路：基层、底基层为 95%，面层为 90%。

（4）当厚度代表值大于或等于设计厚度减去代表值允许偏差时，则按单个检查值的偏差不超过单点合格值来计算合格率；当厚度代表值小于设计厚度减去代表值允许偏差时，相应分项工程应评为不合格。代表值和单点合格值的允许偏差见“路面工程”各节实测项目表。

（5）沥青面层宜按沥青铺筑层总厚度进行评定，高速公路和一级公路分 2～3 层铺筑时，还应进行上面层厚度检查和评定。

1.11　路基、粒料类基层和底基层、沥青路面弯沉值评定

（1）弯沉值采用落锤式弯沉仪（FWD）自动弯沉仪或贝克曼梁测量。每一双车道评定路段（不超过 1km）测量检查点数应符合表 1-7 的规定，多车道公路应按车道数与双

车道之比，相应增加测点。

表 1-7　弯沉测点数

检测设备	落锤式弯沉仪（FWD）	自动弯沉仪或贝克曼梁
测点数（点）	40	80

（2）路基、沥青路面弯沉代表值为弯沉测量值的上波动界限，用下式计算：

$$l_r = (\bar{l} + \beta \cdot S)K_1K_3$$

式中 l_r——弯沉代表值（0.01mm）；

$\bar{l}$——实测弯沉的平均值；

S——标准差；

β——目标可靠指标，见表 1-8；

K_1——湿度影响系数，路基顶面弯沉测定时，根据当地经验确定；路表弯沉测定时，根据实测弯沉值通过反算得到路基模量值，修正后得到结构模量值，然后得出测试状态下的弯沉湿度修正系数，或根据当地经验确定；

K_3——温度影响系数，路基顶面弯沉测定时取 1；路表弯沉测定时根据下式确定：

$$K_3 = e^{[9\times10^{-6}(\ln E_{0-1})H_a+4\times10^{-3}](20-T)}$$

T——弯沉测定时沥青结合料类材料层中点实测或预估温度（℃）；

H_a——沥青结合料类材料层厚度（mm）；

E_0——平衡湿度状态下路基顶面回弹模量（MPa）。

表 1-8 目标可靠指标 β 值

公路等级	高速公路	一级公路	二级公路	三级公路	四级公路
目标可靠度（%）	95	90	85	80	70
目标可靠指标 β	1.65	1.28	1.04	0.84	0.52

（3）粒料类基层和底基层顶面弯沉代表值应按下式计算：

$$l_r = \bar{l} + Z_a S$$

式中 l_r——弯沉代表值（0.01mm）；

$\bar{l}$——实测弯沉的平均值；

S——标准差；

Z_a——与要求保证率有关的系数，高速公路和一级公路取 $Z_a=2.0$，二级公路取 $Z_a=1.645$，二级以下公路取 $Z_a=1.5$。

（4）二级及二级以下公路，当路基和粒料类基层、底基层的弯沉代表值不符合要求时，可将超出 $\bar{l}\pm(2\sim3)S$ 的弯沉特异值舍弃，对舍弃的弯沉值大于 $\bar{l}+(2\sim3)S$ 的点，应找出其周围界限，进行局部处理，并对弯沉进行复测后重新计算平均值和标准差。高速公路、一级公路不得舍弃特异值。

（5）弯沉代表值大于设计弯沉值时，相应分项工程为不合格。

1.12 路面横向力系数评定

（1）评定路段内的路面横向力系数按 SFC 的设计或验收标准值进行评定。

（2）SFC 代表值为 SFC 算术平均值的下置信界限值，即：

$$SFC_r = \overline{SFC} - \frac{t_a}{\sqrt{n}}S$$

式中 SFC_r——SFC 代表值；

$\overline{SFC}$——SFC 平均值；

S——标准差；

n——采集数据样本数量；

t_a——t 分布表中随测点数和保证率（或置信度 a）而变的系数，可查表 1.4.5。采用的保证率：高速公路、一级公路为 95%；其他公路为 90%。

（3）当 SFC 代表值不小于设计或验收标准时，应以所有单个 SFC 值统计合格率；当 SFC 代表值小于设计或验收标准值时，该路段应为不合格。

2 路基土石方工程

2.1 一般规定

（1）路基施工应做好施工期临时排水总体规划和建设，临时排水设施应与永久性排水设施综合考虑，并与工程影响范围内的自然排水系统相协调。

（2）路基填料应符合下列规定：

① 含草皮、生活垃圾、树根、腐殖质的土严禁作为填料。

② 泥炭、淤泥、冻土、强膨胀土、有机质土及易溶盐超过允许含量的土，不得直接用于填筑路基；确需使用时，必须采取技术措施进行处理，经检验满足设计要求后方可使用。

③ 液限大于50%、塑性指数大于26，含水量不适宜直接压实的细粒土，不得直接作为路堤填料；需要使用时，必须采取技术措施进行处理，经检验满足设计要求后方可使用。

④ 粉质土不宜直接填筑于路床，不得直接填筑于冰冻地区的路床及浸水部分的路堤。

⑤ 填料强度和粒径应符合表2-1的规定。

⑥ 路基填料宜采用遇水不易崩解的砂砾、碎石料填筑。

表 2-1　路基填料最小强度和最大粒径要求

填料应用部位（路面底标高以下深度）(m)			填料最小强度（CBR）(%)			填料最大粒径(mm)
			高速公路、一级公路	二级公路	三、四级公路	
填方路基	上路床	0～0.3	8	6	5	100
	下路床	0.3～0.8	5	4	3	100
	上路堤	0.8～1.5	4	3	3	150
	下 路堤	>1.5	3	2	2	150
零填及挖方路基	上路床	0～0.3	8	6	5	100
	下路床	0.3～0.8	5	4	3	100

注：1. 表列强度按《公路土工试验规程》(JTG E40) 规定的浸水 96h 的 CBR 试验方法，根据路基试验路的压实状况确定。

2. 三、四级公路铺路沥青混凝土路面时，应采用二级公路的规定。

3. 表中上、下路堤填料最大粒径 150mm 的规定不适用于填石路堤和土石路堤。

(3) 填石和土石路堤的路床顶层不得采用细粒土薄层补贴找平，路基填料最小厚度不得小于 10cm。

(4) 不得在路基碾压区域堆料。

(5) 土方路基和石方路基的实测项目技术指标的规定值或允许偏差按高速公路、一级公路和其他公路（指二级及以下公路）两档设定，其中土方路基压实度按高速公路和一级公路、二级公路、三、四级公路三档设定。

(6) 本章规定的实测项目的检查频率，如果检查路段以延米计时，则为双车道公路每一检查段内的最低检查频率；多车道公路必须按车道数与双车道之比，相应增加检查数量。

(7) 路基压实度须分层检测，并符合路基压实度评定标准。路基其他检查项目均在路基顶面进行检查测定。

（8）路肩工程可作为路面工程的一个分项工程进行检查评定。

（9）服务区停车场、收费广场的土方工程压实标准可按土方路基要求进行监控。

2.2　土方路基

1. 土方路基的施工要点

1）土质路堤的施工要点

（1）地基表层处理应符合下列规定：

① 二级及二级以上公路路堤基底的压实度应不小于90%；三、四级公路应不小于85%。路基填土高度小于路面和路床总厚度时，基底应按设计要求处理。

② 原地面坑、洞、穴等，应在清除沉积物后，用合格填料分层回填分层压实，压实度符合上述规定。高速公路、一级公路对于可能存在空洞隐患的应采用强夯或冲击碾压进行处理。

③ 泉眼或露头地下水，应按设计要求，采取有效导排措施后方可填筑路堤。

④ 地基为耕地、土质松散、水稻田、湖塘、软土、高液限土等时，应按设计要求进行处理，局部软弹的部分也应采取有效的处理措施，应在清除沉积物后，用合格填料分层回填分层压实，压实度符合上述规定。采取有效的处理措施。

⑤ 地下水位较高时，应按设计要求进行处理。

⑥ 陡坡地段、土石混合地基、填挖界面、高填方地基等都应按设计要求进行处理。

（2）路堤填筑应符合下列规定：

① 性质不同的填料，应水平分层、分段填筑，分层压实。同一水平层路基的全宽应采用同一种填料，不得混合填筑。每种填料的填筑层压实后的连续厚度不宜小于500mm。填筑路床顶最后一层时，压实后的厚度应不小于100mm。

② 水稳性好、冻融敏感性小的填料应填筑在路基上层。强度较小的填料应填筑在下层。在有地下水的路段或临水路基范围内，宜填筑透水性好的填料。

③ 在透水性不好的压实层上填筑透水性较好的填料前，应在其表面设2%～4%的双向横坡，并采取相应的防水措施。不得在由透水性较好的填料所填筑的路堤边坡上覆盖透水性不好的填料。

④ 每种填料的松铺厚度应通过试验确定。

⑤ 每一填筑层压实后的宽度不得小于设计宽度。

⑥ 路堤填筑时，应从最低处起分层填筑，逐层压实；当原地面纵坡大于12%或横坡陡于1∶5时，应按设计要求挖台阶，或设置坡度向内并大于4%、宽度大于2m的台阶。

⑦ 填方分几个作业段施工时，接头部位如不能交替填筑，则先填路段，应按1∶1坡度分层留台阶；如能交替填筑，则应分层相互交替搭接，搭接长度不小于2m。

（3）选择施工机械，应考虑工程特点、土石种类及数量、地形、填挖高度、运距、气候条件、工期等因素，经济合理地确定。填方压实应配备专用碾压机具。

（4）土质路基压实度应符合表2-2规定。

（5）压实度检测应符合以下规定：

① 用灌砂法、灌水（水袋）法检测压实度时，取土样的底面位置为每一压实层底部；用环刀法试验时，环刀中部处于压实层厚的1/2深度；用核子仪试验时，应根据其类

型，按说明书要求办理。

表 2-2　土质路基压实度标准

填挖类型		路床顶面以下深度（m）	压实度（%）		
			高速公路、一级公路	二级公路	三、四级公路
填方路堤	上路床	0～0.3	≥96	≥95	≥94
	下路床	0.3～0.8	≥96	≥95	≥94
	上路堤	0.8～1.5	≥94	≥94	≥93
	下路堤	>1.5	≥93	≥92	≥90
零填及挖方路基		0～0.3	≥96	≥95	≥94
		0.3～0.8	≥96	≥95	—

注：1. 表列压实度以《公路土工试验规程》（JTG E40）重型击实试验法为准。
2. 三、四级公路铺筑水泥混凝土路面或沥青混凝土路面时，其压实度应采用二级公路的规定值。
3. 路堤采用特殊材料或处于特殊气候地区时，压实度标准根据试验路再保证路基强度要求的前提下可适当降低。
4. 特别干旱地区的压实度标准可降低 2%～3%。

② 施工过程中，每一压实层均应检验压实度，检测频率为每 1000m^2 至少检验 2 点，不足 1000m^2 时检验 2 点，必要时可根据需要增加检验点。

（6）路堤填筑至设计标高并整修完成后，其施工质量应符合表 2-3 的规定。

表 2-3　土质路堤施工质量标准

序号	检查项目	允许偏差			检查方法或频率
		高速公路、一级公路	二级公路	三、四级公路	
1	压实度	符合规定	符合规定	符合规定	施工记录

续表

序号	检查项目	允许偏差			检查方法或频率
		高速公路、一级公路	二级公路	三、四级公路	
2	弯沉	不大于设计值	不大于设计值	不大于设计值	—
3	纵断高程（mm）	＋10，－15	＋10，－20	＋10，－20	每200m测4断面
4	中线偏位（mm）	50	100	100	每200m测4点，弯道加HY、YH两点
5	宽度	不小于设计值	不小于设计值	不小于设计值	每200m测4处
6	平整度（m）	15	20	20	3m直尺：每200m测2处×10尺
7	横坡（%）	±0.3	±0.5	±0.5	每200m测4个断面
8	边坡坡度	不限于设计坡度	不陡于设计坡度	不陡于设计坡度	每200m抽查4处

2）土质路堑的施工要点

（1）开挖施工应符合下列规定：

① 可作为路基填料的土方，应分类开挖分类使用。非适用材料应按设计要求或作为弃方处理。

② 土方开挖应自上而下进行，不得乱挖超挖，严禁掏底开挖。

③ 开挖过程中，应采取措施保证边坡稳定。开挖至边坡线前，应预留一定宽度，预留的宽度应保证刷坡过程中设计边坡线外的土层不受到扰动。

④ 路基开挖中，基于实际情况，如需修改设计边坡坡度、截水沟和边沟的位置及尺寸时，应及时按规定报批。边坡上稳定的孤石应保留。

⑤ 开挖至零填、路堑路床部分后，应尽快进行路床施工；如不能及时进行，宜在设计路床顶标高以上预留至少300mm厚的保护层。

⑥ 应采取临时排水措施，确保施工作业面不积水。

⑦ 挖方路基路床顶面终止标高，应考虑因压实而产生的下沉量，其值通过试验确定。

（2）边沟与截水沟应从下游向上游开挖。截水沟通过地面坑凹处时，应将凹处填平夯实。边沟及截水沟开挖后，应及时进行防渗处理，不得渗漏、积水和冲刷边坡及路基。

（3）挖方路基施工遇到地下水时应按下列规定处理：

① 应采取排导措施，将水引入路基排水系统。不得随意堵塞泉眼。

② 路床土含水量高或为含水层时，应采取设置渗沟、换填、改良土质、土工织物等处理措施，路床填料除应符合表2-1的规定外，还应具有良好的透水性能。

（4）土质路基开挖应根据地面坡度、开挖断面、纵向长度及出土方向等因素，结合土方调配，选用安全、经济的开挖方案。

2. 土方路基的质量要点

（1）在路基用地和取土坑范围内，应清除地表植被、杂物、积水、淤泥和表土，处理坑塘，并按规范和设计要求对基底进行压实。

（2）路基填料应符合规范和设计的规定，经认真调查、试验后合理选用。

（3）填方路基须分层填筑压实，每层表面平整，路拱合适，排水良好。

（4）施工临时排水系统应与设计排水系统结合，避免冲刷边坡，勿使路基附近积水。

（5）在设定取土区内合理取土，不得滥开滥挖。完工后应按要求对取土坑和弃土场进行修整，保持合理的几何外形。

3. 土方路基的质量标准

土方路基的实测项目见表 2-4。

4. 安全环保措施

1）安全施工

（1）路基施工应制定安全预案、具备安全生产条件、确保安全施工。

（2）施工现场的临时用电应严格执行《施工现场临时用电安全技术规范》（附条文说明）（JGJ 46—2005）。夜间施工时，现场应设有保证施工安全要求的照明设施。

（3）施工便道、便桥应设立警示和交通标志，必要时应设专人维护、指挥交通。施工车辆必须遵守道路交通法规。

（4）施工作业人员，必须遵守本工种的各项安全技术操作规程。作业人员、进入现场人员必须按规定佩戴和使用劳动防护用品。由人工配合机械进行辅助作业时，作业人员应注意观察，严禁在机械正在作业的范围内进行辅助作业。

（5）多台机械同时作业时，各机械之间应注意保持必要的安全距离。机械在路基边坡、边沟、基坑边缘、不稳定体（地段）上作业时，应采取必要的安全措施。

（6）在靠近结构物附近挖土时，必须采取安全防护措施。对于在路基范围内暂时不能迁移的结构物，应留出土台，

表 2-4　土方路基实测项目

项次	检查项目				规定值或允许偏差			检查方法和频率
					高速公路、一级公路	其他公路		
						二级公路	三、四级公路	
1	压实度(%)	上路床		0～0.3	≥96	≥95	≥94	按1.4节检查； 密度法：每200m每压实层测2处
		下路床	轻、中及重交通	0.3～0.8	≥96	≥95	≥94	
			特重、极重交通	0.3～1.2	≥96	≥95	—	
		上路堤	轻、中及重交通	0.8～1.5	≥94	≥94	≥93	
			极重、特重交通	1.2～1.9	≥94	≥94	—	
		下路堤	轻、中及重交通	>1.5	≥93	≥92	≥90	
			极重、特重交通	>1.9				

续表

项次	检查项目	规定值或允许偏差			检查方法和频率
		高速公路、一级公路	其他公路		
			二级公路	三、四级公路	
2	弯沉（0.01mm）	≤设计验收弯沉值			按 1.11 节检查
3	纵断高程（mm）	+10，−15	+10，−20		水准仪：中线位置每 200m 测 2 点
4	中线偏位（mm）	50	100		全站仪：每 200m 测 2 点，弯道加 HY、YH 两点
5	宽度（mm）	满足设计要求			尺量：每 200m 测 4 点
6	平整度（mm）	≤15	≤20		3m 直尺：每 200m 测 2 处×5 尺
7	横坡（%）	±0.3	±0.5		水准仪：每 200m 测 2 个断面
8	边坡	满足设计要求			尺量：每 200m 测 4 处

注：1. 表列压实度系按现行《公路土工试验规程》（JTG E40—2007）重型击实试验所得最大干密度求得的压实度。评定路段内的压实度平均值下置信界限不得小于规定标准，单个测定值不得小于极值（表列规定值减 5 个百分点）。按测定值不小于表列规定值减 2 个百分点的测点占总检查点的百分率计算合格率。

2. 特殊干旱、特殊潮湿地区或过湿土路基，可按路基设计、施工规范所规定的压实度标准进行评定。

3. 三、四级公路铺筑沥青混凝土或水泥混凝土路面时路基压实度应采用二级公路标准。

土台周围应设警示标志。

（7）结构物基坑开挖，应根据土质、水文和开挖深度等选择安全的边坡坡度或支撑防护，在施工过程中进行监测，并及时采取相应的处理措施。开挖弃土或坑边的材料堆放不得影响基坑的稳定。沟槽开挖深度超过 2 米时，其边缘上面作业应按高处作业要求进行安全防护并设置警告标志。开挖沟槽位于现场通道或居民区附近时，应设置安全护栏。

（8）采用围堰法施工沿河路基防护基础时，应制定针对出现洪水、渗漏水、流砂、涌砂、围堰变形等情况的安全预案。

（9）砌筑作业时，脚手架下不得有人操作及停留，不得重叠作业。砌筑护坡时，严禁在坡面上行走，不得采用从上到下自由滚落的方式运输材料。

2）环境保护

（1）防止水土污染和流失

① 施工前，应制定相应的预防水土污染和水土流失措施，考虑土地资源的合理利用，缩短临时占地使用时间。

② 在崩塌滑坡危险区和泥石流易发区严禁取土、挖砂、采石。

③ 施工过程中各种排水沟渠的水流不得直接排放到引用水源、农田、鱼塘中。

④ 不得随意丢弃生产及生活垃圾，垃圾的掩埋或处理应按当地环保部门的要求进行。不得随意排放含油废水及生活污水。

⑤ 使用工业废渣填筑路基，当废渣中含有可溶性有害物质，可能造成土质、水污染时，应采取措施予以处理。

⑥ 在自然保护区、森林、草原、湿地及风景名胜区进

行施工时，应遵守国家环境保护的相关规定。

（2）噪声、空气污染的防治

① 在居民聚居区或其他噪声敏感建筑物附近施工时，当噪声超过规定时，应及时采取措施，减少施工活动对沿线居民的干扰。

② 对施工作业人员，在噪声较大的现场作业时，应采取有效的防护措施。

③ 路基施工过程中应采取措施控制扬尘、废气排放等。

④ 路基施工堆料场、拌和站、材料加工厂等宜设于主要风向的下风处的空旷地区。当无法满足时，应采取必要的环保措施。

⑤ 粉状材料运输应采取措施防止材料散落。

⑥ 粉煤灰、石灰等露天堆存时，应采取防尘、防水措施。

⑦ 采用粉状材料作为路基填料或对路基填料进行现场改良施工时，应避免在大风天作业，施工人员应佩戴防尘口罩等劳动保护用品，并采取环境保护措施。

2.3 石方路基

1. 石方路基的施工要点

1）填石路堤的施工要点

（1）填料应符合以下规定：

① 膨胀岩石、易溶性岩石不宜直接用于路堤填筑，强风化石料、崩解性岩石和盐化岩石不得直接用于路堤填筑。

② 路堤填料粒径应不大于 500mm，并不宜超过层厚的 2/3，有较好的级配，不均匀系数宜为 15～20。

③ 路床填料粒径应小于100mm。

④ 用于路堤填筑材料的岩石，其饱和抗压强度不宜低于15MPa，用于路床填筑的岩石，其饱和抗压强度不宜低于30MPa；当其抗压强度小于规定要求时，应按《公路工程岩石试验规程》（JTG E41—2005）进行耐崩解试验，耐崩解指数不低于80%，否则需经技术论证可行后方可用于路基填筑。

（2）爆破施工人员应通过合理的爆破方案和爆破参数，统筹考虑填方对石料粒径、级配的要求。硬质岩石应采用微差爆破方式开挖，对于超粒径填料，可集中堆放后进行二次解小或清除处理，或在料场采用履带式破碎机破碎后与其他细料混合后再装运上路。

（3）路堤和路床施工前，应先修筑试验路段，通过技术经济分析，确定相应填料的最大粒径、级配组成、松铺厚度、压实机械型号及组合、压实速度、振动频率、压实遍数、沉降差控制标准等施工参数与质量验收控制标准。

（4）摊铺应符合以下规定：

① 填料运输前先划定网格并根据填石路堤压实厚度以及每车装载量计算网格尺寸。

② 料场装料时，每车填料应有较好的级配，不可细料过多或者粗料过多，装料应均匀。

③ 卸料时，应注意让粗料在底部，细料在上面。

④ 卸料完成后，宜用大功率推土机摊平，推土机单次推平距离不宜过长，不得使粗粒料集中或位于上部，影响平整碾压。

⑤ 对于超粒径块石应用机械解小，不解小的应移走或作为码砌材料。

⑥ 对于粗粒料明显集中的区域，应采用人工或小型机械撒铺细料嵌缝。

⑦ 二级及二级以上公路分层压实厚度应与压路机的功率相匹配。对于振动压路机激振力为 400～500kN 时，松铺厚度可达 40～60cm；激振力大于 500kN 时，松铺厚度可达 60～80cm。每层填筑压实应检验合格后，方可在其上继续填筑。

（5）填筑应符合以下规定：

① 二级及二级以上公路的填石路堤必须分层填筑压实。二级以下公路宜分层填筑压实，在陡峻山坡地段施工特别困难时，可采用倾填的方式将石料填筑于路堤下部，但路床和上路堤仍应分层填筑压实，且应预留路基自然沉降稳定时间，路面铺筑前应确保路基沉降稳定。

② 填石路堤不得采用填石层与细粒土互层填筑。岩性相差较大的填料应分层或分段填筑。严禁将软质石料与硬质石料混合使用。

③ 压实机械选用自重不小于 18t 的振动压路机。

④ 在填石路堤顶面与细粒土填土层之间应按设计要求设过渡层或隔离层。过渡层的厚度不小于 30cm，应有较好的级配，最大粒径小于 15cm。采用无纺土工布作为隔离层时，性能应满足设计要求。

（6）填石路堤施工质量应符合以下规定：

① 填石路堤的每一压实层，可用试验路段确定的工艺流程和工艺参数，控制压实过程；用试验路段确定的沉降差指标检测压实质量，一般以最后来回一遍的压沉量小于 3～5mm 作为检验合格的标准。

② 填石路堤成型后的外观质量标准：路堤表面无明显孔

洞。大粒径石料不松动，铁锹挖动困难。边坡码砌紧贴、密实，无明显孔洞、松动，砌块间承接面向内倾斜，坡面平顺。

2）石质路堑的施工要点

（1）石方开挖应根据岩石的类别、风化程度、岩层产状、岩体断裂构造、施工环境等因素确定开挖方案。

（2）深挖路基施工，应逐级开挖，逐级按设计要求进行防护。

（3）爆破作业必须符合《爆破安全规程》国家标准第1号修改单（GB 6722—2014/XG 1—2016）。爆破施工组织设计应按相关规定报批。

（4）石方开挖严禁采用峒室爆破，近边坡部分宜采用光面爆破或预裂爆破。

（5）爆破法开挖石方，应先查明空中缆线、地下管线的位置、开挖边界线外可能受爆破影响的建筑物结构类型、居民居住情况等，然后制定详细的爆破技术安全方案。

（6）爆破开挖石方宜按以下程序进行：爆破影响调查与评估→爆破施工组织设计→培训考核、技术交底→主管部门批准→清理爆破区施工现场的危石等→炮眼钻孔作业→爆破器材检查测试→炮孔检查合格→装炸药及安装引爆器材→布设安全警戒岗→堵塞炮孔→撤离施爆警戒区和飞石、震动影响区的人、畜等→爆破作业信号发布及作业→清除盲炮→解除警戒→测定、检查爆破效果（包括飞石、地震波及对施爆区内构造物的损伤、损失等）。

（7）边坡整修及检验

① 挖方边坡应从开挖面往下分段整修，每下挖2～3m，宜对新开挖边坡刷坡，同时清除危石及松动石块。

② 石质边坡不宜超挖。

③ 石质边坡质量要求：边坡上无松石、危石。

（8）路床清理及验收

① 欠挖部分必须凿除。超挖部分应采用无机结合料稳定碎石或级配碎石填平碾压密实，严禁用细粒土找平。

② 石质路床底面有地下水时，可设置渗沟进行排导，渗沟宽度不宜小于100mm，横坡不宜小于0.6%。渗沟应用坚硬碎石回填。

③ 石质路床的边沟应与路床同步施工。

2. 石方路基的质量要点

（1）石方路堑的开挖宜采用光面爆破法。爆破后应及时清理险石、松石，确保边坡安全、稳定。

（2）修筑填石路堤时应进行地表清理，逐层水平填筑石块，摆放平稳，码砌边部。填筑层厚度及石块尺寸应符合设计和施工规范规定，填石空隙用石碴、石屑嵌压稳定。上、下路床填料和石料最大尺寸应符合规范规定。采用振动压路机分层碾压，压至填筑层顶面石块稳定，18t 以上压路机振压两遍无明显标高差异。

（3）路基表面应整修平整。

3. 石方路基的质量标准

石方路基的实测项目见表 2-5。

表 2-5　石方路基实测项目

项次	检查项目	规定值或允许偏差		检查方法和频率
		高速公路、一级公路	其他公路	
1	压实	孔隙率满足设计要求		密度法：每 200m 每压实层测 1 处
		沉降差≤试验路确定的沉降差		精密水准仪：每 50m 测 1 个断面，每个断面测 5 点

续表

项次	检查项目	规定值或允许偏差		检查方法和频率
		高速公路、一级公路	其他公路	
2	弯沉（0.01mm）	不大于设计值		按1.11节检查
3	纵断高程（mm）	+10，−20	+10，−30	水准仪：中线位置每200m测2点
4	中线偏位（mm）	≤50	≤100	全站仪：每200m测2点，弯道加HY、YH两点
5	宽度（mm）	满足设计要求		尺量：每200m测4点
6	平整度（mm）	≤20	≤30	3m直尺：每200m测2处×5尺
7	横坡（%）	±0.3	±0.5	水准仪：每200m测2断面
8	边坡 坡度	满足设计要求		尺量：每200m测4点
	边坡 平顺度	满足设计要求		

注：土石混填路基压实度或固体体积率可根据实际可能进行检验，其他检测项目与石方路基相同。

4. 安全环保措施

爆破安全施工作业：

（1）进行爆破工程设计时，应制定安全技术操作规程，爆破作业应严格执行现行《爆破安全规程》国家标准第1号修改单（GB 6722—2014/XG 1—2016），确保爆破安全。

（2）爆破作业人员必须持证上岗。进行爆破器材保管、加工、运输及爆破作业的人员，不得穿戴易产生静电的衣物。

（3）爆破器材应按规定要求进行检验，失效和不符合技术条件要求的不得使用。

(4) 选择炮位时，炮孔应避开正对的电线、路口、结构物。严禁在残眼上打孔。

(5) 爆破时，应清点爆炸数与装炮数量是否相符。发生哑炮时，必须按相关规定进行处理。如发现危坡、危石等，应按规定及时处理，未处理前，应在现场设立警戒或危险标志，无关人员不得接近。

(6) 清方过程中，发现有哑炮、残药、雷管时，必须及时请爆破人员进行处理。

(7) 已装药的炮孔必须当班爆破。

2.4 软土地基处理

1. 软土地基处理的施工要点

软土地基处治前，应复核处治方案的可行性，编制实施性施工组织设计。

软土地基处治材料的选用及处治方案，宜因地制宜、就地取材。

当地表存在硬壳层时，对于二级及以下等级公路应加以利用，避免破坏硬壳层。

1) 浅层沼泽软土处治

(1) 置换层宜选用强度较高的砂砾、碎石土等稳定性和透水性好的材料，碎石土的含泥量不大于10%。

(2) 回填应分层填筑、压实。

2) 抛石挤淤施工应符合下列规定：

(1) 应采用粒径较大的硬质岩，粒径小于300mm的含量宜小于20%。

(2) 当软土地层平坦，横坡缓于1∶10时，应沿路线中线向前呈等腰三角形抛填，渐次向两侧对称抛填至全宽，将淤泥挤向两侧；当横坡陡于1∶10时，应自高侧向低侧渐次抛填，并在低侧边部多抛投形成不少于2m宽的平台顶面。

（3）当石料抛填出软土面后，应用较小石块填塞垫平，并采用重型机具碾压密实。

3）砂砾垫层施工应符合下列规定：

（1）垫层材料宜采用天然级配砂砾料，含泥量应小于5％，最大粒径应小于10cm 。

（2）垫层宜分层摊铺压实，碾压到规定的压实度。

（3）垫层宽度应宽出路基边脚50～100cm，两侧宜用片石护砌或采用其他方式防护。

4）塑料排水板

（1）塑料排水板技术质量指标应符合设计要求，露天堆放应有遮盖，不得长时间暴晒。

（2）塑料排水板施工应符合以下规定：

① 现场堆放的塑料排水板，应采取措施防止损坏滤膜。

② 塑料排水板超过孔口的长度应能伸入砂垫层不小于500mm，预留段应及时弯折埋设于砂垫层中，与砂垫层贯通，并采取保护措施。

③ 塑料排水板不得搭接。

④ 施工中防止泥土等杂物进入套管内，一旦发生应及时清除。

⑤ 打设形成的孔洞应用砂回填，不得用土块堵塞。

5）真空预压、真空堆载联合预压

（1）垫层材料宜采用中、粗砂，泥土杂质含量小于5％，严禁砂中混有尖石等尖利硬物。

（2）密封膜厚度宜为0.12～0.17mm，密封膜每边长度应大于加固区相应边3～4m。薄膜加工后不得存在热穿、热合不紧等现象，不宜有交叉热合缝。

（3）每个加固区采用2～3层密封膜，具体层数可根据密封膜性能确定。

（4）滤管应不透砂。滤管距泥面、砂垫层顶面的距离均应大于50mm。滤管周围必须用砂填实，严禁架空、漏填。

（5）密封沟与围堰施工要求如下：

① 沿加固边界开挖密封沟，其深度应低于地下水位并切断透水层，内外坡应平滑。沟底宽度应大于400mm。密封膜与沟底黏土之间应进行密封处理。

② 密封沟回填料应为不含杂质的黏土，不得损害密封膜。

③ 筑堰位置应跨密封沟的外沟沿，堰体应密实牢固。

④ 铺膜前，应把出膜弯管与滤管连接好，并培实砂子，同时处理好出口的连接。

（6）真空表测头应埋设于砂垫层中间，每块加固区不少于2个真空度测点，真空管出口须防止弯折或断裂。

（7）抽真空施工要求如下：

① 抽真空持续时间应符合设计要求，设计无规定时可持续2～5个月。

② 覆盖厚度宜为200～400mm，膜下真空压力应持续稳定在80kPa以上。

③ 应注意观察负压对其相邻结构物的影响。

（8）真空堆载联合预压施工要求如下：

① 路堤填筑宜在抽真空30～40d后开始进行，或按设计规定开始堆载。

② 路堤填筑速率应符合设计规定。

③ 路堤填筑期间，应保持抽真空。

④ 路堤填筑高度达到设计标高（考虑沉降）后，应继续抽真空，路堤沉降值（或地基固结度）达到设计要求后方可停止抽真空。

（9）施工监测要求如下：

① 预压过程中，应进行孔隙水压力、真空压力、深层沉降量及水平位移等预压参数的监测。真空压力每隔 4h 观测一次，表面沉降每 2d 测一次。

② 当连续五昼夜实测地面沉降小于 0.5mm/d、地基固结度已达到设计要求的 80%时，经验收，即可终止抽真空。

③ 停泵卸荷后 24h，应测量地表回弹值。

6）砂桩

（1）材料要求：采用中、粗砂，粒径大于 0.6mm 颗粒含量宜占总重的 50%以上，含泥量应小于 3%，渗透系数大于 5×10^{-2} mm/s。也可使用砂砾混合料，含泥量应小于 5%。

（2）砂桩施工应符合以下规定：

① 采用单管冲击法、一次打桩管成桩法或复打成桩法施工时，应使用饱和砂；采用双管冲击法、重复压拔法施工时，可使用含水量为 7%～9%的砂；饱和土中施工可用天然湿砂。

② 地面下 1～2m 土层应超量投砂，通过压挤提高表层砂的密实程度。

③ 成桩过程应连续。

④ 实灌砂量未达到设计用量时，应进行处理。

7）碎石桩

（1）材料要求：不易风化碎石或砾石，粒径宜为 19～63mm，含泥量应小于 10%。

（2）施工前应按规定做成桩试验。

（3）根据试桩成果，严格控制水压、电流和振冲器在固定深度位置的留振时间。

（4）碎石桩密实度抽查频率为 2%，用重Ⅱ型动力触探测试，贯入量 100mm 时，击数应大于 5 次。

8）加固土桩

（1）材料要求如下：

① 生石灰粒径应小于 2.36mm，无杂质，氯化镁和氧化钙总量应不小于 85%，其中氧化钙含量应不小于 80%。

② 粉煤灰中二氧化硅和三氧化二铝含量应大于 70%，烧失量应小于 10%。

③ 水泥宜用普通硅酸盐或矿渣水泥。

（2）加固土桩施工前必须进行成桩试验，桩数不宜少于 5 根，且满足以下要求：

① 应取得满足设计喷入量的各种技术参数，如钻进速度、提升速度、搅拌速度、喷气压力、单位时间喷入量等。

② 应确定能保证胶结料与加固软土拌和均匀性的工艺。

③ 掌握下钻和提升的阻力情况，选择合理的技术措施。

④ 根据地层、地质情况确定复喷范围。

（3）应根据固化剂喷入的形态（浆液或粉体），采用不同的施工机械组合。

（4）采用浆液固化剂时，制备好的浆液不得离析，不得停置时间过长。超过 2h 的浆液应降低等级使用。浆液拌和均匀、不得有结块。供浆应连续。

（5）采用粉体固化剂时，应符合以下规定：

① 严格控制喷粉标高和停粉标高，不得中断喷粉，确保桩体长度；严格控制粉喷时间、停粉时间和喷入量。应采

取措施防止桩体上下喷粉不匀、下部剂量不足、上下部强度差异大等问题，应按设计要求的深度复搅。

② 当钻头提升到地面以下小于500mm时，送灰器停止送灰，用同剂量的混合土换填。

③ 如喷粉量不足，应整桩复打，复打的喷粉量不小于设计用量。因故喷粉中断时，必须复打，复打重叠长度应大于1m。

④ 施工设备必须配有自动记录的计量系统。

⑤ 钻头直径的磨损量不得大于10mm。

9）水泥粉煤灰碎石桩

（1）材料要求如下：

① 集料：应根据施工方法，选择合理的集料级配和最大粒径。

② 水泥：宜选用普通硅酸盐水泥。

③ 粉煤灰：宜选用袋装B、C级粉煤灰。

（2）施工前应进行成桩试验，试桩数量宜为5～7根，成桩试验需要确定施工工艺、速度、投料数量和质量标准。

（3）水泥粉煤灰碎石桩施工应符合以下规定：

① 桩体施工应选择合理的施打顺序，避免对已成桩造成损害。

② 成桩过程中，应对已打桩的桩顶进行位移监测。

③ 混合料应拌和均匀。

10）Y形沉管灌注桩

（1）粗集料宜优先选用卵石：采用碎石，宜适当增加含砂率；集料最大粒径不宜大于63mm。混凝土坍落度宜为80～100mm，在运输和灌注过程中无离析、泌水。

（2）桩尖、桩帽混凝土强度等级不宜低于C30。

(3) 邻近有建筑物（构造物）时，应采取有效的隔振措施。

(4) 桩基定位点及施工区附近的水准点应设置在不受桩基施工影响处。

(5) 群桩施工，应合理设计打桩顺序、控制打桩速度，防止影响邻桩成桩质量。

(6) 沉管前，宜在桩管内先灌入高 1.5m 左右的封底混凝土，方可开始沉管。

(7) 灌注混凝土的充盈系数不得小于 1。

11) 薄壁筒型沉管灌注桩

(1) 混凝土粗集料宜优先选用卵石，卵石最大粒径为 63mm；采用碎石，宜适当增加含砂率，碎石最大粒径为 37.5mm。混凝土坍落度宜为 80～150mm，在运输和灌注过程中无离析、泌水。

(2) 桩尖、桩帽混凝土强度等级不宜低于 C30。桩尖表面应平整、密实，桩尖内外面圆度偏差不得大于 1%，桩尖端头支承面应平整。

(3) 附近有建筑物时，应采取有效的隔振措施。

(4) 在软土地基上打群桩时，应合理设计打桩顺序、控制打桩速度。

(5) 桩基定位点及施工区附近所设的水准点应设置在不受桩基施工影响处。

(6) 沉管工艺应符合下列规定：

① 成孔器安装时，应控制底部套筒环形空隙（即成桩壁厚）的均匀性，环隙偏差小于 5mm 后方可固定上端法兰或缩压夹持器。

② 沉孔之前，必须使桩尖与成孔器内、外钢管的空腔

密封，确保在全部沉孔过程中不会渗入空腔内。

③ 浇注混凝土前，应检测孔底有无渗水和淤泥。

（7）浇注混凝土应符合下列规定：

① 桩管内混凝土灌满后，先振动 5～10s，再边振动边拔管，控制拔管速度均匀，保持管内混凝土高度不小于 2m。穿越特别软弱土层时，拔管速度宜控制在 1.0～1.2m/min。

② 采取间歇性振动，即灌入 2m 高度混凝土后，提升振动一次，不宜连续振动而不提升。

③ 在沉孔及提升成孔器时，必须控制成孔器的垂直度。

④ 浇注后的桩顶标高应大于设计标高 500mm。

12）预制管桩

（1）管桩堆放场地，必须平整、坚实，应有排水措施，不得产生不均匀沉陷。

（2）施工前检查成品桩，先张法薄壁预应力混凝土管桩应符合《先张法预应力混凝土管桩》（GB 13476—2009）的规定、《先张法预应力混凝土薄壁管桩》（JC 888—2001）的规定。采用蒸汽养护时应在常温下静置 3d 以上。

（3）预制管桩宜采用静压方式施工，也可采用锤击沉桩方式施工。

（4）桩的打设次序宜由路基中心线向两侧打设，由结构物向路堤方向打设。

（5）沉桩过程中应严格控制桩身的垂直度。

（6）每根桩宜一次性连续沉至设计高程，沉桩过程中停歇时间不应过长。

（7）焊接接桩

① 接桩时，上、下节桩的中心线偏差应小于 5mm，节点弯曲矢高不得大于桩段长度的 0.1%。

② 焊接时，应采取措施减小焊接变形，焊缝连续、饱满。焊接后应自然降温，严禁用水浇降温。

③ 成桩过程中遇有较难穿透的土层时，接桩宜在桩尖穿过该层土后进行。

13）强夯

（1）应采取隔振、防振措施消除强夯对邻近建筑物的有害影响。

（2）施工前应选择有代表性并不小于 $500m^2$ 的路段进行试夯，确定最佳夯击能、间歇时间、夯间距等参数。

（3）夯击次数应按现场试夯得到的夯击次数和夯沉量关系曲线确定。

（4）垫层材料应采用透水性好的砂、砂砾、石屑、碎石土等。

（5）强夯施工应符合以下规定：

① 施工前应检查锤重和落距，单击夯击能量应符合设计要求。

② 夯击前，应对夯点放样并复核，夯完后检查夯坑位置，发现偏差或漏夯应及时纠正。

③ 施工过程中应记录每个夯点的夯沉量，原始记录应完整、齐全。

（6）强夯施工完成后，应通过标准贯入、静力触探等原位测试，测量地基的夯后承载能力是否达到设计要求。

14）软土地区路堤施工

（1）软土地区路堤施工计划中应考虑地基所需固结时间。

（2）二级及二级以下公路施工时不宜破坏软土地基的硬壳层。

（3）路堤压实宽度应不小于设计值，坡度应符合设计要求。

（4）填筑过程中，为确保路堤整体稳定，路堤中心线地面沉降速率每昼夜应不大于 10～15mm，坡脚水平位移速率每昼夜应不大于 5mm。应结合沉降和位移发展趋势对观测结果进行综合分析。填筑速率应以水平位移控制为主，超过标准应立即停止填筑。

（5）采用排水固结法施工时，桥台、涵洞、通道及加固工程应在预压沉降完成后方可进行施工。路堤与桥台衔接部位、路堤与锥坡预压填土应同步填筑与碾压，填料宜选用透水性材料。

（6）应按设计要求的预压荷载、预压时间进行预压。在预压期内，除添加由于沉降而引起的沉降补方外，严禁其他作业。

（7）在软土地基上直接填筑路堤，应符合以下规定：

① 水面以下部分应选择透水性好的填料，水面以上可用一般土或轻质材料填筑。

② 填筑路基的土宜从取土场取用。必须在两侧取土时，取土坑距路堤坡脚的距离应满足路堤稳定的要求。

③ 反压护道施工宜与路堤同时填筑。分开填筑时，必须在路堤达到临界高度前完成反压护道施工。

2. 软土地基处理的质量要点

（1）换填地基的填筑压实要求同 2.2 土方路基。

（2）砂垫层：砂的规格和质量必须符合设计要求和规范规定；适当洒水，分层压实；砂垫层宽度应宽出路基边脚 0.5～1.0m，两侧端以片石护砌；砂垫层厚度及其上铺设的反滤层应符合设计要求。

（3）反压护道：填筑材料、护道高度、宽度应符合设计要求，压实度不低于 90%。

（4）袋装砂井、塑料排水板：砂的规格、质量、砂袋织物质量和塑料排水板质量必须符合要求；砂袋和塑料排水板下沉时不得出现扭结、断裂等现象；井（板）底标必须符合设计要求，其顶端必须按规范要求伸入砂垫层。

（5）碎石桩：碎石材料应符合设计要求；应严格按试桩结果控制电流和振冲器的留振时间；分批加入碎石，注意振密挤实效果，防止发生“断桩”或“颈缩桩 ”。

（6）砂桩：砂料应符合规定要求；砂的含水量应根据成桩方法合理确定；应确保桩体连续、密实。

（7）粉喷桩：水泥应符合设计要求；根据成桩试验确定的技术参数进行施工；严格控制喷粉时间、停粉时间和水泥喷入量，不得中断喷粉，确保粉喷桩长度；桩身上部范围内必须进行二次搅拌，确保桩身质量；发现喷粉量不足时，应整桩复打；喷粉中断时，复打重叠孔段应大于 1m。

（8）软土地基上的路堤，应在施工过程中进行沉降观测和稳定性观测，并根据观测结果对路堤填筑速率和预压期等做出必要调整。

3. 软土地基处理的质量标准

软土地基处理的质量标准符合表 2-6～表 2-14。

表 2-6　袋装砂井、塑料排水板实测项目

项次	检查项目	规定值或允许偏差	检查方法和频率
1	井（板）间距（mm）	±150	尺量：抽查 2%且不少于 5 点
2	井（板）长度	不小于设计	查施工记录
3	井径（mm）	+10，0	挖验 2%且不少于 5 点
4	灌砂量（%）	−5	查施工记录

表 2-7 砂垫层实测项目

项次	检查项目	规定值或允许偏差	检查方法和频率
1	砂垫层厚度	不小于设计值	尺量：每 200m 测 2 点，且不少于 5 点
2	砂垫层宽度	不小于设计值	尺量：每 200m 测 2 点，且不少于 5 点
3	反滤层设置	满足设计要求	尺量：每 200m 测 2 点，且不少于 5 点
4	压实度（%）	≥90	密度法：每 200m 测 2 点，且不少于 5 点

表 2-8 碎石桩（砂桩）实测项目

项次	检查项目	规定值或允许偏差	检查方法和频率
1	桩距（mm）	±150	抽查 3%
2	桩径（mm）	不小于设计	抽施工记录
3	桩长（m）	不小于设计	抽查 3%
4	竖直度（%）	1.5	查施工记录
5	灌石（砂）量	不小于设计	查施工记录

表 2-9 粉喷桩实测项目

项次	检查项目	规定值或允许偏差	检查方法和频率
1	桩距（mm）	±100	抽查 2%
2	桩径（mm）	不小于设计	抽查 2%
3	桩长（m）	不小于设计	查施工记录
4	竖直度（%）	1.5	查施工记录
5	单桩喷粉量	符合设计要求	查施工记录
6	强度（kPa）	不小于设计	抽查 5%

表 2-10　加固土桩质量标准

项次	检查项目	规定值或允许偏差	检查方法和频率
1	桩距（mm）	±100	尺量：抽查 2%且不少于 5 点
2	桩径（mm）	不小于设计值	尺量：抽查 2%且不少于 5 点
3	桩长	不小于设计值	查施工记录并结合 0.2%成桩取芯检查
4	单桩每延米喷粉（浆）量（%）	不小于设计值	查施工记录
5	强度	不小于设计值	取芯法：抽查桩数的 0.5%，且不少于 3 组
6	地基承载力	满足设计要求	抽查桩数的 0.1%，且不少于 3 处

表 2-11　水泥粉煤灰碎石桩质量标准

项次	检查项目	规定值或允许偏差	检查方法和频率
1	桩距（mm）	±100	尺量：抽查 2%且不少于 5 点
2	桩径（mm）	不小于设计值	尺量：抽查 2%且不少于 5 点
3	桩长	不小于设计值	查施工记录并结合取芯检查
4	强度	不小于设计值	取芯法：抽查桩数的 0.5%，且不少于 3 组
5	复合地基承载力	满足设计要求	抽查桩数的 0.1%，且不少于 3 处

表 2-12　Y 型沉管灌注桩质量标准

项次	检查项目	规定值或允许偏差	检查方法和频率
1	桩距（mm）	±100	尺量，桩数 5%
2	沉桩深度	不小于设计值	尺量，桩数 20%
3	桩横截面面积	不小于设计值	尺量，桩数 5%

续表

项次	检查项目	规定值或允许偏差	检查方法和频率
4	竖直度（%）	1	查沉孔记录
5	混凝土抗压强度	在合格标准内	每根桩2组，每台班至少2组
6	单桩承载力	不小于设计值	桩数的0.2%，并不少于3根
7	桩身完整桩	无明显缺陷	低应变测试，桩数10%

表 2-13 薄壁筒型沉管灌注桩质量标准

项次	检查项目	规定值或允许偏差	检查方法和频率
1	桩距（mm）	±100	尺量，桩数5%
2	桩外径	不小于设计值	尺量，桩数5%
3	沉桩深度	不小于设计值	尺量，桩数20%
4	筒壁厚度	不小于设计值	尺量，桩数5%
5	竖直度（%）	1	查成孔记录
6	混凝土抗压强度	合格	每工作台班留2组试件，每根至少1组试件
7	单桩承载力	不小于设计值	总桩数的0.2%，并不少于3根
8	桩身完整桩	无明显缺陷	低应变测试，桩数10%

表 2-14 静压管桩质量标准

项次	检查项目	规定值或允许偏差	检查方法和频率
1	桩距（mm）	±100	5%
2	桩长	不小于设计	吊绳量测，5%
3	竖直度（%）	1	5%
4	单桩承载力	不小于设计	桩数的0.2%，并不少于3根
5	托板高度（mm）	+20，−10	钢尺量测，5%

续表

项次	检查项目	规定值或允许偏差	检查方法和频率
6	托板长度和高度（mm）	+30，−20	钢尺量测，5%
7	托板位置（mm）	50	钢尺量测，5%

4. 安全环保措施

（1）施工场地及机械行走范围的承载力应满足相应的要求，并应保持平整。

（2）排水板打设设备与架空线路之间的安全距离应符合《施工现场临时用电安全技术规范》（JGJ 46—2005）的有关规定。

（3）振沉砂桩或碎石桩作业灌料斗下方不得站人。

（4）强夯施工应符合下列规定：

① 强夯作业区应封闭管理并设置安全警示标志，由专人负责统一指挥。

② 强夯机架刚度、强度、稳定性应满足施工要求，变换夯位后，应检查门架支腿。作业前，应提升夯锤 0.1～0.3m 检查整机的稳定性。

③ 吊锤机械驾驶室前应设置防护网，驾驶员应佩戴防护镜。

（5）旋喷桩的高压设备和管路系统的密封圈应完好，各管道和喷嘴内不得有杂物喷射过程中出现压力突变应停工查明原因。

（6）真空预压施工应符合下列规定：

① 施工用电应符合《施工现场临时用电安全技术规范》（JGJ 46—2005）的有关规定。

② 应观察负压对邻近结构物的影响。

③ 排水不得危及四周道路及结构物。

（7）在淤泥区域进行换填施工作业时，应采取防止人员陷入的措施。

2.5 土工合成材料处治层

1. 土工合成材料处治层的施工要点

1）加筋工程

（1）土工合成材料在铺设时，应将强度高的方向置于垂直于路堤轴线方向。

（2）土工合成材料之间的连接应牢固，受力方向连接处的强度不得低于材料设计抗拉强度，且其叠合长度不应小于 15cm。

（3）土工合成材料的铺设不允许有褶皱，应用人工拉紧，必要时可采用插钉等措施固定土工合成材料于填土层表面。

（4）铺设土工合成材料的土层表面应平整，表面严禁有碎、块石等坚硬凸出物；距土工合成材料层 8cm 以内的路堤填料，其最大粒径不得大于 6cm。

（5）土工合成材料摊铺以后应及时填筑填料，以避免其受到阳光过长时间的直接暴晒。一般情况下，间隔时间不应超过 48h。

（6）填料应分层摊铺、分层碾压，所选填料及其压实度应达到《公路路基设计规范》（JTG D30—2004）规定的要求。

（7）土工合成材料上的第一层填土摊铺宜采用轻型推土机或前置式装载机。一切车辆、施工机械只允许沿路堤的轴线方向行驶。

(8) 对于软土地基，应采用后卸式卡车沿加筋材料两侧边缘倾卸填料，以形成运输的交通便道，并将土工合成材料张紧。填料不允许直接卸在土工合成材料上面，必须卸在已摊铺完毕的土面上；卸土高度以不大于1m为宜，以免造成局部承载能力不足。卸土后应立即摊铺，以免出现局部下陷。

2) 过滤与排水

(1) 场地应平整，场地上的杂物应清除干净。

(2) 备料时，应先将窄幅缝接，并应裁剪成要求的尺寸。

(3) 铺设应符合以下要求：

① 铺放应平顺，松紧适度，并应与土面密贴。

② 有损坏处，应修补或更换。相邻片（块）可搭接300mm；对可能发生位移处应缝接；不平地、软土上和水下铺设搭接宽度应适当增大；水流处上游片应铺在下游片上。

③ 坡面上铺设宜自下而上进行。在顶部和底部应予固定；坡面上应设防滑钉，并应随铺随压重。

④ 与岸坡和结构物连接处应结合良好。

⑤ 铺设人员不应穿硬底鞋。

(4) 土料回填应符合以下要求：

① 应及时回填。

② 回填土石块最大落高不得大于300mm；重土石块不应在坡面上滚动下滑。

③ 填土的压实度应符合设计要求；回填300mm松土层后，方可用轻碾压实。

3) 路基防护

(1) 土工织物软体机排施工质量要求：

① 坡面必须整平，保证沉排与坡面接触良好。

② 将排体按要求缝合。每块排体搭接不宜小于 0.5m。

③ 单片排可采用顺坡滚下的摊铺方式，双片排可采用自重下沉法。

④ 排面压重可采用人工施工或机械施工。

(2) 土工模袋施工质量要求：

① 模袋的长度方向必须垂直于坡面方向。

② 模袋铺设以及混凝土或砂浆的充灌应按照先上游后下游、先深水后浅水、先标准断面后异形断面的次序进行。

③ 相邻两块模袋的接缝应尽量缩小，在铺设后一块模袋时，前一模袋宜预留一定长度。搭在后一块模袋之上，后一模袋应平压在前一模袋的下面并将扎带扎牢，在充灌混凝土时辅之人工使之密实。

④ 受潮汐影响的封闭式护岸、堤身的土工模袋护坡，施工时应考虑内外水头差的影响，并采取相应措施。

⑤ 模袋表面应设渗水孔，孔的间距为 1～1.5m。

4) 路面裂缝防治

(1) 用于防治反射裂缝的材料应符合以下要求：

① 土工织物应采用非织造针刺土工织物，其单位质量不应大于 $200g/m^2$；极限抗拉强度宜大于 8kN/m，耐温性宜在 170℃以上。

② 玻纤网的孔眼尺寸宜为其上沥青面层材料最大粒径的 0.5～1.0 倍，极限抗拉强度应大于 50kN/m。

③ 土工合成材料应铺设于新建沥青面层或旧路沥青罩面层的底部。可满铺，也可局部铺设。

④ 对旧路面或旧道面在铺设罩面层前应对路面和道面进行检验，并应确定材料的铺设方案。对损坏部位应进行修

补处理，并应将铺设场地清理干净。

（2）材料铺设应符合以下规定：

① 铺设土工织物时，应先洒布粘层油，用量宜为 0.7～1.1kg/m²，铺设时应将土工织物拉紧、平整顺直。如有褶皱，应将褶皱处剪开，对齐后再继续铺放。土工织物铺放后，宜在表面用轻型工具碾压。土工织物接头可对接，也可搭接。采用搭接时搭接长度宜为 40～100mm。搭接处的结合面应涂满粘层油并压实。铺放土工织物后应及时铺筑沥青混合料面层。

② 铺设玻纤网时，应保证铺设平顺，宜先铺设玻纤网，再洒布粘层油，用量宜为 0.4～0.6kg/m²，玻纤网的搭接长度宜为 50～100mm。

2. 土工合成材料处治层的质量要点

（1）土工合成材料质量应符合设计要求，无老化，外观无破损，无污染。

（2）土工合成材料应紧贴下承层，按设计和施工要求铺设、张拉、固定。

（3）土工合成材料的接缝搭接、粘接强度和长度应符合设计要求，上、下层土工合成材料搭接缝应交替。

3. 土工合成材料处治层的质量标准

（1）土工合成材料处治层的实测项目见表 2-15～表 2-18。

表 2-15 加筋工程土工合成材料实测项目

项次	检查项目	规定值或允许偏差	检查方法和频率
1	下承层平整度、拱度	符合设计施工要求	每 200m 检查 4 处
2	搭接宽度（mm）	+50，0	尺量：抽查 2%

续表

项次	检查项目	规定值或允许偏差	检查方法和频率
3	搭接缝错开距离（mm）	符合设计施工要求	尺量：抽查2%
4	锚固长度（mm）	符合设计施工要求	尺量：抽查2%

表2-16　隔离工程土工合成材料实测项目

项次	检查项目	规定值或允许偏差	检查方法和频率
1	下承层平整度、拱度	符合设计施工要求	每200m检查4处
2	搭接宽度（mm）	+50，0	尺量：抽查2%
3	搭接缝错开距离（mm）	符合设计施工要求	尺量：抽查2%
4	搭接处透水点	不多于1个点	每缝

表2-17　过滤排水工程土工合成材料实测项目

项次	检查项目	规定值或允许偏差	检查方法和频率
1	下承层平整度、拱度	符合设计施工要求	每200m检查4处
2	搭接宽度（mm）	+50，0	尺量：抽查2%
3	搭接缝错开距离（mm）	符合设计施工要求	尺量：抽查2%

表2-18　防裂工程土工合成材料实测项目

项次	检查项目	规定值或允许偏差	检查方法和频率
1	下承层平整度、拱度	符合设计施工要求	每200m检查4处
2	搭接宽度（mm）	≥50（横向） ≥150（纵向）	尺量：抽查2%
3	粘结力（N）	≥20	抽查2%

（2）土工合成材料处置层外观质量应符合下列规定：

① 土工合成材料无重叠、褶皱。

② 土工合成材料固定处不应松动。

3 排水工程

3.1 一般规定

（1）施工前，应校核全线排水设计是否完善、合理，必要时应提出补充和修改意见，使全线的沟渠、管道、桥涵组合成完整的排水系统。临时排水设施应尽量与永久排水设施相结合，排水方案应因地制宜、经济实用。

（2）施工前，宜先完成临时排水设施。施工期间，应经常维护临时排水设施，保证水流畅通。

（3）路堤施工中，各施工作业层面应设2%～4%的排水横坡，层面上不得有积水，并采取措施防止水流冲刷边坡。

（4）路堑施工中，应及时将地表水排走。

（5）施工中应对地下水情况进行记录并及时反馈。

3.2 管节预制

1. 管节预制的施工要点

（1）经常检查钢模，加强钢模维护保养，对不符合要求的钢模应及时进行整修或更新。

（2）浇筑成型前应检查钢筋骨架位置，定位要正确，撑脚牢靠防止骨架位移。

（3）浇筑成型时细致喂料，均匀喂料，严格控制超厚层。

（4）合理采用配合比，控制好混凝土坍落度。

2. 管节预制的质量要点

（1）所用的水泥、砂飞石、水、外加剂和掺合料的质量规格应符合有关规范的要求，按规定的配合比施工。

（2）混凝土应符合耐久性（抗冻、抗渗、抗侵蚀等）设计要求。

（3）不得出现露筋和空洞现象。

3. 管节预制的质量标准

（1）管节预制的实测项目

管节预制实测项目见表3-1。

表3-1　管节预制实测项目

项次	检查项目	规定值或允许偏差	检查方法和频率
1	混凝土强度（MPa）	在合格标准内	按1.6节检查
2	内径（mm）	不小于设计	尺量：抽查10%管节，每管节测2个断面，且不少于5个断面
3	壁厚（mm）	−3	尺量：抽查10%管节，每管节测2个断面，且不少于5个断面
4	顺直度	矢度不大于0.2%管节长	抽查10%管节，沿管节拉线量，取最大矢高
5	长度（mm）	+5，0	尺量：抽查10%管节，每管节测1点，且不少于5点

（2）管节预制的外观质量

不应出现《公路工程质量检验评定标准》（JTG F80/1—

2017）中附录P中小型预制构件外观限制性缺陷。

4. 安全环保措施

1）安全措施

（1）建立安全生产组织机构，专职安全员在项目负责人和安全负责人的领导下，履行保证安全的一切工作。

（2）进行安全技术交底，做好安全检查记录，明确提出安全生产要求，把安全生产贯穿到施工全过程中去。

（3）认真定期执行安全教育，安全检查制度。发现事故隐患要及时处理，做好记录，及时改正，落实到人。

（4）施工中临时结构处设置安全警示标志，必要时设置防护网。

（5）进入施工现场人员需戴好安全帽，施工机械操作人员须持证上岗，机械操作专人专岗。

（6）专职安全员对施工现场进行定期或不定期检查，及时发现安全隐患并予以纠正。

2）环境保护

（1）防止水土污染和流失

① 施工前，应制定相应的预防水土污染和水土流失措施，考虑土地资源的合理利用，缩短临时占地使用时间。

② 施工便道路面进行硬化，保证晴雨通车，设专人进行养护，确保路面平整，防止扬尘和积水。

③ 施工过程中各种排水沟渠的水流不得直接排放到引用水源、农田、鱼塘中。

④ 不得随意丢弃生产及生活垃圾，垃圾的掩埋或处理应按当地环保部门的要求进行。不得随意排放含油废水及生活污水。

⑤ 废料、废渣中含有可溶性有害物质，可能造成土质、

水污染时，应采取措施予以处理。

⑥ 在自然保护区、森林、草原、湿地及风景名胜区进行施工时，应遵守国家环境保护的相关规定。

（2）噪声、空气污染的防治

① 在居民聚居区或其他噪声敏感建筑物附近施工时，当噪声超过规定时，应及时采取措施，减少施工活动对沿线居民的干扰。

② 对施工作业人员，在噪声较大的现场作业时，应采取有效的防护措施。

③ 施工过程中应采取措施控制扬尘、废气排放等。

④ 施工堆料场、拌和站、材料加工厂等宜设于主要风向的下风处的空旷地区。当无法满足时，应采取必要的环保措施。

⑤ 粉状材料运输应采取措施防止材料散落。

⑥ 粉煤灰、石灰等露天堆存时，应采取防尘、防水措施。

3.3 混凝土排水管安装

1. 混凝土排水管安装的施工要点

（1）管节安装前应进行外观检查，发现裂缝、保护层脱落、空鼓、接日掉角等缺陷，使用前应修补并经鉴定合格后，方可使用。

（2）管座分层浇筑时，管座平基混凝土抗压强度为50MPa以上时，方可进行安管。

（3）管节安装前应将管内外清扫干净，安装时应使管节内底高程符合设计规定。调整管节中心及高程时，必须垫稳，两侧设撑杠，不得发生滚动。

（4）采用混凝土管座基础时，管节中心、高程复验合格后，应及时浇筑管座混凝土。

（5）砂及砂石基础材料应振实，并应与管身和承口外壁均匀接触。

（6）管道暂时不接支线的预留孔应封堵。

（7）混凝土管座的模板，可一次或两次支设，每次支设高度宜略高于混凝土的浇筑高度。

（8）浇筑混凝土管座，应符合下列规定：

① 清除模板中的尘渣、异物，核实模板尺寸。

② 管座分层浇筑时，应先将管座平基凿毛冲净，并将管座平基与管材相接触的三角部位，用同强度等级的混凝土砂浆填满、捣实后，再浇混凝土。

③ 采用垫块法一次浇筑管座时，必须先从一侧灌注混凝土，当对侧的混凝土与灌注一侧混凝土高度相同时，两侧再同时浇筑，并保持两侧混凝土高度一致。以防止管节向一侧位移。

④ 管座基础留变形缝时，缝的位置应与柔性接口相一致。

⑤ 浇筑混凝土管座时，应留混凝土抗压强度试块，留置数量及强度评定方法应按规范有关规定进行。

（9）当采用水泥砂浆填缝及抹带接口时，落入管道内的接口材料应清除。管径大于或等于700mm时，应采用水泥砂浆将管道内接口纵向间隙部位抹平、压光；当管径小于700mm时，填缝后应立即拖平。

（10）钢丝网水泥砂浆及水泥砂浆抹带接口应符合下列规定：

① 抹带前应将管口的外壁凿毛、洗净，当管径小于或等于 400mm 时，水泥砂浆抹带可一次抹成；当管径大于 400mm 时，应分两层抹成。

② 钢丝网端头应在浇筑混凝土管座时插入混凝土内，在混凝土初凝前，分层抹压钢丝网水泥砂浆抹带。

③ 抹带完成后，应立即用平软材料覆盖，3～4h 后洒水养护。

（11）承插式甲型接口采用水泥砂浆填缝时，安装前应将接口部位清洗干净。插口进入承口后，应将管节接口环向间隙调整均匀，再用水泥砂浆填满、捣实、表面抹平。

（12）水泥砂浆抹带及接口填缝时，水泥砂浆配合比应符合设计规定。

2. 混凝土排水管安装的质量要点

（1）管材必须逐节检查，不得有裂缝、破损。

（2）排水管基础应满足设计要求。

（3）管节铺设应平顺、稳固，管底坡度不得出现反坡，管节接头处流水面高差不得大于 5mm。管内不得有泥土、砖石、砂浆等杂物。

（4）管道内的管口缝，当管径大于 750mm 时，应在管内做整圈勾缝。

（5）管口内缝砂浆平整密实，不得有裂缝、空鼓现象。

（6）抹带前，管口必须洗刷干净，管口表面应平整密实，无裂缝现象，抹带后应及时覆盖养护。

（7）设计中要求防渗漏的排水管须做渗漏试验，渗漏量应符合要求。

3. 混凝土排水管安装的质量标准

（1）混凝土排水管安装的实测项目

混凝土排水管安装的实测项目见表3-2。

表3-2 混凝土排水管安装实测项目

项次	检查项目		规定值或允许偏差	检查方法和频率
1	混凝土抗压强度或砂浆强度（MPa）		在合格标准内	按1.6节、1.8节检查
2	管轴线偏位（mm）		15	全站仪或尺量：每两井间测3处
3	流水面高程（mm）		±10	水准仪、尺量：每两井间进出水口各1处，中间1～2处
4	基础厚度（mm）		≥设计值	尺量：每两井间测3处
5	管座	肩宽（mm）	+10，−5	尺量：每两井间测2处
		肩高（mm）	±10	
6	抹带	宽度	≥设计值	尺量：按10%抽查
		厚度	≥设计值	

（2）混凝土排水管安装的外观质量应符合下列规定：

① 不应出现《公路工程质量检验评定标准》（JTG F80/1—2017）中附录P中基础外观限制缺陷。

② 管口缝带圈不得有开裂、脱皮现象；管口内缝砂浆不得有空鼓。

③ 抹带接口表面不应有间断和空鼓。

3.4 检查（雨水）井砌筑

1. 检查（雨水）井砌筑的施工要点

（1）井底基础应与管道基础同时浇筑。

（2）排水检查井内的流槽，宜与井壁同时进行砌筑。当采用砖石砌筑时，表面应采用砂浆分层压实、抹光，流槽应与上下游管道底部接顺，管道和井底高程应符合规定标准（表3.3.1）。

（3）在砌筑检查井时应同时安装预留支管。预留支管的管径、方向、高程应符合设计要求，管与井壁衔接处应严密。预留支管宜采用低强度等级的砂浆封口抹平。

（4）检查井接入圆管的管口应与井内壁平齐。当接入管径大于300mm时，应砌砖圈加固。

（5）砌筑圆形检查井时，应随时检测直径尺寸，当四面收口时，每层收进不应大于30mm；当偏心收口时，每层收进不应大于50mm。

（6）砌筑检查井及雨水口的内壁应采用水泥砂浆勾缝，有抹面要求时，内壁抹面应分层压实。外壁应采用水泥砂浆搓缝压密实。

（7）检查井采用预制装配式构件施工时，企口坐浆与竖缝灌浆应饱满，装配后的接缝砂浆凝结硬化期间应加强养护，并不得受外力碰撞或振动。

（8）检查井及雨水井口砌筑或安装至规定高程后，应及时浇筑或安装井圈（框），盖好井盖。

（9）雨期砌筑检查井或雨水口，井身应一次砌起。为防止漂管，可在检查井的侧墙底部预留进水孔，回填前应封堵。

（10）冬期砌筑检查井采取防寒措施，必要时应在管两端加强风挡。

（11）雨水支管管口必须与井墙齐平。雨水口与检查井的连管应顺直，无错口；坡度应符合设计规定。

（12）检查井的井盖应与相邻路面高差在允许偏差范围内。

2. 检查（雨水）井砌筑的质量要点

（1）井基混凝土强度达到5MPa时，方可砌筑井体。

（2）砌筑砂浆配合比准确，井壁砂浆饱满，灰缝平整。圆形检查井内壁应圆顺，抹面密实光洁，踏步安装牢固。

（3）井框、井盖安装必须平稳，井口周围不得有积水。

3. 检查（雨水）井砌筑的质量标准

（1）检查（雨水）井砌筑的实测项目

检查（雨水）井砌筑的实测项目见表3-3。

表3-3　检查（雨水）井砌筑实测项目

<table>
<tr><th>项次</th><th>检查项目</th><th colspan="2">规定值或允许偏差</th><th>检查方法和频率</th></tr>
<tr><td>1</td><td>砂浆强度（MPa）</td><td colspan="2">在合格标准内</td><td>按1.8节检查</td></tr>
<tr><td>2</td><td>中心点位（mm）</td><td colspan="2">50</td><td>全站仪：逐井检查</td></tr>
<tr><td>3</td><td>圆井直径或方井长、宽（mm）</td><td colspan="2">±20</td><td>尺量：逐井检查，每井测2点</td></tr>
<tr><td>4</td><td>壁厚（mm）</td><td colspan="2">－10，0</td><td>尺量：逐井检查，每井测2点</td></tr>
<tr><td>5</td><td>井底高程（mm）</td><td colspan="2">±20</td><td>水准仪：逐井检查</td></tr>
<tr><td rowspan="2">6</td><td rowspan="2">井盖与相邻路面高差差（mm）</td><td>雨水井</td><td>0，－4</td><td rowspan="2">水准仪、水平尺：逐井检查</td></tr>
<tr><td>检查井</td><td>＋4，0</td></tr>
</table>

（2）检查（雨水）井砌筑的外观鉴定

井框、井盖安装不应松动，井口周围不得有积水。

3.5 土 沟

1. 土沟的施工要点

(1) 边沟(土沟)是地表排水设施的重要组成部分,且开挖简易,适用性广泛。但必须根据设计和结合地面实际情况以保证排水效果的发挥。

(2) 为了保证地表排水边沟满足排水要求,边沟槽顶面应高出设计水位 0.2m 以上。

(3) 边沟一般采用梯形断面,当采用机械施工时,可为三角形断面,应根据设计要求确定。

(4) 地表排水沟渠(边沟等)宜短不宜长,以便水流不过于汇集,做到及时疏导,就近分流,同时也不应兼作其他流水的用途。

2. 土沟的质量要点

(1) 土沟边坡必须平整、坚实、稳定,严禁贴坡。

(2) 沟底应平顺整齐,不得有松散土和其他杂物,排水畅通。

3. 土沟的质量标准

(1) 土沟的实测项目见表 3-4。

表 3-4 土沟实测项目

项次	检查项目	规定值或允许偏差	检查方法和频率
1	沟底高程(mm)	0,−30	水准仪:每 200m 测 4 点,且不少于 5 点
2	断面尺寸(mm)	≥设计值	尺量:每 200m 测 2 点,且不少于 5 点

续表

项次	检查项目	规定值或允许偏差	检查方法和频率
3	边坡坡度	不陡于设计	尺量：每200m测2点，且不少于5点
4	边棱直顺度（mm）	50	尺量：20m拉线，每200m测2点，且不少于5点

（2）土沟的外观质量

沟内不得有杂物，无排水不畅。

4. 安全环保措施

同3.2节管节预制。

3.6　浆砌水沟

1. 浆砌水沟的施工要点

（1）砌筑用砂浆必须符合设计要求，配合比准确，随拌随用，不得经长时间停工再行加水重拌使用。

（2）浆砌片（块）石、混凝土预制块的质量、规格应符合设计规定。

（3）使用前对砌块冲洗干净，湿润后进行砌筑。

（4）为保证砌筑质量应在土沟的断面尺寸，沟壁坡度、底部纵坡及其平顺符合规定要求的情况下进行砌筑。

（5）砌筑过程应注意石块相互挤紧咬接。砂浆饱满。尤其在底部与沟坡转角处防止渗透。

（6）应注意水沟断面尺寸必须做足，防止排水不畅。

（7）砌筑时要求勾缝严密，压光，砌筑平整，不带假缝、抹面空鼓、裂缝等缺陷。

（8）对于基础中缩缝应与墙身缩缝对齐。

2. 浆砌排水沟的质量要点

（1）砌体砂浆配合比准确，砌缝内砂浆均匀饱满，勾缝密实。

（2）浆砌片（块）石、混凝土预制块的质量和规格应符合设计要求。

（3）基础中缩缝应与墙身缩缝对齐。

（4）砌体抹面应平整、压光、直顺，不得有裂缝、空鼓现象。

3. 浆砌排水沟的质量标准

（1）浆砌排水沟的实测项目见表 3-5。

表 3-5　浆砌排水沟实测项目

项次	检查项目	规定值或允许偏差	检查方法和频率
1	砂浆强度（MPa）	在合格标准内	按 1.8 节检查
2	轴线偏位（mm）	50	全站仪或尺量：每 200m 测 5 点
3	沟底高程（mm）	±15	水准仪：每 200m 测 5 点
4	墙面直顺度（mm）	30	20m 拉线：每 200m 测 2 点
5	坡度	满足设计要求	坡度尺：每 200m 测 2 点
6	断面尺寸（mm）	±30	尺量：每 200m 测 2 个断面，且不少于 5 个断面
7	铺砌厚度（mm）	≥设计值	尺量：每 200m 测 2 点
8	基础垫层宽度、厚度（mm）	≥设计值	尺量：每 200m 测 2 点

（2）浆砌水沟的外观质量

① 砌体抹面不得有空鼓。

② 沟内不得有杂物，无排水不畅。

4. 安全环保措施

同 3.2 节管节预制。

3.7 盲 沟

1. 盲沟的施工要点

（1）构筑盲沟时应按设计规定选择材料，按盲沟断面尺寸要求开挖，反滤层材料应分层次填足，不得混杂或乱填，以免影响渗流。

（2）为保持盲沟渗水充分发挥效能应使盲沟高程控制在设计规定要求的高度范围内，并注意进出门水流通畅。

（3）为延长盲沟使用年限，避免泥沙与反滤层混杂，宜设隔离层，亦即用土工织物（土工布外包层）隔离。

2. 盲沟的质量要点

（1）盲沟的设置及材料规格、质量等应符合设计要求和施工规范规定。

（2）反滤层应用筛选过的中砂、粗砂、砾石等渗水性材料分层填筑。

（3）排水层应采用石质坚硬的较大粒料填筑，以保证排水孔隙度。

3. 盲沟的质量标准

（1）盲沟的实测项目见表3-6。

表3-6 盲沟实测项目

项次	检查项目	规定值或允许偏差	检查方法和频率
1	沟底高程（mm）	±15	水准仪：每20m测1点
2	断面尺寸（mm）	不小于设计	尺量：每20m测1点

（2）盲沟的外观质量

进出水口不应排水不畅。

4. 安全环保措施

同 3.2 节管节预制。

3.8 排水泵站沉井

1. 排水泵站沉井的施工要点

（1）沉井浇筑混凝土所用原材料，水泥、砂、石及水，均应符合质量要求，配比要满足设计强度标准。

（2）泵站（沉井）结构尺寸及壁埠应按设计规定尺寸，立模浇筑分节按规范要求分层接高，并随时检查观测井身正位，防止偏斜。

（3）筑井过程中，应注意浇筑混凝土接缝严密，加强新浇混凝土的养护。

（4）施工中应保持模板支撑牢固，无走动。混凝土达到规定拆模强度时，方可拆除模板。

（5）排水泵站（沉井）绝大多数是陆上沉井，可就地浇筑，就地下沉，属排水下沉。浇筑前应为下沉做好准备，在沉井刃脚模板下放好支垫枕木，以利下沉过程中分批抽除。

（6）抽除垫枕木时须对称进行，并间隔抽除。为使沉井保持正位，应随时注意下沉中土层的变化。配合采用挖土的方法，用以纠正沉井偏斜：

① 正常情况下，沉井下沉时，应自中间向刃脚处均匀对称除土，对支垫位置处的土应在抽除枕木时同时挖除。

② 为保持竖直下沉，至少每下沉 1m 检查 1 次。开始下沉时尤应注意，下沉初期纠偏不可忽视。除土时发现刃脚偏高井身倾斜应先挖偏高一侧；相对偏低一侧不急于挖除，待纠正后再行除土。

③ 必要时可考虑用压重在偏高一侧予以纠偏。

(7) 沉井下沉将达设计高程时，应注意下沉速度。防止超沉；当接近封底时要适当放慢，注意观测、沉达预期高程时应及时封底。

(8) 沉井要求确保质量，安全施工。不偏不斜，不渗不漏，高差在允许误差范围内，混凝土强度满足设计要求。

(9) 沉井刃脚部沉达设计高程后，经再次复测无误，可在沉井壁划标线，根据高程同时标明垫层与封底混凝土设计厚度，以利控制。

(10) 应在降水条件下，及时整平基底铺筑砾（碎）石垫层，夯拍平整密实，置放钢筋骨架（网片）扎结（或焊接），并垫好混凝土保护层垫块。一次浇筑封底必须切实做好浇筑过程振动密实；不受水浸，精心养护。

2. 排水泵站沉井的质量要点

(1) 地基应具有足够的承载能力，不应扰动基底土壤。

(2) 井壁混凝土应密实，混凝土强度达到合格标准后方可进行下沉。

(3) 沉井下沉过程中，应随时注意正位，发现偏位及倾斜时须及时纠正。

(4) 沉井封底应密实不漏水。

(5) 水泵、管及管件应安装牢固，位置正确。

3. 排水泵站沉井的质量标准

(1) 排水泵站沉井的实测项目见表 3-7。

表 3-7 排水泵站沉井实测项目

项次	检查项目	规定值或允许偏差	检查方法和频率
1	混凝土强度（MPa）	在合格标准内	按 1.6 节检查
2	轴线平面偏位（mm）	50	全站仪：纵、横向各 2 点

续表

项次	检查项目	规定值或允许偏差	检查方法和频率
3	竖直度（mm）	1%H	铅锤法：纵、横向各1点
4	几何尺寸（mm）	±50	尺量：长、宽、高各2点
5	壁厚（mm）	−5，0	尺量：每井测5点
6	井口高程（mm）	±50	水准仪：测4点

（2）排水泵站的外观质量

不应出现《公路工程质量检验评定标准》（JTG F80/1—2017）中附录P中沉井外观限制缺陷。

4. 安全环保措施

同3.2节管节预制。

4 防护支挡工程

4.1 一般规定

（1）路基防护工程宜与路基挖填方工程紧密、合理衔接，开挖一级防护一级，并及时进行养护。各类防护和加固工程应置于稳定的基础或坡体上。

（2）应根据开挖坡面地质水文情况逐段核实路基防护设计方案，应尽量采用边坡自然稳定下的植物防护或不防护。

（3）坡面防护施工前，应对边坡进行修整，清除边坡上的危石及不密实的松土。坡面防护层应与坡面密贴结合，不得留有空隙。

（4）在多雨地区或地下水发育地段，路基防护工程施工中，应采取有效措施截排地表水和导排地下水。

（5）临时防护措施应与永久防护工程相结合。

（6）砌体、片石混凝土挡土墙，当平均墙高大于或等于6m且墙身面积大于或等于1200m^2时为大型挡土墙，每处应作为分部工程进行检验。

（7）桩板式、锚杆、锚碇板等组合式挡土墙，每处应作为分部工程进行检验。

（8）桩板式挡土墙的桩按6.5节相关规定检验。

（9）丁坝、护岸可参照挡土墙的相关规定进行检验。

（10）钢筋混凝土结构或构件，均应包含钢筋加工及安装分项工程，按 6.3 节进行检验。

4.2 砌体、片石混凝土挡土墙

1. 砌体挡土墙的施工要点

（1）基础施工应符合下列规定：

① 应将基底表面风化、松软土石清除。

② 硬质岩石基坑中的基础，宜满坑砌筑。

③ 雨季在土质或易风化软质岩石基坑中砌筑基础时，应在基坑挖好后及时封闭坑底。当基底设有向内倾斜的稳定横坡时，应采取临时排水措施，辅以必要坐浆后安砌基础。

④ 采用台阶式基础时，台阶与墙体应连在一起同时砌筑，基底及墙趾台阶转折处不得砌成垂直通缝，砌体与台阶壁间的缝隙砂浆应饱满。

⑤ 基坑应随砌筑分层回填夯实，并在表面留 3%的向外斜坡。

（2）墙身施工应符合下列规定：

① 墙身要分层错缝砌筑，砌出地面后基坑应及时回填夯实，并完成其顶面排水、防渗设施。

② 伸缩缝与沉降缝内两侧壁应竖直、平齐，无搭叠；缝中防水材料应按设计要求施工。

③ 泄水孔应在砌筑墙身过程中设置，确保排水畅通，并应保证墙背反滤、防渗设施的施工质量。

④ 当墙身的强度达到设计强度的 75%时，方可进行回填等工作。在距墙背 0.5～1.0m 以内，不宜用重型振动压路机碾压。

2. 砌体、片石混凝土挡土墙的质量要点

（1）石料或混凝土预制块的强度、规格和质量应符合有关规范和设计要求。

（2）砂浆所用的水泥、砂、水的质量应符合有关规范的要求，按规定的配合比施工。

（3）地基承载力必须满足设计要求，基础埋置深度应满足施工规范要求。

（4）砌筑应分层错缝。浆砌时坐浆挤紧，嵌填饱满密实，不得有空洞；干砌时不得松动、叠砌和浮塞。

（5）沉降缝、泄水孔、反滤层的设置位置、质量和数量应符合设计要求。

3. 砌体、片石混凝土挡土墙的质量标准

（1）砂浆砌体挡土墙的实测项目见表4-1～表4-3。

表 4-1　砂浆砌体挡土墙实测项目

项次	检查项目	规定值或允许偏差		检查方法和频率
1	砂浆强度（MPa）	不小于设计强度		按1.8节检查
2	平面位置（mm）	≤50		全站仪：测墙顶外边线，长度不大于30m时测5处，每增加10m增加1点
3	墙面坡度（%）	≤0.5		铅锤法：长度不大于30m时测5处，每增加10m增加1处
4	断面尺寸（mm）	≥设计值		尺量：长度不大于50m时测10个断面，每增加10m增加1个断面
5	顶面高程（mm）	±20		水准仪：长度不大于30m时测5点，每增加10m增加1点
6	表面平整度（mm）	块石	≤20	2m直尺：每20m检查3处，每处测竖直、墙长两个方向
		片石	≤30	
		混凝土预制块、料石	≤10	

表 4-2　干砌挡土墙实测项目

项次	检查项目	规定值或允许偏差	检查方法和频率
1	平面位置(mm)	≤50	全站仪：测墙顶外边线，长度不大于 30m 时测 5 点，每增加 10m 增加 1 点
2	墙面坡度(%)	≤0.5	铅锤法：长度不大于 30m 时测 5 处，每增加 10m 增加 1 处
3	断面尺寸(mm)	≥设计值	尺量：长度不大于 50m 时测 10 个断面，每增加 10m 增加 1 个断面
4	顶面高程(mm)	±50	水准仪：长度不大于 30m 时测 5 点，每增加 10m 增加 1 点
5	表面平整度(mm)	≤50	2m 直尺：每 20m 检查 3 处，每处测竖直、墙长两个方向

表 4-3　片石混凝土挡土墙实测项目

项次	检查项目	规定值或允许偏差	检查方法和频率
1	混凝土强度(MPa)	在合格标准内	按 1.6 节检查
2	平面位置(mm)	≤50	全站仪：测墙顶外边线，长度不大于 30m 时测 5 点，每增加 10m 增加 1 点
3	墙面坡度(%)	≤0.5	铅锤法：长度不大于 30m 时测 5 处，每增加 10m 增加 1 处
4	断面尺寸(mm)	≥设计值	尺量：长度不大于 50m 时测 10 个断面，每增加 10m 增加 1 个断面
5	顶面高程(mm)	±50	水准仪：长度不大于 30m 时测 5 点，每增加 10m 增加 1 点
6	表面平整度(mm)	≤50	2m 直尺：每 20m 检查 3 处，每处测竖直、墙长两个方向

（2）砌体、片石混凝土挡土墙的外观质量

① 浆砌缝开裂现象、勾缝不密实和脱落的累计换算面积不得超过该面面积的1.5%，且单个最大换算面积不应大于0.08m²。换算面积应按缺陷缝长度乘以0.1m计算。

② 混凝土表面不应存在《公路工程质量检验评定标准》(JTG F80/1—2017）中附录P中所列限制缺陷。

③ 墙体不得出现外鼓变形。

④ 泄水孔应无反坡、堵塞。

4.3　悬臂式和扶臂式挡土墙

1. 悬臂式和扶臂式挡土墙的施工要点

（1）凸榫必须按照设计尺寸开挖，并与墙底板一同灌注混凝土。

（2）现场整体浇筑时，每段墙的底板、面板和肋的钢筋应一次绑扎，宜一次完成混凝土灌注。当采用现场分段浇筑时，应按设计要求进行施工，并预埋好连接钢筋，连接处混凝土面应严格凿毛，并清洗干净。

（3）灌注混凝土后，应按有关规定进行养护。墙体达到设计强度的75%以后方可进行墙背填土，并应按设计要求的填料和密实度分层填筑、压实；墙背排水设施应随填土及时施工。

（4）装配法施工应符合下列规定：

① 基础混凝土强度达到设计强度75%后，方可安装。

② 预制墙板与基础必须按设计要求连接牢固。

③ 预制墙板预制、安装质量应符合有关规定。

2. 悬臂式和扶臂式挡土墙的质量要点

（1）混凝土所用的水泥、石、砂、水和外掺剂的规格和质量应符合有关规范的要求，按规定的配合比施工。

（2）地基强度必须满足设计要求。

（3）不得有露筋和空洞现象。

（4）沉降缝、泄水孔的设置位置、质量和数量应符合设计要求。

3. 悬臂式和扶臂式挡土墙的质量标准

（1）悬臂式和扶臂式挡土墙的实测项目见表 4-4。

表 4-4 悬臂式和扶臂式挡土墙实测项目

项次	检查项目	规定值或允许偏差	检查方法和频率
1	混凝土强度（MPa）	在合格标准内	按 1.6 节检查
2	平面位置（mm）	≤30	全站仪：长度不大于 30m 时测 5 点，每增加 10m 增加 1 点
3	墙面坡度（%）	≤0.3	铅锤法：长度不大于 30m 时测 5 处，每增加 10m 增加 1 处
4	断面尺寸（mm）	≥设计值	尺量：长度不大于 50m 时测 10 个断面及 10 个扶壁，每增加 10m 增加 1 个断面及 1 个扶壁
5	顶面高程（mm）	±20	水准仪：长度不大于 30m 时测 5 点，每增加 10m 增加 1 点
6	表面平整度（mm）	≤8	2m 直尺：每 20m 测 3 处，每处测竖向、纵向两个方向

（2）悬臂式和扶臂式挡土墙的外观质量应符合下列规定：

① 混凝土表面不应存在《公路工程质量检验评定标准》（JTG F80/1—2017）中附录 P 中所列限制缺陷。

② 墙体不得出现外鼓变形。

③ 泄水孔应无反坡、堵塞。

4.4 锚杆、锚碇板和加筋土挡土墙

1. 锚杆、锚碇板和加筋土挡土墙的施工要点

（1）锚杆挡土墙

① 锚杆应按设计尺寸下料、调直、除污、加工。

② 按照设计要求，在施工前应做锚杆抗拔力验证试验。

③ 钻孔施工应符合下列规定：

a. 施工前，应清除岩面松动石块，整平墙背坡面。

b. 根据设计孔径及岩土性质合理选择钻孔机具。

c. 孔轴应保持直线，孔位允许偏差为±50mm，深度允许偏差为－10～＋50mm。

d. 钻孔后应将孔内粉尘、石渣清理干净。

④ 安装普通砂浆锚杆应符合下列规定：

a. 锚杆应安装在孔位中心。

b. 锚杆未插入岩层部分，必须按设计要求做防锈处理。

c. 有水地段安装锚杆，应将孔内的水排出或采用早强速凝药包式锚杆。

d. 砂浆应随拌随用。

e. 宜先插入锚杆然后灌浆，灌浆应采用孔底注浆法，灌浆管应插至距孔底50～100mm，并随水泥砂浆的注入逐渐拔出，灌浆压强宜不小于0.2MPa。

f. 砂浆锚杆安装后，不得敲击、摇动。普通砂浆锚杆在3d内，早强砂浆锚杆在12h内，不得在杆体上悬挂重物。必须待砂浆达到设计强度的75%后方可安装肋柱、墙板。

⑤ 安装墙板时，应边安装墙板边进行墙背回填及墙背排水系统施工。

（2）锚碇板挡土墙

① 拉杆使用前应按规定取样试验。拉杆埋于土中部分，必须进行防锈处理。

② 吊装时应保证肋柱不前倾。

③ 拉杆及锚碇板埋设，应先填土后挖槽就位；挖槽时，锚碇板比设计位置宜高 30～50mm。锚碇板前方超挖部分宜用 C10 水泥混凝土或灰土回填夯实。严禁直接碾压拉杆和锚碇板。

④ 肋柱、锚碇板上的锚头及螺丝杆应做防锈处理和防水封闭。

⑤ 分级平台应按设计要求进行封闭，并设 2％的外倾排水坡。

（3）加筋土挡土墙

① 安装直立式墙面板应按不同填料和拉筋预设仰斜坡，仰斜坡一般为 1∶0.02～1∶0.05，墙面不得前倾。

② 拉筋应有粗糙面，并按设计布置呈水平铺设，当局部与填土不密贴时应铺砂垫平。钢拉筋与钢材外露部分应做防锈处理。连续敷设的拉筋接头应置于其尾部；拉筋尾端宜用拉紧器拉紧，各拉筋的拉力应大体均匀，但应避免拉动墙面板。

③ 墙背拉筋锚固段填料宜采用粗粒土或改性土等填料。墙背填土必须满足设计压实度要求。

④ 填料摊铺、碾压应从拉筋中部开始平行于墙面碾压，先向拉筋尾部逐步进行，然后向墙面方向进行，严禁平行于拉筋方向碾压。

⑤ 填土分层厚度及碾压遍数，应根据拉筋间距、碾压机具和密实度要求，通过试验确定，严禁使用羊足碾碾压。靠近墙面板 1m 范围内，应使用小型机具夯实或人工夯实，不得使用重型压实机械压实。

⑥ 当采用聚丙烯土工带时，拉带应平顺，不得出现打折、扭曲等现象，不得与硬质、棱角填料直接接触。

⑦ 施工过程中随时观测加筋土挡土墙异常变化。

2. 锚杆、锚碇板和加筋土挡土墙的质量要点

（1）混凝土所用的水泥、砂、石、水和外掺剂的规格和质量必须符合有关规范的要求，按规定的配合比施工。

（2）地基强度应符合设计要求。

（3）锚杆、拉杆或筋带的强度、质量和规格，必须满足设计和有关规范的要求，根数不得少于设计数量。

（4）筋带须理顺，放平拉直，筋带与面板、筋带与筋带连接牢固。

（5）混凝土不得出现露筋和空洞现象。

3. 锚杆、锚碇板和加筋土挡土墙的质量标准

（1）锚杆、锚碇板和加筋土挡土墙的实测项目

基础和肋柱预制分别按相关章节有关规定检查，其他实测项目见表 4-5～表 4-10。

表 4-5　筋带实测项目

项次	检查项目	规定值或允许偏差	检查方法和频率
1	筋带长度	≥设计值	尺量：每 20m 测 5 根（束）
2	筋带与面板连接	满足设计要求	目测：全部
3	筋带与筋带连接	满足设计要求	目测：全部
4	筋带铺设	满足设计要求	目测：全部

表 4-6　拉杆实测项目

项次	检查项目	规定值或允许偏差	检查方法和频率
1	长度（mm）	≥设计值	尺量：每 20m 测 5 根
2	拉杆间距（mm）	±100	尺量：每 20m 测 5 根
3	拉杆与面板、锚碇板连接	满足设计要求	目测：全部

表 4-7　锚杆实测项目

项次	检查项目	规定值或允许偏差	检查方法和频率
1	注浆强度（MPa）	在合格标准内	砂浆按 1.8 节检查，其他按 JTG F80/1 附录 M 检查
2	锚孔孔深（mm）	≥设计值	尺量：抽查 20%
3	锚孔孔径（mm）	满足设计要求	尺量：抽查 20%
4	锚孔轴线倾斜（%）	2	倾角仪：抽查 20%
5	锚孔间距（mm）	±100	尺量：抽查 20%
6	锚杆抗拔力（kN）	满足设计要求。设计未要求时，抗拔力平均值≥设计值；80%锚杆的抗拔力≥设计值；最小抗拔力≥0.9 设计值	抗拔力试验：检查数量按设计要求，设计未要求时按锚杆数 5%，且不少于 3 根检查
7	锚杆与面板连接	满足设计要求	目测：全部

表 4-8　面板预制实测项目

项次	检查项目		规定值或允许偏差	检查方法和频率
1	混凝土强度（MPa）		在合格标准内	按 1.6 节检查
2	边长（mm）	边长＜1m	±5	尺量：抽查 10%，每板长宽各测 1 次
		其他	±0.5%边长	

续表

项次	检查项目		规定值或允许偏差	检查方法和频率
3	两对角线差（mm）	边长<1m	≤10	尺量：抽查10%，每板测2对角线
		其他	≤0.7%最大对角线长	
4	厚度（mm）		+5，-3	尺量：抽查10%，每板测2处
5	表面平整度（mm）		≤5	2m直尺：抽查10%，每板长方向测1处
6	预埋件位置（mm）		≤5	尺量：抽查10%

表4-9　面板安装实测项目

项次	检查项目	规定值或允许偏差	检查方法和频率
1	每层面板顶高程（mm）	±10	水准仪：长度不大于30m时测5组，每增加10m增加1组
2	轴线偏位（mm）	≤10	挂线、尺量：长度不大于30m时测5点，每增加10m增加1点
3	面板坡度（%）	+0，-0.5	铅锤法：长度不大于30m时测5处，每增加10m增加1处
4	相邻面板错台（mm）	≤5	尺量：长度不大于30m时测5条缝最大处，每增加10m增加1条
5	面板缝宽（mm）	≤10	尺量：每30m检查5条，每增加10m增加1条

注：面板安装以同层相邻两板为一组。

表4-10　锚杆、锚碇板和加筋土挡土墙总体实测项目

项次	检查项目		规定值或允许偏差	检查方法和频率
1	墙顶和肋柱平面位置（mm）	路堤式	+50，-100	全站仪：长度不大于30m时测5点，每增加10m增加1点
		路肩式	±50	

续表

项次	检查项目		规定值或允许偏差	检查方法和频率
2	墙顶和柱顶高程（mm）	路堤式	±50	水准仪：长度不大于30m时测5点，每增加10m增加1点
		路肩式	±30	
3	肋柱间距（mm）		±15	尺量：每柱间
4	墙面平整度（mm）		≤15	2m直尺：每20m测3处，每处测竖直、墙长两个方向

（2）锚杆、锚碇板和加筋土挡土墙的外观质量应符合下列规定：

① 混凝土构件不应存在《公路工程质量检验评定标准》（JTG F 80/1—2017）中附录P中所列限制缺陷。

② 锚头不得外露，封锚混凝土或砂浆应无裂缝、疏松。

③ 墙体不得出现外鼓变形。

④ 泄水孔应无反坡、堵塞。

4.5 墙背填土

1. 墙背填土的施工要点

（1）墙背填料时，必须密切配合面板安装做到分层回填（摊铺），分层夯实（层厚20～25cm）。

（2）应特别注意在距离面板1m范围内不得采用大型机械推填上方或碾压机械进行碾压（可用小型机具碾压或夯实）。

（3）墙背填土过程中，应随时防止和避免扰动已设置好的筋带，防止被移动、断裂、折叠、扭曲等情况的发生，并应在发现时及时予以纠正。

（4）筋带布设后，尚未覆盖填料时不得进行碾压或车辆行驶。

（5）填料过程中应控制必须在挡土墙结构达到设计强度的 75％时方可回填。

（6）施工中还应随时做好雨水防治工作，注意雨水的及时排除，并充分利用分层填料、土层交错搭接留有排水通道，以免漫溢造成挡墙浸水，导致填料含水量过大影响压实。

2. 墙背填土的质量要点

（1）墙背填土应采用设计要求的填料，不应含有机物、冰块、草皮、树根等杂物或生活垃圾，其化学及电化学性能应符合锚杆、拉杆、筋带的防腐和耐久性要求，严禁采用膨胀土、高液限黏土、腐殖土、盐渍土、淤泥和冻土块等不良填料。

（2）墙背填土应和挖方路基、填方路基搭接，并应满足设计要求。

（3）应分层填筑压实，每层表面平整，顶层路拱合适。

（4）反滤层的材料、铺设范围应满足设计要求。

（5）墙身强度达到设计强度的 75％以上时方可开始填土。

3. 墙背填土的质量标准

（1）墙背填土的实测项目

锚杆、锚碇板和加筋土挡土墙除距面板 1m 范围以内压实度实测项目见表 4-11 外，其他部分填土和其他类型挡土墙填土的压实度要求均与路基相同。

表 4-11 锚杆、锚碇板和加筋土挡土墙墙背填土实测项目

项次	检查项目	规定值或允许偏差	检查方法和频率
1	距面板 1m 范围以内压实度（%）	≥90	按 1.4 节的方法检查，每 50m 每压实层测 1 处，且不得少于 1 处
2	反滤层厚度（mm）	≥设计厚度	尺量：长度不大于 50m 时测 5 处，每增加 10m 增加 1 处

（2）墙背填土的外观质量应符合下列规定：

① 填土表面不平整的累计长度不得超过总长度的 10%。

② 不得出现亏坡。

4.6 边坡锚固防护

1. 边坡锚固防护的施工要点

（1）破碎且不平整的边坡，必须将松散的浮石和岩渣清除，用浆砌片石填补空洞，对坡面缝隙进行封闭处理。边坡修整后应平整、密实，无溜滑体、蠕变体和松动岩体。

（2）边坡开挖和钻孔过程中，应对岩性及构造进行编录和综合分析，与设计相比出入较大时，应按规定处理。

（3）修整边坡的弃渣应按有关规定堆放，不得污染环境。

（4）钢筋制作与安装应符合《公路桥涵施工技术规范》（JTJ/T F50—2011）的规定。

（5）浇注混凝土时，模板应加支撑固定。

（6）锚杆施工应符合下列规定：

① 孔深小于 3m 时，宜采用先注浆后插锚杆的施工工艺。注浆时，浆体除孔口 200～300mm 外，应均匀充满全孔。锚杆插入后应居中固定。杆体外露部分应避免敲击、碰撞，3 天内不得悬吊重物，3 天后才可安装垫板。

② 当孔深大于 3m 时应锚杆挡土墙的相关要求施工。

（7）预应力锚索

① 严禁使用有机械损伤、电弧烧伤和严重锈蚀的钢绞线。严禁将钢绞线及锚索直接堆放在地面或露天储存，避免受潮、受腐蚀。

② 施工前应按设计要求进行预应力锚索的锚固性能基本试验，确定施工工艺。

③ 锚固端灌浆应符合下列规定：

a. 放入锚索束后应及时灌浆。

b. 无粘结锚索孔灌浆宜一次注满锚固段和自由段。

c. 灌浆应饱满、密实。

④ 锚索张拉应按设计要求进行，并应符合下列规定：

a. 张拉设备必须按规定配套标定，标定间隔期不宜超过 6 个月。拆卸检修的张拉设备或压力表经受强烈撞击后，都必须重新标定。

b. 孔内砂浆的强度未达到设计强度的 75%时，不得进行张拉。

c. 锚索张拉采用张拉力和伸长值进行控制，用伸长值校核应力，当实际伸长值大于计算伸长值的 10%或小于 5%时，应暂停张拉，查明原因并处理后，可继续张拉。

d. 锚索锁定后，在 48h 内若发现有明显的预应力松弛时，应进行补偿张拉。

⑤ 封孔应符合下列规定：

a. 封孔灌浆应在锚索张拉、检测合格、锁定后进行。

b. 封孔灌浆时，进浆管必须插到底，灌浆必须饱满。

c. 封孔灌浆后，锚头部分应涂防腐剂，并按设计要求及时进行封闭。

2. 边坡锚固防护的质量要点

（1）边坡坡度、坡面应满足设计要求，坡面应无风化、无浮石，喷射前应用水冲洗干净。

（2）锚杆、锚索的数量不得少于设计数量。

（3）框格梁钢筋、钢筋网与锚杆或其他锚固装置连接牢固，喷射混凝土时钢筋不得晃动。

（4）注浆性能应符合相关施工技术规范规定，锚孔内注浆应密实，注浆压力满足设计要求。

（5）坡面混凝土喷射前应对坡面的渗漏水、流水等进行处理。

（6）预应力锚杆、锚索的基本要求应符合 6.3 节预应力筋的相关规定，并按要求的工艺进行张拉。

（7）锚杆、锚索的长度应大于或等于设计长度，插入锚孔内的长度预应力锚杆、锚索不得小于设计长度的 97%、其他不得小于 98%。非锚固段套管安装位置应满足设计要求。

（8）预应力锚杆、锚索应采用机械切割，锁定力应满足设计要求。

（9）沉降缝、伸缩缝的位置、缝宽应满足设计要求，采用弹性材料填充密实，填充深度应满足设计要求。

（10）锚杆、锚索的防护应满足设计要求。

3. 边坡锚固防护的质量标准

（1）边坡锚固防护的实测项目，见表 4-12 和表 4-13。

表 4-12　锚杆、锚索实测项目

项次	检查项目		规定值或允许偏差	检查方法和频率
1	注浆强度(MPa)		在合格标准内	砂浆按 1.8 节检查
2	锚孔深度(mm)		≥设计值	尺量：抽查 20%
3	锚孔孔径(mm)		满足设计要求	尺量：抽查 20%
4	锚孔轴线倾斜(%)		2	倾角仪：抽查 20%
5	锚孔位置(mm)	设置框格梁	±50	尺量：抽查 20%
		其他	±100	
6	锚杆、锚索抗拔力(kN)		满足设计要求。设计未要求时，抗拔力平均值≥设计值；80%锚杆的抗拔力≥设计值；最小抗拔力≥0.9 设计值	抗拔力试验：检查数量按设计要求，设计未要求时按锚杆数 5%，且不小于 3 根检查
7	张拉力(kN)		符合设计要求	查油压表：逐根(束)检查
8	张拉伸长率(%)		满足设计要求：设计未要求时±6	尺量：逐根(束)检查
9	断丝、滑丝数		每束 1 根，且每断面不超过钢线总数的 1%	目测：逐根(束)检查

注：实际工程中未涉及的项目不检查。

表 4-13　坡面结构实测项目

项次	检查项目	规定值或允许偏差	检查方法和频率
1	混凝土强度(MPa)	在合格标准内	喷射混凝土按 1.7 节检查，其他按 1.6 节检查

续表

项次	检查项目	规定值或允许偏差	检查方法和频率
2	喷射厚度(mm)	平均厚度≥设计厚度；80%测点的厚度≥设计厚度；最小厚度≥0.6且大于或等于设计规定最小值	凿孔法或工程雷达法：每 50m² 测 1 处，总数不少于 5 处
3	锚墩尺寸(mm)	+10，-5	尺量：抽查 20%，每件测顶底面边长及高度
4	框格梁、地梁、边梁断面尺寸(mm)	≥设计值	尺量：抽查 20%，每梁测 2 个断面
5	框格梁、地梁、边梁平面位置(mm)	±150	尺量：抽查 10%

注：实际工程中未涉及的项目不检查。

(2) 边坡锚固防护外观质量应符合下列规定：

① 喷射混凝土应无突变、漏喷、脱落，空鼓、开裂的累计面积不得超过喷射面积的 1.5%，且单个缺陷最大面积不大于 0.02m²，开裂按裂缝长度乘以 0.1m 计算面积。

② 锚索墩、框格梁、地梁、边梁、封锚等。混凝土构件表面不应存在《公路工程质量检验评定标准》(JTG F80/1—2017) 中附录 P 中所列限制缺陷。

③ 钢筋网、土工格栅及锚杆、锚索不得外露。

④ 框格梁不得与坡面脱空。

4.7 土钉支护

1. 土钉支护施工要点

(1) 开挖、成孔等过程中应随时观察地质、位移的变化，发现异常应及时采取措施。大型土钉支护工程应进行施工监控。

(2) 施工中应采取有效措施加强安全防护，严禁大爆破、大开挖。

(3) 施工时应综合考虑排水系统，做好排水设施，疏导地表径流和地下水。

(4) 坡面开挖

① 坡面开挖应根据设计和实际地质情况确定分层深度及工作顺序。在完成上层作业面的土钉与喷射混凝土以前，严禁进行下一层深度的开挖。一次开挖深度不得大于设计中规定的边坡临界自稳高度，一次开挖长度也不得大于设计中规定的临界自稳长度。

② 进行土方开挖作业时，应保证边坡平整并符合设计坡率，严禁边壁出现超挖或造成边壁土体松动。

③ 开挖面有软弱土层且垂直开挖时，应严格控制开挖高度和长度，开挖前应超前支护，开挖后应快速封闭。

(5) 土钉施工应符合下列规定：

① 施工前应按设计要求对土钉进行现场抗拉拔力验证试验。

② 钻孔完成后，应将孔内残浆、残渣等杂物清除干净。

③ 安装土钉钢筋时，应连同注浆排气管按要求一并送入钻孔内。

④ 孔内注浆应饱满，浆体强度应符合设计要求。

(6) 喷射混凝土面层应符合下列规定：

① 喷射混凝土粗集料最大粒径不宜大于 16mm，水灰比不宜大于 0.45，混凝土强度应符合设计要求。

② 混凝土喷射厚度，临时支护厚度不宜小于 60mm，永久支护厚度不宜小于 80mm，永久支护面钢筋的喷射混凝

土保护层厚度应不小于 50mm。

③ 混凝土喷射每一层应自下而上进行。当混凝土厚度大于 100mm 时，应分两次喷射，在第二次喷射混凝土作业前，应清除结合面上的浮浆和松散碎屑。面层表面应抹平、压实修整。

④ 喷射混凝土面层应在长度方向上每 30m 设伸缩缝，缝宽 10～20mm。

⑤ 土钉喷射混凝土除符合本规范要求外，还应满足《岩土锚杆与喷射混凝土支护工程技术规范》（GB 50086）的要求。

（7）地梁、网格梁施工应符合下列规定：

① 地梁、网格梁槽施工应根据地质条件，确定合理开挖顺序及方案。

② 土钉钢筋与网格梁受力钢筋应连接牢固。

③ 地梁、网格梁应及时养护。

2. 土钉支护质量要点

① 应按设计要求的程序和分层深度开挖边坡，坡面平整，坡度满足设计要求，严禁超挖、欠挖。

② 土钉的数量及其接头的质量应满足设计要求。

③ 土钉与框格梁钢筋、钢筋网连接应牢固，喷射混凝土时钢筋网不得晃动。

④ 土钉插入锚孔深度不得小于设计长度的 95%。

⑤ 注浆性能应符合相关施工技术规范规定，锚孔内注浆应密实饱满。

⑥ 应按设计要求设置施工排水系统。

3. 土钉支护的质量标准

（1）土钉支护的实测项目应符合表 4-14 的规定，坡面结构应符合表 4-12 和表 4-13 的规定。

表 4-14 土钉支护实测项目

项次	检查项目	规定值或允许偏差	检查方法和频率
1	注浆强度(MPa)	在合格标准内	砂浆按 1.8 节检查
2	土钉深度(mm)	+200，−50	尺量：抽查 10%
3	土钉倾角(°)	2	倾角仪：抽查 10%
4	土钉孔距(mm)	±100	尺量：抽查 10%
5	土钉孔径(mm)	+20，−5	尺量：抽查 10%
6	土钉抗拔力(kN)	抗拔力平均值≥设计值；80%抗拔力≥设计值；最小抗拔力≥0.9 设计值	抗拔力试验：土钉总数 1%，且不小于 3 根

（2）土钉支护外观质量应符合下列规定：

① 钢筋网、土钉不得外露。

② 喷射混凝土、框格梁、地梁、边梁应符合上节边坡锚固防护外观质量的规定。

4.8 石笼防护

1. 石笼工程的施工要点

（1）根据设计要求或根据不同情况和用途，合理选用石笼形状。

（2）应选用浸水不崩解、不易风化的石料。

（3）基底应大致整平，必要时用碎石或砾石垫层找平。

（4）石笼应做到位置正确，搭叠衔接稳固、紧密，确保整体性。

2. 石笼工程的质量要点

（1）石笼、绑扎线及填充料的种类、规格和质量应满足设计要求。

（2）地基处理及承载力应满足设计要求。

（3）石笼应充填饱满，填充料密实。

（4）石笼的坐码或平铺应错缝，绑扎应牢固，不得出现松脱、遗漏。

3. 石笼工程的质量标准

（1）石笼工程的实测项目见表4-15。

表4-15　石笼工程实测项目

项次	检查项目	规定值或允许偏差	检查方法和频率
1	平面位置偏位(mm)	≤300	全站仪：按设计控制坐标测
2	长度(mm)	≥设计长度－300	尺量：每段检查
3	宽度(mm)	≥设计宽度－200	尺量：每段测5处
4	高度(mm)	≥设计值	水准仪或尺量：每段测5处

（2）石笼工程的外观质量应符合下列规定：

① 坐码石笼不得出现通缝。

② 不得出现外鼓变形。

4.9　其他砌石构筑物

1. 其他砌石构筑物的施工要点

（1）干砌片石护坡施工应符合下列规定：

① 边坡为粉质土、松散的砂或粉砂土等易被冲蚀的土

时，碎石或砂砾垫层厚度不宜小于100mm。

② 基础应选用较大石块砌筑，如基础与排水沟相连，其基础应设在沟底以下，并按设计要求砌筑浆砌片石。

③ 砌筑应彼此镶紧，接缝要错开，缝隙间用小石块填满塞紧。

（2）浆砌片（卵）石护坡施工应符合下列规定：

① 砂浆终凝前，砌体应覆盖，砂浆初凝后，立即进行养生。

② 路堤边坡采用浆砌片石护坡，宜在路堤沉降稳定后施工。

③ 在冻胀变化较大的土质边坡上，护坡底面应铺设100～150mm厚的碎石或砂砾垫层。

④ 浆砌片石护坡每10～15m应留一伸缩缝，缝宽20～30mm。在基底地质有变化处，应设沉降缝，可将伸缩缝与沉降缝合并设置。

⑤ 泄水孔的位置和反滤层的设置应符合设计要求。

（3）砌石或混凝土防护除应符合（1）（2）条有关规定外，还应符合下列规定：

① 石料应选用未风化的坚硬岩石。

② 开挖基坑时，应核对地质情况，与设计要求不符时，应进行处理。基础完成后应及时用符合设计要求的材料回填。

③ 铺砌层底面的碎石、砂砾石垫层或反滤层，应符合设计要求。

④ 坡面密实、平整、稳定后方可铺砌。砌块应交错嵌紧，严禁浮塞。砂浆应饱满、密实，不得有悬浆。

⑤ 每10～15m宜设伸缩缝，基底土质变化处应设沉降

缝，并按设计要求做好伸缩缝、沉降缝及泄水孔。

⑥ 采用干、浆砌片石时，不得大面平铺，石块应彼此交错搭接，不得松动。采用干、浆砌河卵石时，必须长方向垂直坡面，成横行栽砌牢固。采用铺砌混凝土预制块时，应按设计规格和要求检验合格后方可铺筑。就地浇筑混凝土板时，宜采取措施提高早期强度，混凝土表面应平整、光滑。

2. 其他砌石构筑物的质量要点

（1）勾缝砂浆强度不得小于浆砌砂浆强度。

（2）砌块应错缝砌筑、相互咬紧；浆砌时砌块应坐浆挤紧，嵌缝后砂浆饱满；干砌时无松动、无叠砌和浮塞。

3. 其他砌石构筑物的质量标准

其他砌石构筑物的实测项目，见表 4-16 及表 4-17。

表 4-16　浆砌砌体实测项目

项次	检查项目		规定值或允许偏差	检查方法和频率
1	砂浆强度（MPa）		在合格标准内	按 1.8 节检查
2	顶面高程（mm）	料、块石	±15	水准仪：长度不大于 30m 时测 5 点，每增加 10m 增加 1 点
		片石	±20	
3	坡度（%）	料、块石	≤0.3	铅锤法：长度不大于 30m 时测 5 处，每增加 10m 增加 1 处
		片石	≤0.5	
4	断面尺寸（mm）	料石	±20	尺量：长度不大于 50m 时测 10 个断面，每增加 10m 增加 1 个断面
		块石	±30	
		片石	±50	
5	表面平整度（mm）	料石	≤15	2m 直尺：每 20m 测 3 处，每处测竖直、水平两个方向
		块石	≤25	
		片石	≤35	

表 4-17　干砌片石实测项目

<table>
<tr><th>项次</th><th colspan="2">检查项目</th><th>规定值或允许偏差</th><th>检查方法和频率</th></tr>
<tr><td>1</td><td colspan="2">顶面高程(mm)</td><td>±30</td><td>水准仪：长度不大于 30m 时测 5 点，每增加 10m 增加 1 点</td></tr>
<tr><td rowspan="2">2</td><td rowspan="2">断面尺寸(mm)</td><td>高度</td><td>±100</td><td rowspan="2">尺量：长度不大于 30m 时测 5 处，每增加 10m 增加 1 处</td></tr>
<tr><td>厚度</td><td>±50</td></tr>
<tr><td>3</td><td colspan="2">表面平整度(mm)</td><td>≤50</td><td>2m 直尺：每 20m 测 3 处，每处测竖直、水平两个方向</td></tr>
</table>

4.10　导流工程

1. 导流工程的施工要点

（1）丁坝防护施工应符合下列规定：

① 施工前应制定合理的施工方案，合理安排工期，避免因工期过长引起农田、村庄、上下游路基冲刷。

② 丁坝坝头应做平面防护。

③ 应处理好坝根与相连接的地层或其他防护设施的衔接。

④ 丁坝间的河岸或路基边坡所承受的容许流速小于水流靠岸回流流速时，应缩短坝距或对河岸及路基边坡采取防护措施。

（2）顺坝防护施工应符合下列规定：

① 顺坝与上下游河岸的衔接，应使水流顺畅，起点应选择在水流匀顺的过渡段，坝根位置宜设在主流转向点的上方。

② 坝根嵌入稳定河岸内的距离应符合设计要求，坝根附近河岸应防护加固至上游不受水流冲击处。

2. 导流工程的质量要点

（1）导流堤、坝的基础埋置深度及地基承载力应满足设计要求。

（2）填筑材料应分层压实。

（3）导流堤、坝的接缝应按设计要求施工，与边坡、岸坡的结合处理应稳定、牢靠。

3. 导流工程的质量标准

（1）实测项目见表 4-18。

表 4-18　导流工程实测项目

项次	检查项目	规定值或允许偏差	检查方法和频率
1	砂浆和混凝土强度（MPa）	在合格标准内	混凝土按 1.6 节检查，砂浆按 1.8 节检查
2	堤（坝）体压实度（%）	满足设计要求	密度法：每压实层测 3 处
3	平面位置偏位（mm）	30	全站仪：按设计控制坐标测
4	长度（mm）	≥设计长度－100	尺量：测每个
5	断面尺寸（mm）	≥设计值	尺量：测 5 个断面
6	坡度	≤设计值	坡度尺：测 5 处
7	顶面高程（mm）	±30	水准仪：测 5 点

（2）导流工程的外观质量应符合下列规定：

① 导流堤、坝体不得出现亏坡。

② 表面不规整、边线不顺畅的累计长度不得超过总长度的 10%。

4.11　安全环保措施

1. 砌筑施工应符合下列规定：

（1）边坡防护作业应设警戒区，并应设置明显的警示标志。

（2）砌筑作业人员应佩戴安全帽、防滑鞋等防护用品。

（3）高度超过 2m 作业应设置脚手架，并应符合本规范第 5.7 节的有关要求。

（4）砌筑作业中，脚手架下不得有人操作及停留，不得重叠作业。

（5）不得自上而下顺坡卸落、抛掷砌筑材料。

（6）高处运送材料宜使用专用提升设备。

（7）高边坡的防护应编制专项安全方案。

2. 砂浆喷射作业应严格执行操作规程，边坡喷射砂浆应自下而上顺序施作。

3. 人工开挖支挡抗滑桩施工除应符合现行《公路路基施工技术规范》的有关规定外，尚应符合下列规定：

（1）现场应配备气体浓度检测仪器，进入桩孔前应先通风 15mAn 以上，并经检查确认孔内空气符合现行《环境空气质量标准》（GB 3095—2012）规定的三段标准浓度限值。人工挖孔作业时，应持续通风，现场应至少备用 1 套通风设备。

（2）土石层变化处和滑动面处不得分节开挖。应及时加固防护护壁内滑裂面。

（3）同排桩施工应跳槽开挖，相邻桩孔不得同时开挖，相邻两孔中的一孔浇筑混凝土，另一孔内不得有作业人员。

（4）土层或破碎岩石中挖孔桩应采用钢筋混凝土护壁，并应根据计算确定护壁厚度和配筋量。

（5）孔内作业人员应戴安全帽、系安全带、穿防滑鞋，安全绳应系在孔口。作业人员应通过带护笼的直梯进出，人员上下不得携带工具和材料。作业人员不得利用卷扬机上下桩孔。

(6) 绞车、绞绳、吊斗、卷扬机等设备应完好，起吊设备应装设限位器和防脱钩装置。

(7) 孔口处应设置护圈，护圈应高出地面 0.3m。孔口应设置护栏和临时排水沟，夜间应悬挂示警红灯。孔口四周不得堆积弃渣、无关机具及其他杂物。

(8) 非爆破开挖的挖孔桩雨期施工，孔口应设置防雨篷，雨天孔内不得施工。

(9) 在含有毒有害气体的地区，孔内作业应至少每 2h 检测一次有毒有害气体及含氧量，保持通风，同时应配备不少于 5 套且满足施救需要的隔绝式压缩氧自救器等应急救援器材。

(10) 孔深不宜超过 15m，孔径不宜小于 1.2m。

(11) 孔深超过 15m 的桩孔内应配备有效的通信器材，作业人员在孔内连续作业不得超过 2h；桩周支护应采用钢筋混凝土护壁，护壁上的爬梯应每间隔 8m 设一处休息平台。孔深超过 30m 的应配备作业人员升降设备。

(12) 孔口应设专人看守，孔内作业人员应检查护壁变形、裂缝、渗水等情况，并与孔口人员保持联系，发现异常应立即撤出。

(13) 挖孔作业人员的头顶部应设置护盖。弃渣吊斗不得装满，出渣时，孔内作业人员应位于护盖下。

(14) 孔内照明电压应为安全电压，应使用防水带罩灯泡，电缆应为防水绝缘电缆。

(15) 孔内爆破作业应专门设计，采用浅眼松动爆破法，并应严格控制炸药用量，炮眼附近孔壁应加强防护或支护。孔深不足 10m，孔口应做覆盖防护。爆破作业的安全管理应按照现行《爆破安全规程》（GB 6722—2014/XG1—2016）

中的有关规定执行。爆破前，相邻桩孔人员必须撤离。

（16）混凝土护壁应随挖随浇，每节开挖深度应符合专项施工方案要求，且不得超过 1m。护壁外侧与孔壁间应填实。混凝土护壁浇筑前，上下段护壁的钩拉钢筋应绑扎牢固。护壁模板应在混凝土强度达到 5MPa 以上后拆除。

4. 挡土墙施工除应符合现行《公路路基施工技术规范》的有关规定外，还应符合下列要求：

（1）挡土墙施工应设警戒区。

（2）回填作业应在挡土墙墙身的强度达到设计强度的 75％后实施，墙背 1.0m 以内不宜使用重型振动压路机碾压。

（3）锚杆挡土墙施工前，应清除岩面松动石块，并整平墙背坡面。

5. 锚杆、锚索预应力张拉应符合施工工艺要求。

6. 张拉作业应设警戒区，操作平台应稳固，张拉设备应安装牢固。

7. 张拉过程中操作人员不得离岗，千斤顶后方不得站人。

5 路面工程

5.1 一般规定

（1）路面工程的实测项目规定值或允许偏差按高速公路、一级公路和其他公路（指二级及以下公路）两档设定。对于在设计和合同文件中提高了技术要求的二级公路，其工程质量检验评定按设计和合同文件的要求进行，但不应高于高速公路、一级公路的检验评定标准。

（2）路面工程实测项目规定的检查频率为双车道公路每一检查段内的检查频率（按 m^2 或 m^3 或工作班设定的检查频率除外），多车道公路的路面各结构层均须按其车道数与双车道之比，相应增加检查数量。

（3）各类基层和底基层压实度代表值（平均值的下置信界限）不得小于规定代表值，单点不得小于规定极值。小于规定代表值 2 个百分点的测点，应按其占总检查点数的百分率计算合格率。

（4）垫层的质量要求同相同材料的其他公路的底基层；联结层的质量要求同相应的基层或面层；中级路面的质量要求同相同材料的其他公路的基层。

（5）路面表层平整度规定值是指交工验收时应达到的平整度要求，其检查测定以自动或半自动的平整度仪为主，全线每车道连续测定按每 100m 输出结果计算合格率。采用

3m 直尺测定路面各结构层平整度时，以最大间隙作为指标，按尺数计算合格率。

（6）路面表层渗水系数宜在路面成型后立即测定。

（7）路面各结构层厚度按代表值和单点合格值设定允许偏差。当代表值偏差超过规定值时，该分项工程评为不合格；当代表值偏差满足要求时，按单个检查值的偏差不超过单点合格值的测点数计算合格率。

（8）水泥混凝土上加铺沥青面层的复合式路面，两种结构均需进行检查评定。其中，水泥混凝土路面结构不检查抗滑构造，平整度可按相应等级公路的标准。

5.2 水泥混凝土路面

1. 水泥混凝土施工要点

（1）混凝土所用碎石、水泥、水、外加剂等原材料应按照规范及设计图纸要求检测合格。

（2）下承层验收符合要求

混凝土路面施工前，对下承层进行标高、宽度、路拱、坡度及平整度、强度、压实度等方面的质量验收，下承层质量检验项目及其标准符合施工规范要求，并将表面杂物清除干净，保持潮湿以利于粘结。

（3）施工放样是混凝土路面施工的重要准备工作。

根据设计图纸恢复路中心线和边线，每隔 10m 设一中桩，同时布设纵坡变坡点、胀缝等施工控制点，并设置相应的边桩，重要的中心桩要做护桩。

模板应满足强度、刚度、稳定性要求，高度应与混凝土面层厚度相同，模板安装应平整、顺直、牢固，不得出现变形、跑模等现象。模板安装完毕后，应检查模板相接处的高差、错位现象，不合格的模板应进行调整。

钢筋规格、型号应满足设计要求，混凝土应在初凝前浇筑、振捣完成，振捣应满足混凝土不再下沉、不再出现气泡、表面呈现浮浆。

混凝土表面整修完毕，立即覆盖洒水养护，养护期间必须保持已浇筑的混凝土表面湿润。混凝土强度达到设计弯拉强度的80%，可允许行人通行，达到设计弯拉强度并灌缝完成后，可允许车辆通行。

2. 水泥混凝土质量要点

（1）水泥强度、物理性能和化学成分应符合设计规范要求；粗细集料、水、外掺剂及接缝填缝料应符合国家标准及有关规范的规定。

（2）接缝的位置、规格、尺寸及传力杆、拉力杆的设置应符合设计要求。

（3）路面拉毛或机具压槽等抗滑措施，其构造深度应符合施工规范要求。

（4）面层与其他构造物相接应平顺，检查井井盖顶面高程应高于周边路面1～3mm。雨水口标高按设计比路面低5～8mm，路面边缘无积水现象。

（5）混凝土路面铺筑后按施工规范要求养护。

3. 水泥混凝土质量标准

水泥混凝土质量实测项目见表5-1。

表5-1　水泥混凝土质量实测项目

项次	检查项目	规定值或允许偏差		检查方法和频率
		高速公路 一级公路	其他公路	
1	弯拉强度(MPa)	在合格标准之内		按1.5节检查

续表

项次	检查项目		规定值或允许偏差		检查方法和频率
			高速公路 一级公路	其他公路	
2	板厚度 (mm)	代表值	−5		按 1.10 节检查； 每 200m 测 2 点
		合格值	−10		
		极值	−15		
3	平整度①	σ(mm)	≤1.32	≤2.0	平整度仪；全线每车道连续检测，每 100m 计算 σ、IRI
		IRI(m/km)	≤2.2	≤3.3	
		最大间隙 h (mm)	3	5	3m 直尺：每半幅车道每 200m 测 2 处×5 尺
4	抗滑构造深度 (mm)	一般路段	0.7～1.1	0.5～1.0	铺砂法：每 200m 测 1 处
		特殊路段②	0.8～1.2	0.6～1.1	
5	横向力系数 SFC	一般路段	≥50	—	按 1.12 节检查：每 20m 测 1 点
		特殊路段②	≥55	≥50	
6	相邻板高差(mm)		≤2	≤3	尺量：胀缝每条测 2 点；纵、横缝每 200m 抽查 2 条、每条测 2 点
7	纵、横缝顺直度(mm)		≤10		纵缝 20m 拉线尺量：每 200m 测 4 处；横缝沿板宽拉线尺量：每 200m 测 4 条
8	中线平面偏位(mm)		20		全站仪：每 200m 测 2 点
9	路面宽度(mm)		±20		尺量：每 200m 测 4 点
10	纵断高程(mm)		±10	±15	水准仪：每 200m 测 2 断面
11	横坡(%)		±0.15	±0.25	水准仪：每 200m 测 2 断面

续表

项次	检查项目	规定值或允许偏差		检查方法和频率
		高速公路一级公路	其他公路	
12	断板率[③]（%）	≤0.2	≤0.4	目测：全部检查，数断面板块数占总块数比率

注：① 表中 σ 为平整度仪测定的标准差；IRI 为国际平整度指数：h 为 3m 直尺与面层的最大间隙。
② 特殊路段：高速公路、一级公路特殊路段包括立体交叉匝道、平面交叉口、弯道、变速车道、组合坡度不小于 3%坡度段、桥面、隧道路面及收费站广场等处；其他公路特殊路段包括设超高路段、组合坡度大于或等于 4%坡度段、交叉口路段、桥面及上下坡度、隧道路面及集镇附近路段等处。
③ 断板率中包含断角率，应统计行车道与超车道面板，不计硬路肩板，不计入修复后的面板。

4. 水泥混凝土安全环保措施

（1）混凝土拌和前应确认搅拌、供料、控制等系统运行正常。

（2）维修安全保护装置、保养或检查清理搅拌系统和供料系统应封闭下料口并切断电源，锁定悬挂“严禁合闸”安全警示标志，并派专人看守。

（3）吊斗灌注混凝土应设专人指挥起吊、运送、卸料，人员车辆不得在吊斗下停留或通行，不得攀爬吊斗。

（4）混凝在浇筑过程中应检查模板、支架、钢筋骨架的稳定、变形情况，发现异常，应立即停止作业，并应整修加固。

5.3 沥青混凝土路面和沥青碎（砾）石路面

1. 沥青混凝土和沥青碎（砾）石施工要点

（1）沥青混凝土所用集料、沥青、矿粉等应满足规范及设计要求。

（2）配合比设计

① 目标配合比设计阶段

a. 目标配合比设计采用马歇尔试验方法。

b. 料源发生变化时，必须重新进行配合比设计。

c. 级配选择时，选择粗中细三个级配进行比选，矿质混合料级配曲线接近一条顺滑的曲线，且曲线宜呈 S 形曲线。

d. 确定沥青的最佳沥青用量时，各级配按 0.5%间隔变化，分别取四个沥青用量进行旋转压实试验，绘制毛体积相对密度、沥青饱和度、矿料间隙率、粉胶比与沥青用量的关系曲线，找出设计空隙率下对应的沥青用量。

② 生产配合比设计阶段

a. 合理选择筛网，在选择时应考虑以下三点：最大筛孔的振动筛设置与混合料的最大粒径相一致；筛孔选择与混合料控制点孔径相一致；便于不同混合料生产时更换筛网。

b. 筛网确定后，必须对各规格冷料进料速度进行标定，反复调整冷料仓进料比例，达到供料均衡，以确定正常产量下各规格冷料的流量，标定时可采用转速比控制，包括单仓转速比、统一转速比控制。

c. 矿料必须经过二次筛分，考虑到拌和楼进料量较少，二次筛分时适当降低除尘功率，以保证设计的合成级配 0.075mm 通过量与大规模生产时接近。设计的合成级配至少应包括 0.075mm、2.36mm、4.75mm 及公称最大粒径筛孔的通过率接近目标配合比设计级配值。

d. 生产配合比设计时，取目标配合比设计的最佳沥青用量 OAC 和 OAC±0.3%三个沥青用量，确定最佳沥青用量。

③ 生产配合比验证阶段

a. 通过试拌、试铺检验混合料的油石比、级配等指标。

b. 检验的矿料合成级配中，至少应包括 0.075mm、2.36mm、4.75mm 及公称最大粒径筛孔的通过率接近生产配合比级配值，并避免在 0.3～0.6mm 处出现驼峰。由此确定正常生产用的标准配合比。

（3）做好铺筑面的检查与清扫

铺筑面表面浮动集料应扫至路面以外，表面杂物清扫干净。灰尘应提前冲洗，风吹干净后均匀喷洒粘层沥青。粘层沥青喷洒后应进行交通管制，禁止任何车辆通行和人员踩踏。

（4）沥青混合料的拌和

① 拌和时间：由试拌确定，每盘料生产周期宜不少于 45s，以沥青混合料拌和均匀为度。

② 在线检测：拌和楼控制室必须配备打印装置，进行逐盘打印在线检测混合料级配控制情况。

③ 拌和温度控制：严格掌握沥青和集料的加热温度以及沥青混合料的出厂温度。

④ 检测频率：每台拌和机每天上午、下午各取一组混合料试样进行旋转压实试验和抽提筛分试验，各指标应满足设计规范要求。

⑤ 理论最大相对密度：加强对理论最大相对密度的检测，进行实测值与计算值的比较，对异常情况，及时分析、论证。

（5）沥青混合料的运输

① 热拌沥青混合料采用大吨位的车辆运输，车辆数量

根据运输距离、摊铺速度确定，适当留有富余。摊铺机前方开始摊铺时在施工现场等候卸料的运料车不宜少于5辆，以保证现场连续摊铺的需要。

② 运输过程中不得超载运输，不得急刹车、急弯掉头使透封层造成破坏，且运输前后须清扫干净，在车厢板上涂一层防止沥青粘结的隔离剂（色拉油∶水=1∶3），同时保证车厢底部不得有余液积聚。

③ 采用数字显示插入式电偶温度计检测混合料出厂温度和运输到现场温度，运输车侧面中部设置专用检测孔，孔口距车厢底约300mm，测温时温度计插入深度要大于150mm，以此来校验运输到现场的温度，如不符合施工温度要求，或已经结成团块或遭雨淋的混合料不得卸车。

④ 运料车装料时“前、后、中”移动，分3～5次装料，减少混合料堆高离析。

⑤ 运料车辆应行驶在平整坚实的道路上，减轻车辆颠簸，对行驶路线的坑槽应及时维修，以免混合料离析。无论低温季节，还是高温季节，所有混合料在运输时必须加盖苫布保温、防雨、防污染。运至摊铺现场的混合料卸料过程中不准拆除防雨油布。

⑥ 运料车进入摊铺现场后，轮胎不得沾有泥土等可能污染路面的脏物，必要时安排专人进行清洗，沥青混合料在摊铺地点凭运料单接收，不符合温度要求或花白、结块以及遭受雨淋的混合料在指定地点废弃。

⑦ 运料车在向摊铺机卸料时，应正对着摊铺机收料仓并停在摊铺机前20～30cm处，由摊铺机前行推动运料车，以避免因倾斜造成进入摊铺机收料仓的混合料发生（严重）离析。

（6）沥青混合料的摊铺

① 根据拌和楼的产量、施工机械的配套情况及摊铺厚度、宽度的要求选用性能优良，具有自动调节厚度、找平装置的进口摊铺机进行摊铺，摊铺时采用非接触式控制方式进行厚度控制，用移动式自动找平装置控制摊铺厚度，根据拌和楼的产量、施工机械的配套情况及摊铺厚度、宽度的要求，选择摊铺厚度。

② 在进行沥青混合料的摊铺时，摊铺机应调整到最佳状态，调试好螺旋布料器两端的自动料位器，并使料门开度、链板与送料器的转速相匹配。摊铺机熨平板必须拼接紧密，不许有缝隙，防止卡入料将路面拉出条痕。摊铺机行走速度应适当，以便与拌和楼拌和能力相匹配。铺装面层混合料摊铺时，摊铺机行走速度依据拌和能力，一般控制在1～3m/min范围。摊铺机行走时，禁止摊铺机在所有铺装层面上急转弯。

③ 沥青面层应严密组织施工，混合料必须缓慢、均匀、连续不断地摊铺，摊铺过程中不得随意变更速度或中途停顿。施工管理人员应密切注意拌和楼、运输车辆及摊铺机、压路机之间的协调统一，保证拌和设备和运输车的配备必须与摊铺设备的生产能力匹配，杜绝待料停机、影响摊铺质量与进度的现象，确保摊铺施工连续均衡地进行。

④ 连续摊铺过程中，运料车在摊铺机前10～30cm处停住，不得撞击摊铺机。卸料过程中运料车应挂空挡，靠摊铺机推动前进。

⑤ 摊铺机的螺旋布料器的转速与摊铺速度相适应，并均衡地运转，同时保持有不少于送料器2/3高度的混合料，使熨平板的挡板前混合料的高度在全宽范围内保持一致，以

减少摊铺过程中混合料的离析；调整好熨平板的振捣频率和振幅，以提高路面的初始压实度（初始压实度大于85%）；摊铺前熨平板提前0.5～1h预热至不低于100℃。摊铺机熨平板接缝紧密，不许存有缝隙，防止卡入粒料将铺面拉出条痕。

⑥ 摊铺机摊铺的混合料，禁止人员踩踏，不宜人工反复修整，当不得已需由人工局部找补或更换混合料时，需仔细进行，特别严重的缺陷部分整层铲除并更换混合料。

⑦ 在路面狭窄部分、接头处、摊铺带边缘或加宽部分不能采用摊铺机铺筑时，用人工摊铺混合料，人工摊铺时扣锹摊铺，不得扬锹抛撒。

⑧ 摊铺遇雨时，立即停止施工，并清除未压成型的混合料。遭受雨淋的混合料废弃，不得卸入摊铺机进行摊铺。

⑨ 摊铺过程中，运输车卸料时多级顶升卸料；摊铺机喂料斗翼板慢速合拢等措施，有效减少离析。连续稳定的摊铺是提高路面平整度最主要措施，做到缓慢匀速、不间断地摊铺。

（7）沥青混合料的压实成型

① 压路机组合：压路机组合宜为初压12t以上双钢轮振动压路机，复压采用25t以上胶轮压路机，终压12t以上双钢轮振动压路机。

② 初压时机：初压应在混合料不产生推移、开裂等情况下尽量在摊铺后较高温度下进行。

③ 碾压速度：压路机的适宜碾压速度随初压、复压、终压及压路机的类型确定，遵循“高频低幅，紧跟慢压”的原则。

④ 隔离剂：喷洒水溶液，喷洒应呈雾状，数量以不粘轮为度。禁止使用柴油和机油的水混合物喷涂。

⑤ 碾压叠轮：初压时压路机的轮迹应重叠1/3～1/4碾

压宽度，胶轮压路机复压重叠 1/2～1/3 碾压宽度。

⑥ 注意事项：a. 碾压时应将驱动轮朝向摊铺机；b. 碾压路线及方向不应突然改变；c. 压路机起动、停止必须减速缓行，不准刹车制动；d. 压路机折回不应处在同一横断面上；e. 要对初压、复压、终压段落设置明显标志，便于司机辨认。

（8）施工接缝的处理

① 沥青路面的接缝紧密、连续平顺、不产生明显的接缝离析现象，上下层的纵缝应错开 150mm。相邻两幅及上、下层的横向接缝应错开 1m 以上。接缝施工用 3m 直尺进行检查，确保平整度符合要求。

② 横向接缝采用平接缝，用 3m 直尺沿纵向位置，在摊铺段端部的直尺呈悬臂状，以摊铺层与直尺脱离接触处定出接缝位置，混合料尚未冷却时人工挖除；继续摊铺时，将摊铺层挖除时留下的灰浆擦洗干净，涂上少量乳化沥青，摊铺机熨平板从接缝处起步摊铺，摊铺前熨平板提前 0.5～1h 预热至不低于 100℃，并将原压实部位进行预热甚至软化。碾压时用钢轮压路机进行横向压实，从先铺路面上跨缝逐渐移向新铺路面，以每次 20cm 宽度为宜，直至全部在新铺路面上为止。改为纵向碾压时，不得在横接缝上垂直碾压，以免引起新旧层错台。碾压完毕后对平整度做专门检测，如不符合及时处理，确保接缝平整。

（9）养护及交通管制

热拌沥青混合料路面待路面温度下降到 50℃时开放交通，摊铺好的沥青层严格控制交通，做好保护，保持整洁，不得造成污染，严禁在沥青层上堆放施工产生的土或杂物。

2. 沥青混凝土和沥青碎（砾）石质量要点

（1）沥青混合料的矿料质量及矿料级配应符合设计要求

和施工规范的规定。

（2）严格控制各种矿料和沥青用量及各种材料和沥青混合料的加热温度，沥青材料及混合料的各项指标应符合设计和施工规范要求。沥青混合料的生产，每日应做抽提试验、马歇尔稳定度试验。矿料级配、沥青含量、马歇尔稳定度等结果的合格率应不小于90％。

（3）拌和后的沥青混合料应均匀一致，无花白，无粗细料分离和结团成块现象。

（4）基层必须碾压密实，表面干燥、清洁、无浮土，其平整度和路拱度应符合要求。

（5）摊铺时应严格控制摊铺厚度和平整度，避免离析，注意控制摊铺和碾压温度，碾压至要求的密实度。

3. 沥青混凝土和沥青碎（砾）石质量标准

（1）热拌普通沥青混凝土和普通沥青碎（砾）石质量实测项目见表5-2。

表5-2 沥青混凝土面层和沥青碎（砾）石面层实测项目

项次	检查项目	规定值或允许偏差		检查方法和频率
		高速公路 一级公路	其他公路	
1	压实度[①]（％）	≥实验室标准密度的96％（*98％） ≥最大理论密度的92％（*94％） ≥试验段密度的98％（*99％）		按1.4节检查，每200m测1点。核子（无核）密度仪每200m测1处，每处5点

续表

项次	检查项目		规定值或允许偏差		检查方法和频率
			高速公路 一级公路	其他公路	
2	平整度	σ(mm)	≤1.2	≤2.5	平整度仪：全线每车道连续检测，按每100m计算IRI或σ
		IRI(m/km)	≤2.0	≤4.2	
		最大间隙 h (mm)	—	≤5	3m直尺：每200m测2处×5尺
3	弯沉值(0.01mm)		不大于设计验收弯沉值		按1.11节检查
4	渗水系数(mL/mAn)	SMA路面	≤120	—	渗水试验仪：每200m测1处
		其他沥青混凝土路面	≤200		
5	摩擦系数		符合设计要求	—	摆式仪：每200m测1处；横向力系数测定车：全线连续检测，按1.12节评定
6	构造深度		满足设计要求	—	铺砂法：每200m测1处
7	厚度②(mm)	代表值	总厚度：$-5\%H$ 上面层：$-10\%h$	$-8\%H$	按1.10节检查，每200m测1点
		合格值	总厚度：$-10\%H$ 上面层：$-20\%h$	$-15\%H$	

续表

项次	检查项目		规定值或允许偏差		检查方法和频率
			高速公路 一级公路	其他公路	
8	中线平面偏位(mm)		20	30	全站仪：每 200m 测 2 点
9	纵断高程(mm)		±15	±20	水准仪：每 200m 测 2 个断面
9	宽度(mm)	有侧石	±20	±30	尺量：每 200m 测 4 个断面
		无侧石	不小于设计值		
11	横坡(%)		±0.3	±0.5	水准仪：每 200m 测 2 个断面
12	矿料级配		满足生产配合比要求		T0725，每台班 1 次
13	沥青含量		满足生产配合比要求		T0722，T0721，T0735，每台班 1 次
14	马歇尔稳定度		满足生产配合比要求		T0709，每台班 1 次

注：① 表内压实度，高速公路、一级公路应选用 2 个标准评定，以合格率低的作为评定结果；其他公路选用 1 个标准进行评定。带 * 者是指 SMA 路面。
② 表列沥青厚度仅规定负允许偏差。H 为沥青层总厚度(mm)，h 为沥青上面层厚度；其他公路的厚度代表值和合格值允许偏差按总厚度计，当 $H\leqslant 60$mm 时，允许偏差分别为 −5mm 和 −10mm；当 $H>60$mm 时，允许偏差分别为 $-8\%H$ 和 $-15\%H$。

热拌沥青混合料的施工温度见表 5-3。

表 5-3　热拌沥青混合料的施工温度(℃)

施工工序		石油沥青的标号			
		50 号	70 号	90 号	110 号
沥青加热温度		160～170	155～165	150～160	145～155
矿料加热温度	间隙式拌和机	集料加热温度比沥青温度高 10～30			
	连续式拌和机	矿料加热温度比沥青温度高 5～10			

续表

施工工序		石油沥青的标号			
		50 号	70 号	90 号	110 号
沥青混合料出料温度		150～170	145～165	140～160	135～155
混合料贮料仓贮存温度		贮料过程中温度降低不超过 10			
混合料废弃温度　高于		200	195	190	185
运输到现场温度　不低于		150	145	140	135
混合料摊铺温度不低于	正常施工	140	135	130	125
	低温施工	160	150	140	135
开始碾压的混合料内部温度不低于	正常施工	135	130	125	120
	低温施工	150	145	135	130
碾压终了的表面温度不低于	钢轮压路机	80	70	65	60
	轮胎压路机	85	80	75	70
	振动压路机	75	70	60	55
开放交通的路表温度不高于		50	50	50	45

注：① 沥青混合料的施工温度采用具有金属探测针的插入式数显温度计测量。表面温度可采用表面接触式温度计测定。当采用红外线温度计测量表面温度时，应进行标定。

② 表中未列入的 130 号、160 号及 30 号沥青的施工温度由试验确定。

（2）聚合物改性沥青混合料的施工温度根据实践经验并参照下表选择。通常宜较普通沥青混合料的施工温度提高 10～20℃（表 5-4）。

表 5-4 聚合物改性沥青混合料的正常施工温度范围（℃）

工序	聚合物改性沥青品种		
	SBS 类	SBR 胶乳类	EEA. PE 类
沥青加热温度	160～165		
改性沥青现场制作温度	165～170	—	165～170
成品改性沥青加热温度　不大于	175	—	175
集料加热温度	190～220	200～210	185～195
改性沥青 SMA 混合料出厂温度	170～185	160～180	165～180
混合料最高温度（废弃温度）	195		
混合料贮存温度	拌和出料后降低不超过 10		
摊铺温度　不低于	160		
初压开始温度　不低于	150		
碾压终了的表面温度　不低于	90		
开放交通时的路表温度　不高于	50		

注：① 同表 5-3。

② 当采用表列以外的聚合物或天然沥青改性沥青时，施工温度由试验确定。

4. 沥青混凝土和沥青碎（砾）石安全环保措施

（1）沥青储存地点应配备灭火器、消防砂等消防设施，并应设置警示标志。

（2）沥青脱桶、导热油加热沥青作业应采取防火、防烫伤措施。

（3）沥青混合料拌和作业除应符合相应规范规定外，尚应符合下列规定：

① 拌和机点火失效时，应关闭喷燃器油门，并应通风清吹后再行点火。

② 拌和过程中人员不得在石料溢流管、升起的料斗下

方站立或通行。

③ 沥青罐内检查不得使用明火照明。

④ 沥青拌和站应配备灭火器、消防砂等消防设施。

5.4 沥青表面处治面层

1. 沥青表面处治面层施工要点

（1）在清扫干净的碎（砾）石路面上铺筑沥青表面处治时，应喷洒透层油。在旧沥青路面、水泥混凝土路面、块石路面上铺筑沥青表面处治路面时，可在第一层沥青用量中增加10%～20%，不再另洒透层油或粘层油。

（2）层铺法沥青表面处治路面宜采用沥青洒布车及集料撒布机联合作业。沥青洒布车喷洒沥青时应保持稳定速度和喷洒量，并保持整个洒布宽度喷洒均匀。

（3）洒布设备的喷嘴应适用于沥青的稠度，确保能成雾状，与洒油管呈15°～25°的夹角，洒油管的高度应使同一地点接收2～3个喷油嘴喷洒的沥青，不得出现花白条。

（4）沥青表面处治施工应确保各工序紧密衔接，每个作业段长度应根据施工能力确定，并在当天完成。人工撒布集料时应等距离划分段落备料。

（5）双层式或单层式沥青表面处治浇洒沥青及撒布集料的次数相应减少，其施工程序和要求参照（8）进行。

（6）除乳化沥青表面处治应待破乳、水分蒸发并基本成型后方可通车外，沥青表面处治在碾压结束后即可开放交通，并通过开放交通补充压实，成型稳定。在通车初期应设专人指挥交通或设置障碍物控制行车，限制行车速度不超过20km/h，严禁畜力车及铁轮车行驶，使路面全部宽度均匀压实。

(7) 沥青表面处治应注意初期养护。当发现有泛油时，应在泛油处补撒与最后一层石料规格相同的嵌缝料并扫匀，过多的浮料应扫出路外。

(8) 三层式沥青表面处治的施工工艺应按下列步骤进行：

① 清扫基层，撒布第一层沥青。沥青的撒布温度根据气温及沥青标号选择，石油沥青宜为 130～170℃，煤沥青宜为 80～120℃，乳化沥青在常温下洒布，加温洒布的乳液温度不得超过 60℃。前后两车喷洒的接槎处用铁板或建筑纸铺 1～1.5m，使搭接良好。分几幅浇洒时，纵向搭接宽度宜为 100～150mm。撒布第二、三层沥青的搭接缝应错开。

② 撒布主层沥青后应立即用集料撒布机或人工撒布第一层主集料。撒布集料后应及时扫匀，达到全面覆盖、厚度一致、集料不重叠，也不露出沥青的要求。局部有缺料时适当找补，积料过多的将多余集料扫出。两幅搭接处，第一幅撒布沥青应暂留 100～150mm 宽度不撒布石料，待第二幅一起撒布。

③ 撒布主集料后，不必等全段撒布完，立即用 6～8t 钢筒双轮压路机从路边向路中心碾压 3～4 遍，每次轮迹重叠约 300mm。碾压速度开始不宜超过 2km/h，以后可适当增加。

④ 第二、三层的施工方法和要求应与第一层相同，但可以采用 8t 以上的压路机碾压。

2. 沥青表面处治面层质量要点

(1) 在新建或旧路的表层进行表面处治时，应将表面的泥沙及一切杂物清除干净，底层必须坚实、稳定、平整，保持干燥后才可施工。

（2）沥青材料的各项指标和石料的质量、规格、用量应符合设计要求和施工规范的规定。

（3）沥青浇洒应均匀，无露白，不得污染其他构筑物。

（4）嵌缝料必须趁热撒铺，扫布均匀，不得有重叠现象，压实平整。

3. 沥青表面处治面层质量标准

沥青表面处治面层实测项目见表5-5。

表5-5　沥青表面处治面层实测项目

<table>
<tr><th>项次</th><th colspan="2">检查项目</th><th>规定值或允许偏差</th><th>检查方法和频率</th></tr>
<tr><td rowspan="3">1</td><td rowspan="3">平整度</td><td>σ(mm)</td><td>≤4.5</td><td rowspan="2">平整度仪：全线每车道连续按每100m计算IRI或σ</td></tr>
<tr><td>IRI (m/km)</td><td>≤7.5</td></tr>
<tr><td>最大间隙h (mm)</td><td>≤10</td><td>3m直尺：每200m测2处×5尺</td></tr>
<tr><td>2</td><td colspan="2">弯沉值(0.01mm)</td><td>不大于设计验收弯沉值</td><td>按1.11节检查</td></tr>
<tr><td rowspan="2">3</td><td rowspan="2">厚度 (mm)</td><td>代表值</td><td>−5</td><td rowspan="2">按1.10节检查；每200m每车道测1点</td></tr>
<tr><td>合格值</td><td>−10</td></tr>
<tr><td>4</td><td colspan="2">沥青用量</td><td>±0.5%</td><td>每工作日每层洒布查1次</td></tr>
<tr><td>5</td><td colspan="2">中线平面偏位(mm)</td><td>30</td><td>全站仪：每200m测2点</td></tr>
<tr><td>6</td><td colspan="2">纵断高程(mm)</td><td>±20</td><td>水准仪：每200m测2个断面</td></tr>
<tr><td rowspan="2">7</td><td rowspan="2">宽度 (mm)</td><td>有侧石</td><td>±30</td><td rowspan="2">尺量：每200m测4处</td></tr>
<tr><td>无侧石</td><td>不小于设计值</td></tr>
<tr><td>8</td><td colspan="2">横坡(%)</td><td>±0.5</td><td>水准仪：每200m测2个断面</td></tr>
</table>

5.5 水泥稳定粒料（碎石、砂砾或矿渣等）基层和底基层

1. 水泥稳定粒料（碎石、砂砾或矿渣等）基层和底基层施工要点

（1）各种原材料质量应符合设计规范要求，按照规范进行入场验收检验工作。

（2）拌和楼生产能力、压路机吨位、摊铺机性能等必须满足施工要求。

（3）混合料组成设计

① 目标配合比设计宜采用振动成型法确定水泥稳定碎石的最佳含水量、最大干密度。

② 水泥稳定碎石，在配合比设计时应考虑三点，即 a. 级配骨架结构性好、强度高；b. 采用较低的水泥剂量；c. 现场干、温缩裂缝密度低。

③ 混合料级配选择时重点控制关键筛孔。

④ 水泥稳定粒料（碎石、砂砾或矿渣等）7d 浸水无侧限抗压强度试件宜采用振动成型法，强度应符合设计规范要求。

（4）测量放样

① 及时、准确地用全站仪放出底基层中线桩，且加强保护，避免中线桩被破坏。

② 根据确定的中线桩位置和基层、底基层单幅宽度，每隔 10m 设置一桩，并在两侧边桩外 30～50cm 处打钢钎，然后进行水平测量。

（5）混合料的拌和

① 料源控制：料场不同规格料应分开堆放，拌和楼冷

料仓装料不得过满，避免混料，影响混合料级配。

② 含水量的控制：每日开始搅拌前检测集料天然含水量，正式生产后每1～2h检查一次拌和情况，抽检含水量是否变化，按规定取混合料试样检查级配和水泥剂量。为了确保混合料能在接近最佳含水量下碾压，应根据天气情况、气温高低、原材料天然含水量、现场碾压情况等因素调整拌和含水量。

（6）混合料的运输

① 运输车车厢必须洁净。运输车的车厢内混合料应覆盖，且从运输到摊铺过程中，覆盖的布不应取下，以减少水分损失。

② 运输车装料。装车时车辆应前后移动，分“前、后、中”三次装料，避免混合料离析。

③ 连续摊铺过程中，运料车在摊铺机前10～30cm处停住，不得撞击摊铺机。卸料过程中运料车应挂空挡。靠摊铺机推动前进。

④ 卸料时。先顶起车厢一半，卸完半车料后。再将车厢全部顶起，防止车厢料一次滑落至摊铺机料斗而产生离析。待全部料卸完后，车辆挂前进挡缓慢驶离摊铺机。

（7）混合料的摊铺

① 摊铺前应对下承层进行仔细检查，消除病害隐患，同时清理路床上的杂物并进行洒水润湿。

② 采用2台具有自动找平，振动夯实功能大，且型号和性能相同的摊铺机进行梯队摊铺，前后相距5～10m，同时向前摊铺并一起碾压。两幅之间应有5～10cm的搭接宽度，并避开车道轮迹带。

③ 摊铺机行进速度要均匀，一般以1～3m/min为宜，中途不得变速，其速度要与拌和机能力相适应，最大限度保

持匀速前进，摊铺不停顿、间断。在摊铺机后面设专人消除粗细集料离析现象，特别是局部粗集料窝和含水量超限点应该铲除，并用新拌混合料填补。

④ 在摊铺前两侧均设钢丝绳，中间用铝合金滑道控制高程。铺料时，严禁人为对钢丝绳干扰，造成摊铺出的混合料表面平整度不满足要求。

⑤ 摊铺机的螺旋布料器应相应于摊铺速度调整到保持一个稳定的速度均衡地转动，摊铺机两侧料槽内应保持有不少于螺旋布料器 2/3 高度的混合料，以减少在摊铺过程中混合料的离析。摊铺机料槽前挡板下可加装挡料胶皮以避免上下离析。

（8）混合料的碾压

① 碾压应做到紧跟慢压，建议行驶速度，第 1～2 遍 1.5～1.7km/h，以后各遍应为 1.8～2.2km/h，一次碾压长度一般为 50～80m，碾压路面的两侧应多压 2～3 遍。

② 碾压顺序：压路机碾压时应重叠 1/2 轮宽进行，碾压应遵循稳压（静压）→弱振→强振→弱振→最后稳压的顺序，压至基本无轮迹为止。

③ 压路机在停车、调头、刹车时应按指导意见要求严格控制，确保抗裂型水泥稳定碎石表面不受损坏。

④ 碾压时驱动轮朝向摊铺方向、由路边向路中、先轻后重、低速行驶碾压的原则。碾压过程中，混合料的表面始终保持潮湿，如表面的水分蒸发得过快，及时补充洒水。压完后及时用灌砂法检测压实度和用 3m 直尺检测平整度。

⑤ 压路机的起步和制动应做到慢速起动、慢速刹车，严禁在已完成或正碾压的路段上停顿、调头、急刹车或急转弯。压路机每次由两端折回的位置呈阶梯形，随摊铺机向前推进，使折回处不在同一横断面上，最好呈 45°斜角。

（9）接缝处理

① 横向接缝均采用垂直的平接缝（如下图），接缝处的平整度用 3m 直尺测定；若平整度不符合要求，应做人工处理，直至符合要求为止。

已压实路面	新铺路面

平接缝

② 在靠近接头的断面处，用规格为 3m 的铝合金直尺沿纵向位置，在铺设层端部的直尺呈悬臂状，以铺筑层与直尺接触处定出接缝位置，拉沿线划出一条直线，用人工切齐后铲除。

③ 继续摊铺时应将铲切时留下的残渣扫干净，洒上少量水，摊铺熨平板从接缝后，垫上相应松铺厚度的垫块，起步摊铺。

④ 碾压时用振动压路机进行横向压实，从先铺底基层上跨缝逐渐移向新铺底基层（稳压），然后压路机从接缝位置开始向前推进，沿纵向方向进行碾压。

⑤ 注意施工时，超过 2h 停机后，必须将摊铺机移开，并按相同的方式设置施工缝。

（10）养护

① 摊铺压实后经检查合格后立即养护，养护采用土工布覆盖养护，养护期不少于 7d，养护期间始终保持表面潮湿，防止时干时湿。

② 用洒水车洒水养护时，洒水车的喷头要用喷雾式，不得用高压式喷头，以免破坏底基层结构，每天洒水次数应满足整个养护期间始终保持表面湿润。

③ 对于水泥稳定碎石基层、底基层，养护期结束后，也应视天气情况，安排一定次数的洒水作业，避免因长期暴

晒或降温造成基层开裂。

④ 养护期不允许洒水车以外的车辆通行。

2. 水泥稳定粒料（碎石、砂砾或矿渣等）基层和底基层质量要点

（1）粒料应符合设计和施工规范要求，并应根据当地料源选择质坚干净的粒料，矿渣应分解稳定，未分解渣块应予剔除。

（2）物质水泥用量和矿料级配按设计控制准确。

（3）路拌深度要达到层底。

（4）摊铺时要注意消除离析现象。

（5）混合料处于最佳含水量状况下，用重型压路机碾压至要求的压实度从加水拌和到碾压终了的时间不应超过 3～4h，并应短于水泥的终凝时间。

（6）碾压检查合格后立即覆盖或洒水养护，养护期要符合规范要求。

3. 水泥稳定粒料（碎石、砂砾或矿渣等）基层和底基层质量标准

水泥稳定粒料（碎石、砂砾或矿渣等）基层和底基层的实测项目，见表 5-6。

表 5-6　水泥稳定粒料基层和底基层实测项目

项次	检查项目		规定值或允许偏差				检查方法和频率	权值
			基层		底基层			
			高速公路一级公路	其他公路	高速公路一级公路	其他公路		
1	压实度（%）	代表值	98	97	96	95	按 1.4 节检查；每 200m 每车道 2 处	3
		极值	94	93	92	91		

续表

<table>
<tr><td rowspan="3">项次</td><td rowspan="3" colspan="2">检查项目</td><td colspan="4">规定值或允许偏差</td><td rowspan="3">检查方法和频率</td><td rowspan="3">权值</td></tr>
<tr><td colspan="2">基层</td><td colspan="2">底基层</td></tr>
<tr><td>高速公路
一级公路</td><td>其他公路</td><td>高速公路
一级公路</td><td>其他公路</td></tr>
<tr><td>2</td><td colspan="2">平整度(mm)</td><td>8</td><td>12</td><td>12</td><td>15</td><td>3m 直尺：每 200m 测 2 处×10 尺</td><td>2</td></tr>
<tr><td>3</td><td colspan="2">纵断高程(mm)</td><td>+5，-10</td><td>+5，-15</td><td>+5，-15</td><td>+5，-20</td><td>水准仪：每 200m 测 4 个断面</td><td>1</td></tr>
<tr><td>4</td><td colspan="2">宽度(mm)</td><td colspan="2">符合设计要求</td><td colspan="2">符合设计要求</td><td>尺量：每 200m 测 4 个断面</td><td>1</td></tr>
<tr><td rowspan="2">5</td><td rowspan="2">厚度(mm)</td><td>代表值</td><td>-8</td><td>-10</td><td>-10</td><td>-12</td><td rowspan="2">按 1.10 节检查；每 200m 每车道 1 点</td><td rowspan="2">3</td></tr>
<tr><td>合格值</td><td>-15</td><td>-20</td><td>-25</td><td>-30</td></tr>
<tr><td>6</td><td colspan="2">横坡(%)</td><td>±0.3</td><td>±0.5</td><td>±0.3</td><td>±0.5</td><td>水准仪：每 200m 测 4 个断面</td><td>1</td></tr>
<tr><td>7</td><td colspan="2">强度(MPa)</td><td colspan="2">符合设计要求</td><td colspan="2">符合设计要求</td><td>按 1.9 节检查</td><td>3</td></tr>
</table>

4. 水泥稳定粒料（碎石、砂砾或矿渣等）基层和底基层安全环保措施

(1) 配电系统设总配电箱、分配电箱、开关箱，实行分级配电开关箱设漏电保护器，漏电保护器要符合有关标准的要求。电动机械和手持电动机具的安全装置符合国家有关标准和安全技术规程。施工现场保证施工安全要求的照明，危险潮湿场所照明以及手持照明灯具应采用符合安全要求的电压。

（2）施工机械按照平面图规定的位置设置，不得侵占场内道路，施工机械进场安装后，经过安全检查，合格后投入使用。各种运输车辆禁止超载、超速，教育司机遵守道路交通安全条例，严禁无证驾车，严禁酒后驾车。切实安排好本合同施工机械，施工车辆在施工中的安全，不抢道，不占道，既保证正常交通，又做到施工有序，避免发生意外事故。

（3）制定生产安全事故应急救援方案，并加强员工的安全教育工作，对安全措施费用实行专款专用。加强现场安全技术管理人员培训，施工前对施工人员进行翔实的安全技术交底。

（4）易产生粉尘的材料如水泥、粉煤灰、矿渣等细颗粒散体材料在运输、储存过程中采用帆布遮盖或封闭，以避免在运输过程中泄漏扬尘。

（5）机械生产中所用废弃燃料，严禁随地泼洒或排入污水池，应集中存放，统一回收并处理。

（6）对各种生产机械应加强维修，保养，防止汽油、柴油、机油等泄漏污染环境。

5.6 石灰、粉煤灰稳定粒料（碎石、砂砾或矿渣等）基层和底基层

1. 石灰、粉煤灰稳定粒料（碎石、砂砾或矿渣等）基层和底基层施工要点

（1）材料与拌和

① 对石灰、粉煤灰等原材料应进行质量检验，符合要

求后方可使用。

② 按照规范要求进行混合料配合比设计，使其符合设计与检验标准的要求。

③ 采用厂拌方式，强制式拌和机拌制，配料应准确，拌和应均匀。

④ 拌和时应先将石灰、粉煤灰拌和均匀，再加入砂砾（碎石）和水均匀拌和。

⑤ 混合料含水量宜略大于最佳含水量。混合料含水量应视气候条件适当调整，使运到施工现场的混合料含水量接近最佳含水量。

（2）运输与摊铺

① 运送混合料应覆盖，防止水分蒸发和遗撒、扬尘。

② 施工当日最低气温应在5℃以上。

③ 应根据试验确定的松铺系数控制虚铺厚度。

（3）压实与养护

① 每层最大压实厚度为200mm，且不宜小于100mm。

② 碾压时采用先轻后重型压路机碾压。

③ 禁止用薄层贴补的方法进行找平。

④ 混合料的养护采用湿养，始终保持表面潮湿，也可采用沥青乳液和沥青下封层进行养护，养护期视季节而定，常温下不宜小于7d。

2. 石灰、粉煤灰稳定粒料（碎石、砂砾或矿渣等）基层和底基层质量要点

（1）粒料应符合设计和施工规范要求，并应根据当地料源选择质坚干净的粒料。矿渣应分解稳定，未分解渣块应予剔除。

（2）石灰和粉煤灰质量应符合设计要求，石灰须经充分消解才能使用。

(3) 混合料配合比应准确，不得含有灰团和生石灰块。

(4) 摊铺时要注意消除离析现象。

(5) 碾压时应先用轻型压路机稳压，后用重型压路机碾压至要求的压实度。

(6) 保湿养护，养护期要符合规范要求。

3. 石灰、粉煤灰稳定粒料（碎石、砂砾或矿渣等）基层和底基层质量标准

石灰、粉煤灰稳定粒料（碎石、砂砾或矿渣等）基层和底基层的实测项目见表 5-7。

表 5-7　石灰、粉煤灰稳定粒料基层和底基层实测项目

项次	检查项目		规定值或允许偏差				检查方法和频率
			基层		底基层		
			高速公路一级公路	其他公路	高速公路一级公路	其他公路	
1	压实度（%）	代表值	98	97	96	95	按 1.4 节检查，每 200m 每车道 2 处
		极值	94	93	92	91	
2	平整度（mm）		8	12	12	15	3m 直尺：每 200m 测 2 处×10 尺
3	纵断高程（mm）		+5，−10	+5，−15	+5，−15	+5，−20	水准仪：每 200m 测 4 个断面
4	宽度（mm）		符合设计要求		符合设计要求		尺量：每 200m 测 4 个断面

续表

项次	检查项目		规定值或允许偏差				检查方法和频率
			基层		底基层		
			高速公路一级公路	其他公路	高速公路一级公路	其他公路	
5	厚度（mm）	代表值	−8	−10	−10	−12	按1.10节检查，每200m每车道1点
		合格值	−15	−20	−25	−30	
6	横坡（%）		±0.3	±0.5	±0.3	±0.5	水准仪：每200m测4个断面
7	强度（MPa）		符合设计要求		符合设计要求		按1.9节检查

5.7 级配碎（砾）石基层和底基层

1. 级配碎（砾）石基层和底基层施工要点

（1）材料与拌和

① 级配碎（砾）石基层和底基层所用材料压碎值、含泥量及细长扁平颗粒含量等技术指标应符合规范要求。

② 宜采用厂拌方式，强制拌和机拌制，级配符合要求。

（2）运输与摊铺

① 宜采用摊铺机进行摊铺作业。

② 运输中应采用防遗撒和防扬尘的措施。

③ 施工前应进行试验段，确定松铺系数、碾压工艺、压路机组合等。

④ 其他参照水泥稳定粒料相关工艺要求。

（3）压实与养护

① 碾压宜采用“先轻后重、先慢后快、先低后高、轮

迹重叠”的原则。

② 可采用沥青乳液和沥青下封层进行养护，养护期7～14d。

③ 未铺装上层前不得开放交通。

2. 级配碎（砾）石基层和底基层质量要点

（1）选用质地坚韧、无杂质碎石、砂砾、石屑或砂，级配应符合要求。

（2）配料必须准确，塑性指数必须符合规定。

（3）混合料拌和均匀，无明显离析现象。

（4）碾压应遵循先轻后重的原则，洒水碾压至要求的密实度。

3. 级配碎（砾）石基层和底基层质量标准

级配碎（砾）石基层和底基层的实测项目见表5-8。

表5-8 级配碎（砾）石基层和底基层实测项目

项次	检查项目		规定值或允许偏差				检查方法和频率
			基层		底基层		
			高速公路一级公路	其他公路	高速公路一级公路	其他公路	
1	压实度（%）	代表值	98	98	96	96	按1.4节检查，每200m每车道2处
		极值	94	94	92	92	
2	弯沉值（0.01mm）		符合设计要求		符合设计要求		按1.11节检查
3	平整度（mm）		8	12	12	15	3m直尺：每200m测处×10尺

续表

项次	检查项目		规定值或允许偏差				检查方法和频率
			基层		底基层		
			高速公路一级公路	其他公路	高速公路一级公路	其他公路	
4	纵断高程（mm）		+5，−10	+5，−15	+5，−15	+5，−20	水准仪；每200m测4个断面
5	宽度（mm）		符合设计要求		符合设计要求		尺量：每200m测4处
6	厚度（mm）	代表值	−8	−10	−10	−12	按1.10节检查，每200m每车道1点
		合格值	−15	−20	−25	−30	
7	横坡（%）		±0.3	±0.5	±0.3	±0.5	水准仪：每200m测4个断面

5.8　路缘石铺设

1. 路缘石铺设施工要点

（1）按设计放线，打桩测量高程，桩间距根据路线曲线半径确定，一般以5m为宜，然后在桩橛上标注该点设计标高。

（2）路缘石强度达设计强度80%以上方可装运，要注意强度和外观质量，要求颜色一致，无裂缝，不缺棱角。

（3）砂浆配比应满足设计规范要求，铺设之前应洒水湿润下承层。

（4）安排专门人检查缝距、缝的直顺度、宽窄均匀度以及顶面的平整度。

（5）勾缝前确保缝隙清理干净、无杂物，勾缝应填充密实，表面平整。

（6）勾缝完成后应及时洒水，铺设塑料薄膜覆盖养护。

2. 路缘石铺设质量要点

（1）预制缘石的质量应符合设计要求。

（2）安砌稳固，顶面平整，缝宽均匀，勾缝密实，线条直顺，曲线圆滑美观。

（3）槽底基础和后背填料必须夯打密实。

（4）现浇路缘石材料应符合设计要求。

3. 路缘石铺设质量标准

路缘石铺设的实测项目见表 5-9。

表 5-9 路缘石铺设实测项目

<table>
<tr><th>项次</th><th colspan="2">检查项目</th><th>规定值或允许偏差</th><th>检查方法和频率</th></tr>
<tr><td>1</td><td colspan="2">直顺度(mm)</td><td>15</td><td>20m 拉线；每 200m 测 4 处</td></tr>
<tr><td rowspan="3">2</td><td rowspan="2">预制铺设</td><td>相邻两块高差(mm)</td><td>3</td><td>水平尺：每 200m 测 4 处</td></tr>
<tr><td>相邻两块缝宽(mm)</td><td>±3</td><td>尺量：每 200m 测 4 处</td></tr>
<tr><td>现浇</td><td>宽度(mm)</td><td>±5</td><td>尺量：每 200m 测 4 处</td></tr>
<tr><td>3</td><td colspan="2">顶面高程(mm)</td><td>±10</td><td>水准仪：每 200m 测 4 点</td></tr>
</table>

5.9 路　肩

1. 路肩施工要点

（1）测放控制点进行放线，用白灰打线，保证顶宽，然后进行填筑。

（2）土路肩土填筑采用层铺法施工，分多层填筑，挖机初平，人工精平，振动压路机压实的施工工艺。

（3）采用硬路肩时，应确保混凝土的配合比、原材料质量满足设计规范要求。

（4）根据测量放线点进行模板安装，安装模板线形平顺、牢固，尺寸满足设计要求。

（5）混凝土振捣密实，伸缩缝数量设置合理。

（6）用塑料薄膜覆盖严实并定期洒水养护。

2. 路肩质量要点

（1）路肩表面应平整密实，不积水。

（2）肩线应顺直，曲线圆滑。

（3）硬路肩质量要求应与路面结构层相同。

3. 路肩质量标准

路肩的实测项目见表 5-10。

表 5-10　路肩实测项目

项次	检查项目		规定值或允许偏差	检查方法和频率
1	压实度(%)		不小于设计，设计未规定时不小于 90%	按 1.4 节检查，每 200m 测 2 处
2	平整度(mm)	土路肩	≤20	3m 直尺：每 200m 测 2 处×4 尺
		硬路肩	≤10	
3	横坡(%)		±1.0	水准仪：每 200m 测 2 处
4	宽度(mm)		符合设计要求	尺量：每 200m 测 2 处

6　桥梁工程

6.1　一般规定

（1）独立桥梁、互通或分离式立交桥、高架桥、人行天桥和符合小桥标准的通道按本章有关规定进行评定。

（2）本章仅列出公路桥涵中最常用的砌体分项工程、防护工程，其他未包含的分项工程按挡土墙、防护及其他砌筑工程要求进行评定。

（3）钢筋混凝土构件和预应力混凝土构件除包括构件浇筑、构件安装等分项工程外，还应包括钢筋加工及安装、预应力筋加工和张拉等分项工程。

（4）顶推施工梁、悬臂施工梁和转体施工梁除按本章相关规定评定外，还应对梁段制作进行评定。

（5）拱券的施工必须在桥台填土完成后进行，避免因桥台水平位移而引起拱券开裂。施工中应严密监控拱券的变形是否正常，一旦出现不利于拱券稳定的反对称变形或异常变形，必须立即分析原因，采取措施予以纠正。

（6）拱桥组合桥台的组合性能按 6.3 节 3 桥台进行评定，各个组成部分按本章相关分项工程的规定进行评定。

（7）转体施工的拱除按本章相关规定评定外，还应对拱券制作进行评定。

（8）拱桥拱上建筑按本章有关规定评定。

（9）主跨和边跨采用不同材料的混合式斜拉桥，可结合6.10节中不同类型斜拉桥的相关规定进行评定，地锚式斜拉桥锚碇部分可按本章相关规定进行评定。

（10）拉吊组合体系桥可结合本章相关规定进行评定。

（11）桥上采用的波形护栏或缆索护栏，按照本章相关规定进行评定。

（12）桥上照明、监控、航空航运标志等附属设施应参照相关专业标准进行评定。

（13）每座独立大桥、中桥为一个单位工程，互通立交中的每座桥梁以及路基工程中的每座小桥。

（14）小桥（包括符合小桥标准的通道）、人行天桥和渡槽各为一个分部工程。分项工程原则上按结构构件和施工阶段划分。

（15）特大桥的单位工程、分部工程的划分可根据具体情况确定。

6.2 桥梁总体

6.2.1 桥梁总体的基本要求

（1）桥梁工程应按设计文件内容全部完成。

（2）桥下净空不得小于设计要求。

（3）特大跨径的桥梁、结构复杂的桥内桥梁和承载能力需要验证的桥梁应进行荷载试验，试验结果应满足设计要求和符合相关技术规范的规定。

6.2.2 桥梁总体的实测项目（表 6-1）

表 6-1 桥梁总体实测项目

项次	检查项目		规定值或允许偏差	检查方法和频率
1	桥面中线偏位(mm)		≤20	全站仪：每 50m 测 1 点，且不少于 5 点
2	桥面宽(mm)	车行道	±10	尺量：每 50m 测 1 个断面，且不少于 5 个断面
		人行道	±10	
3	桥长(mm)		+300，−100	全站仪或钢尺：检查中心线处
4	桥头高程(mm)	$L<50m$	±30	水准仪：桥面每侧每 50m 测 1 点，且不少于 3 点；跨中、桥墩(台)处应布置测点
		$L\geqslant 50m$	$\pm(L/5000+20)$	

6.2.3 桥梁总体的外观质量

（1）桥梁的内外轮廓线形应无异常突变。

（2）结构内外部、支座、伸缩缝处应无残渣、杂物。

（3）桥头不得出现跳车。

6.3 钢筋、预应力筋及管道压浆

6.3.1 钢筋加工及安装

1. 钢筋加工及安装的施工要点

（1）钢筋加工

① 钢筋的表面应洁净，加工前对表面有油渍、漆皮、鳞锈等清除干净，带有颗粒状或片状老锈的钢筋不得使用；当除锈后钢筋表面有严重的麻坑、斑点，已伤蚀截面时，应降级使用或剔除不用。

② 钢筋应平直，无局部弯折，成盘的钢筋和弯曲的钢筋均应调直。

③ 钢筋的形状、尺寸应按照设计的规定进行加工。加工后的钢筋，其表面不应有削弱钢筋截面的伤痕。

④ 钢筋弯曲加工时，应做样板，再按设计规格一次弯曲成型，不得反复弯折或调直后再弯，严禁热弯成型，宜采用数控钢筋弯曲机、数控弯箍机加工钢筋。

（2）钢筋连接

① 钢筋的连接宜采用焊接接头或机械连接接头。

② 对轴心受拉和小偏心受拉构件中的主钢筋均应焊接，不得采用绑扎连接。受力钢筋的连接接头，应设置在内力较小处，并应错开布置。

③ 电弧焊宜采用双面焊，仅在双面焊无法施焊时，方可采用单面焊缝。

（3）钢筋绑扎和安装

① 钢筋骨架的拼装应固定在工作平台上进行，钢筋笼骨架制作应采用钢筋定位模具或模架。钢筋应绑扎牢固，必要时可采用点焊焊牢。

② 混凝土浇筑后，对外露的预埋钢筋，选择合适的防锈处理。

③ 钢筋与模板之间应设置垫块，垫块应与钢筋绑扎牢固，布置的数量应不少于 4 个/m^2，且其绑丝的丝头不应进入混凝土保护层内。

④ 对多层多排钢筋，宜根据安装需要在其间隔处设立一定数量的架立钢筋或短钢筋，但架立钢筋或短钢筋的端头不得深入混凝土保护层内。

⑤ 灌筑桩钢筋骨架应保证骨架的刚度，主筋的接头应错开布置，且在运输过程中防止其变形。

2. 钢筋加工及安装的质量要点

（1）钢筋安装时，必须保证设计要求的钢筋根数。

（2）钢筋的连接方式、同一连接区段内的接头面积应满足设计要求。接头位置应设在受力较小处，任何连接区段内同一根钢筋不得有两个接头。

（3）钢筋的搭接长度、焊接和机械接头质量应满足施工技术规范要求。

（4）受力钢筋表面不得有裂纹及其他损伤。

（5）钢筋的保护层垫块应分布均匀，数量及材料性能应满足设计要求和有关技术规范的规定。

（6）钢筋应安装牢固，钢筋网应有足够的钢筋支撑，在混凝土浇筑过程中钢筋不应出现位移。

3. 钢筋加工及安装的质量标准

（1）钢筋加工及安装的实测项目，见表 6-2～表 6-4。

表 6-2　钢筋安装实测项目

<table>
<tr><th>项次</th><th colspan="3">检查项目</th><th>规定值或允许偏差</th><th>检查方法和频率</th></tr>
<tr><td rowspan="4">1</td><td rowspan="4">受力钢筋间距(mm)</td><td colspan="2">两排以上排距</td><td>±5</td><td rowspan="4">尺量：长度≤20m 时，每构件检查 2 个断面；长度>20m 时，每构件检查 3 个断面</td></tr>
<tr><td rowspan="3">同排</td><td>梁、板、拱肋及拱上建筑</td><td>±10
(±5)</td></tr>
<tr><td>基础、锚碇、墩台身、墩柱</td><td>±20</td></tr>
<tr><td></td><td></td></tr>
<tr><td>2</td><td colspan="3">箍筋、构造钢筋、螺旋筋间距(mm)</td><td>±10</td><td>尺量：每构件测 10 个间距</td></tr>
<tr><td rowspan="2">3</td><td rowspan="2">钢筋骨架尺寸</td><td colspan="2">长</td><td>±10</td><td rowspan="2">尺量：按骨架总数 30%抽测</td></tr>
<tr><td colspan="2">宽、高或直径</td><td>±5</td></tr>
<tr><td>4</td><td colspan="3">弯起钢筋位置(mm)</td><td>±20</td><td>尺量：每骨架抽查 30%</td></tr>
</table>

续表

项次	检查项目		规定值或允许偏差	检查方法和频率
5	保护层厚度(mm)	梁、板、拱肋及拱上建筑	±5	尺量：每构件各立模板面每 3m² 检查 1 处，且每侧面不少于 5 处
		基础、锚碇、墩台身、墩柱	±10	

注：① 小型构件的钢筋安装按总数抽查 30%。

② 表中基础不包括混凝土桩基及地下连续墙。

③ 项次 1 括号中的数字适用于钢混组合的梁板面的预制。

表 6-3　钢筋网实测项目

项次	检查项目		规定值或允许偏差	检查方法和频率
1	网的长、宽(mm)		±10	尺量：逐边测
2	网眼尺寸(mm)		+10	尺量：测 5 个网眼
3	网眼对角线差(mm)		15	尺量：测 5 个网眼
4	网的安装位置(mm)	平面内	±20	尺量：测每网片边线中点
		平面外	±5	

表 6-4　预制桩钢筋安装实测项目

项次	检查项目	规定值或允许偏差	检查方法和频率
1	主筋间距(mm)	±5	尺量：测 3 个断面
2	箍筋、螺旋筋间距(mm)	+10	尺量：测 10 个间距
3	保护层厚度(mm)	±5	尺量：测 5 个断面，每个断面 4 处
4	桩顶钢筋网片位置(mm)	±5	尺量：测网片每边线中点
5	桩尖纵向钢筋位置(mm)	±5	尺量：测垂直两个方向

注：在海水或腐蚀环境中，保护层厚度不应出现负值。

（2）钢筋加工及安装的外观质量

① 钢筋表面应无裂皮、油污、颗粒状或片状锈蚀及焊渣、烧伤，绑扎或焊接的钢筋网和钢筋骨架不得松脱和开焊。

② 焊接接头、连接套筒不得出现裂缝。

4. 钢筋加工及安装安全环保措施

（1）钢筋加工机械的安装应坚实、牢固，保持水平位置，室外作业应设置机棚。

（2）加工较长的钢筋时应有专人帮扶，帮扶人员应听从操作人员指挥。作业后应堆好成品、清理场地、切断电源、锁好开关箱。

（3）电焊作业棚应采用防火材料搭设，配备灭火器材，棚内严禁堆放易燃易爆物品。电焊作业人员应持证上岗，按规定穿戴防护用品。

6.3.2 预应力筋及管道压浆

1. 预应力筋的加工和张拉的施工要点

（1）预应力束中的钢丝、钢绞线应梳理顺直，不得有缠绞、扭麻花现象，表面不应有损伤。

（2）单根钢绞线不允许断丝，单根钢筋不允许断筋或滑移。

（3）同一截面预应力筋接头面积应不超过预应力筋总面积的25％，接头质量应符合施工技术规范的规定。

（4）预应力筋张拉或放张时混凝土强度和龄期必须符合设计要求，严格按照设计规定的张拉顺序进行操作。

（5）预应力钢丝采用镦头锚时，镦头应头型圆整，不得有斜歪或破裂现象。

（6）管道应安装牢固，接头密合，弯曲圆顺，锚垫板平面应与孔道轴线垂直。

2. 预应力管道压浆及封锚的施工要点

（1）浆体的各项技术性能应符合施工技术规范规定并满足设计要求。

（2）预应力管道在压浆前应清除内部的杂物及积水。采用真空辅助压浆时，其气密性应达到有关技术规范的规定。

（3）管道最高位置应设置排气孔或检查孔，排气孔、检查孔内应充满原浆。

（4）应在设计要求的时间内进行压浆，同一管道压浆应连续一次完成，不得有漏压浆的管道。

（5）压浆过程中及压浆完成后 48h 内，环境温度低于 5℃时应采取防冻或保温措施。

（6）按设计要求浇筑封锚混凝土。

3. 预应力筋的加工和张拉的质量标准

（1）预应力筋的加工和张拉的实测项目，见表 6-5～表 6-7。

表 6-5　钢丝、钢绞线先张法实测项目

项次	检查项目		规定值或允许偏差	检查方法和频率
1	镦头钢丝同束长度相对差（mm）	$L>20$m	$\leqslant L/5000$ 及 5	尺量：每加工批测 2 束
		6m$\leqslant L\leqslant$20m	$\leqslant L/3000$ 及 5	
		$L<6$m	$\leqslant 2$	
2	张拉应力值		满足设计要求	查油压表读数，每根（束）检查
3	张拉伸长率		满足设计要求，设计未要求时±6%	尺量：每根（束）检查
4	同一构件内断丝根数不超过钢丝总数的百分数		≤1%	目测：每根（束）检查

续表

项次	检查项目	规定值或允许偏差	检查方法和频率
5	预应力筋张拉后在横断面上的坐标(mm)	±5	尺量：测2个断面
6	无粘结段长度	±10	尺量：每根(束)检查

注：L 为钢束长度。

表 6-6　粗钢筋先张法实测项目

项次	检查项目	规定值或允许偏差	检查方法和频率
1	冷拉钢筋接头在同一平面内的轴线偏位(mm)	2及1/10直径	拉线用尺量：抽查30%
2	中心偏位(mm)	4%短边及5	尺量：全部
3	张拉应力值	符合设计要求	查油压表读数：全部
4	张拉伸长率	符合设计规定，设计未规定时±6%	尺量：全部

表 6-7　后张法实测项目

项次	检查项目		规定值或允许偏差	检查方法和频率
1	管道坐标(mm)	梁长方向	±30	尺量：每构件抽查30的管道。每个曲线段测3点，直线段每10m测1点，锚固点及连接点全部测
		梁宽方向	±10	
		梁高方向	±10	
2	管道间距(mm)	同排	±10	尺量：每构件抽查30%的管道，测2个断面
		上下层	±10	
3	张拉应力值		满足设计要求	查油压表读数：每根（束）检查

续表

项次	检查项目	规定值或允许偏差	检查方法和频率
4	张拉伸长率	满足设计要求，设计未要求时±6%	尺量：每根（束）检查
5	断丝滑丝数	每束1根，且每断面总数不超过钢丝总数的1%	目测：每根（束）检查

（2）预应力筋的加工和张拉的外观质量

① 预应力筋应无油污和超过20%表面积的锈迹，锚具、连接器表面应无裂缝、油污、锈迹，外套管应无裂缝、机械损伤。

② 预应力筋及管道线形不得出现弯折。预应力管道应无破损、连接松脱。

4. 预应力筋的加工和张拉安全环保措施

同钢筋加工及安装安全环保措施。

（1）压浆所采用的灌浆泵、输浆管道与密封连接装置必须符合压浆工效和耐压能力要求，输浆管道必须满足足够的耐压强度要求，以防止在使用过程中损坏造成安全事故。

（2）开机运行前，必须检查各个仪器、仪表是否正常工作，连接处有无漏水现象发生，发现问题应及时处理，严禁带病作业。

（3）压浆期间必须在醒目位置悬挂安全警示牌，操作人员必须能熟练操作机具并必须佩戴防护眼镜及其他相应的劳保用品。

（4）压浆时严禁正对出浆口作业，人员必须处于危险范围以外。

（5）压浆施工时，确保压浆设备不被暴晒、雨淋；夏天施工应保持仪器通风。

（6）设备应放置在水平的地面上，无明显的倾斜。

（7）在设备运行中严禁把手或其他肢体放入运行中的设备，以免发生意外。

6.4 砌　体

1. 砌体的施工要点

（1）基础砌体

① 地基承载力应满足设计要求，严禁超挖回填虚土。

② 砌块应错缝、坐浆挤紧，嵌缝料和砂浆饱满，无空洞、宽 缝、大堆砂浆填隙和假缝。

（2）墩台身砌体

① 砌块在使用前必须浇水湿润表面，如有泥土、水锈，应清洗干净。

② 砌筑基础的第一层砌块时，如基底为岩层或混凝土基础，应先将基底表面清洗、湿润，再坐浆砌筑；如基底为土质，可直接坐浆砌筑。

③ 砌体应分层砌筑，砌体较长时可分段分层砌筑，但两相邻工作段的砌筑差一般不宜超过 1.2m；分段位置尽量设在沉降缝、伸缩缝处，各段水平砌缝应一致。

④ 各砌层的砌块应安放稳固，砌块间应砂浆饱满，粘结牢固，不得直接贴靠或脱空。砌筑时，底浆应铺满，竖缝砂浆应先在已砌石块侧面铺放一部分，然后在石块放好后用砂浆填满捣实。用小石子混凝土填竖缝时，应以扁铁捣实。

⑤ 砌筑上层砌块时，应避免振动下层砌块。砌筑工作中断后恢复砌筑时，已砌筑的砌层表面应加以清扫和湿润。

（3）拱券砌体

① 拱券及拱上结构施工时都应留置施工预拱度。

② 砌筑拱券工作开始前，应先详细检查拱架和模板，质量和安全等各方面均符合要求后方可开始砌筑。

③ 拱券的辐射缝应垂直于拱轴线，辐射缝两侧相邻两行拱石的砌缝应互相错开（同一行内上下层砌缝可不错开），错开距离不应小于100mm。

④ 浆砌粗料石和混凝土预制块拱券的砌缝宽度应为10～20mm，块石拱券的砌缝宽度不应大于30mm，用小石子混凝土砌块石时，砌缝宽度不应大于50mm。

（4）侧墙身砌体

同墩台身砌体。

2. 砌体的质量要点

（1）基础砌体

① 石料或混凝土预制块的强度、质量和规格必须符合有关规范的要求。

② 砂浆所用的水泥、砂和水的质量必须符合有关规范的要求，按规定的配合比配料。

（2）墩台身砌体

① 石料或混凝土预制块的的强度、质量和规格，必须符合有关规范的要求。

② 砂浆所用的水泥、砂和水的质量必须符合有关规范的要求，按规定的配合比配料。

③ 砌块应错缝坐浆挤紧，嵌缝料和砂浆饱满，无空洞、宽缝、大堆砂浆填隙和假缝。

（3）拱券砌体的基本要求

① 石料或混凝土预制块的强度、质量和规格，必须符

合有关规范的要求。

② 砂浆所用的水泥、砂和水的质量必须符合有关规范的要求，按规定的配合比配料。

③ 拱券的辐射缝应垂直于拱轴线，辐射缝两侧相邻两行拱石的砌缝应互相错开，错开距离不应小于100mm。

④ 砌块应错缝坐浆挤紧，嵌缝料和砂浆饱满，无空洞、宽缝、大堆砂浆填隙和假缝。

⑤ 拱架应牢固稳定，严格按设计规定的顺序砌筑拱券和卸架。

（4）侧墙身砌体的基本要求

同本标准墩台身砌体基本要求。

3. 砌体的质量标准

（1）基础砌体

① 基础砌体的实测项目，见表6-8。

表6-8　基础砌体实测项目

项次	检查项目		规定值或允许偏差	检查方法和频率
1	砂浆强度(MPa)		在合格标准内	按1.8节检查
2	轴线偏位(mm)		≤25	全站仪：纵、横向各测2点
3	平面尺寸(mm)		±50	尺量：长度、宽度各测3处
4	顶面高程(mm)		±30	水准仪：测5处
5	基底高程(mm)	土质	±50	水准仪：测5处
		石质	+50，−200	

② 外观质量

a. 砌体表面应平整。

b. 砌缝不应有裂隙。裂隙宽度超过0.5mm时必须进行处理。

(2) 墩台身砌体

① 墩台身砌体的实测项目见表 6-9。

表 6-9 墩、台身砌体实测项目

项次	检查项目		规定值或允许偏差	检查方法和频率
1	砂浆强度(MEa)		在合格标准内	按 1.8 节检查
2	轴线偏位(mm)		≤20	全站仪：纵、横向各测量 2 点
3	墩台长、宽(mm)	料石	+20，−10	尺量：测 3 个断面
		块石	+30，−10	
		片石	+40，−10	
4	竖直度或坡度(%)	料石、块石	≤0.3	铅锤法：测两轴线位置共 4 处
		片石	≤0.5	
5	墩、台顶面高程(mm)		±10	水准仪：测 5 处
6	侧面平整度(mm)	料石	≤10	2m 直尺：每 $20m^2$ 测 1 处，且不少于 3 处，每处测竖直、水平方向
		块石	≤20	
		片石	≤30	

② 墩台身砌体的外观质量

1) 砌体直顺，表面平整。

2) 勾缝平顺，无开裂和脱落现象。

3) 砌缝不应有裂隙。裂隙宽度超过 0.5mm 时必须进行处理。

(3) 拱券砌体

① 拱券砌体的实测项目，见表 6-10。

表 6-10　拱券砌体实测项目

<table>
<tr><th>项次</th><th colspan="3">检查项目</th><th>规定值或允许偏差</th><th>检查方法和频率</th></tr>
<tr><td>1</td><td colspan="3">砂浆强度(MPa)</td><td>在合格标准内</td><td>按 1.8 节检查</td></tr>
<tr><td rowspan="4">2</td><td rowspan="4">砌体外侧平面偏位(mm)</td><td rowspan="2">无镶面</td><td>向外</td><td>≤30</td><td rowspan="4">全站仪：测拱脚、拱顶、1/4 跨、3/4 跨处两侧</td></tr>
<tr><td>向内</td><td>≤10</td></tr>
<tr><td rowspan="2">有镶面</td><td>向外</td><td>≤20</td></tr>
<tr><td>向内</td><td>≤10</td></tr>
<tr><td>3</td><td colspan="3">拱券厚度(mm)</td><td>+30，0</td><td>尺量：测拱脚、拱顶、1/4.3/4 跨处两侧</td></tr>
<tr><td rowspan="2">4</td><td rowspan="2">相邻镶面石砌块表层错位(mm)</td><td colspan="2">料石、混凝土预制块</td><td>≤3</td><td rowspan="2">拉线用尺量：测 5 处</td></tr>
<tr><td colspan="2">块石</td><td>≤5</td></tr>
<tr><td rowspan="3">5</td><td rowspan="3">内弧线偏离设计弧线(mm)</td><td colspan="2">$L\leqslant 30$m</td><td>±20</td><td rowspan="3">水准仪：测拱脚、拱顶、1/4 跨、3/4 跨处两侧高程</td></tr>
<tr><td colspan="2">$L>30$m</td><td>$\pm L/1500$</td></tr>
<tr><td colspan="2">1/4 跨、3/4 跨处极值</td><td>允许偏差的 2 倍且反向</td></tr>
</table>

注：项次 2 平面偏位向外为“+”，向内为“−”，下同。

② 外观质量

a. 拱券轮廓线清晰，表面整齐。

b. 勾缝平顺，无开裂和脱落现象。

c. 砌缝不应有裂隙。裂隙宽度超过 0.5mm 时必须进行处理。

(4) 侧墙身砌体

① 侧墙身砌体的实测项目，见表 6-11。

表 6-11　侧墙砌体实测项目

<table>
<tr><th>项次</th><th colspan="3">检查项目</th><th>规定值或允许偏差</th><th>检查方法和频率</th></tr>
<tr><td>1</td><td colspan="3">砂浆强度(MPa)</td><td>在合格标准内</td><td>按 1.8 节检查</td></tr>
<tr><td rowspan="4">2</td><td rowspan="4">外侧平面偏位(mm)</td><td rowspan="2">无镶面</td><td>向外</td><td>≤30</td><td rowspan="4">全站仪：测 5 处</td></tr>
<tr><td>向内</td><td>≤10</td></tr>
<tr><td rowspan="2">有镶面</td><td>向外</td><td>≤20</td></tr>
<tr><td>向内</td><td>≤10</td></tr>
<tr><td>3</td><td colspan="3">宽度(mm)</td><td>+40，-10</td><td>尺量：测 5 处</td></tr>
<tr><td>4</td><td colspan="3">顶面高程(mm)</td><td>±10</td><td>水准仪：测 5 点</td></tr>
<tr><td rowspan="2">5</td><td rowspan="2">竖直度或坡度</td><td colspan="2">片石砌体</td><td>≤0.5</td><td rowspan="2">铅锤法：测 5 处</td></tr>
<tr><td colspan="2">块石、粗料石、混凝土块镶面</td><td>≤0.3</td></tr>
<tr><td rowspan="3">6</td><td rowspan="3">平整度(mm)</td><td colspan="2">料石</td><td>≤10</td><td rowspan="3">2m 直尺：每 20m² 测 1 处，且不少于 3 处，每处测竖直、水平两个方向</td></tr>
<tr><td colspan="2">块石</td><td>≤20</td></tr>
<tr><td colspan="2">片石</td><td>≤30</td></tr>
</table>

② 侧墙身砌体的外观质量

同墩台身砌体条外观质量。

6.5　基　础

6.5.1　扩大基础

(1) 扩大基础的施工要点

① 基础底为非黏性土或干土时，应将其润湿，再浇筑一层厚 200～300mm 的混凝土垫层，垫层顶面不得高于基

础底面设计高程。

② 基坑面为岩石时，应加以润湿，铺一层厚 20～30mm 的水泥砂浆，然后在水泥砂浆凝结前浇筑扩大基础混凝土。

③ 扩大基础混凝土应在整个水平截面范围内水平分层进行浇筑。

④ 大体积扩大基础混凝土，当水平截面过大，不能在前层混凝土初凝或重塑前浇筑完成次层混凝土时，可分块进行浇筑。

(2) 扩大基础的质量要点

① 所用的水泥、砂、石、水外掺剂及混合材料的质量和规格必须符合有关规范的要求，按规定的配合比施工。

② 不得出现露筋和空洞现象。

③ 基础的地基承载力必须满足设计要求。

④ 严禁超挖回填虚土。

(3) 扩大基础的质量控制

① 实测项目见表 6-12。

表 6-12　扩大基础实测项目

<table>
<tr><th>项次</th><th colspan="2">检查项目</th><th>规定值或允许偏差</th><th>检查方法和频率</th></tr>
<tr><td>1</td><td colspan="2">砂浆强度(MPa)</td><td>在合格标准内</td><td>按 1.6 节检查</td></tr>
<tr><td>2</td><td colspan="2">平面尺寸(mm)</td><td>±50</td><td>尺量：长度、宽度各测 3 处</td></tr>
<tr><td rowspan="2">3</td><td rowspan="2">基础底面高程(mm)</td><td>土质</td><td>±50</td><td rowspan="2">水准仪：测 5 处</td></tr>
<tr><td>石质</td><td>+50，−200</td></tr>
<tr><td>4</td><td colspan="2">基础顶面高程(mm)</td><td>±30</td><td>水准仪：测 5 处</td></tr>
<tr><td>5</td><td colspan="2">轴线偏位(mm)</td><td>≤25</td><td>全站仪：纵、横向各测 2 点</td></tr>
</table>

② 外观质量

a. 表面应无垃圾、杂物、临时预埋件。

b. 混凝土表面不应存在《公路工程质量检验评定标准》(JTG F80/1—2017)中附录P中所列限制缺陷。

6.5.2　钻孔灌注桩

1. 钻孔灌注桩的施工要点

(1) 护筒设置

① 施工场地或工作平台的选择和设置，应充分考虑施工期间当地的水文情况，陆上或浅水区筑岛处的护筒，其内径应大于桩径200mm以上，护筒的埋置深度宜为2～4m。

② 陆上钻孔桩可直接放出桩中心，依据桩中心在四周施放护桩后再埋设护筒；需搭设水上平台的钻孔桩应先对护筒导向架进行精确放样。

③ 钢护筒在普通作业场合及中小孔径的条件下，可采用厚度不小于8mm的钢板卷制；在深水、复杂地质及大孔径等条件下，应采用厚度不小于10mm的钢板卷制。必要时，可在护筒上下端和接头外侧焊加劲肋，增加其刚度。

(2) 泥浆的循环和净化处理

① 对深水桩的泥浆循环和净化，宜在岸上设泥浆池，制造或沉淀净化泥浆，必要时应配备泥浆船，用于储存、循环、沉淀泥浆。

② 对旱地桩的泥浆循环和净化，其制浆池和沉淀池的大小宜视桩径、桩长及钻机型号而定，且应有一定富余。

③ 施工过程中应及时清理泥浆池中的沉淀。

(3) 成孔过程及终孔后的检验应符合下列规定：

① 钻孔灌筑桩在成孔过程中和终孔后，应对钻孔进行阶段性的成孔质量检验，且宜采用专用仪器检侧。钢筋检孔

器仅可用于对中、小桥梁工程桩孔的检测，检孔器外径等于桩孔直径，长度宜为孔径的 4～6 倍。

② 挖孔达到设计深度后应进行孔底处理，应做到孔底表面无松渣、泥、沉淀土，其他灌筑桩钻孔施工完毕后可采用测绳测定孔深。

③ 孔深、孔形、孔径等经检验合格后进入清孔阶段（挖孔桩、旋挖钻干挖成孔可不清孔）。

（4）清孔施工应符合下列规定：

① 成孔检查合格后应进行清孔，并应清除护筒上的泥皮：钢筋笼下好灌筑混凝土前，应再次检查沉淀层厚度、泥浆指标，如超过规定值应进行二次清孔，符合要求后应立即灌筑混凝土。

② 正循环钻机、冲击钻机、旋挖钻机成孔宜采用换浆法清孔，反循环钻机成孔宜采用抽渣法清孔，不论采用何种方式清孔都应及时向孔内浇筑密度合适、含砂率低、稠度较好的泥浆，不得采用加大孔深的办法替代清孔。

（5）钢筋骨架加工和就位

① 钢筋骨架应在钢筋加工场制作，制作好的钢筋骨架应平整垫放。有条件时钢筋骨架宜采用自动滚焊机加工。

② 钢筋骨架应每隔 2.0～4.0m 设置临时十字加劲撑，以防变形；加强箍筋应设在主筋的内侧，螺旋箍筋应在主筋的外侧，并应与主筋绑扎或点焊。

③ 每节骨架均应有半成品标志牌，标明品名、规格型号、检验状态、使用部位、报告编号。

④ 钢筋骨架宜采用扁担梁辅助起吊，第一节钢筋骨架吊起放入孔内过程时，拆除第一节钢筋骨架临时十字加劲撑，在钻机上用型钢穿过加劲箍筋挂住钢筋骨架，并应保证

型钢水平和钢筋骨架垂直。吊放第二节钢筋骨架与第一节对准后应对主钢筋进行机械连接，施工完螺旋筋后再下放钢筋骨架，如此依次进行。下放钢筋骨架时，速度应缓慢均匀，并应根据下放深度，随时调整钢筋骨架入孔的垂直度，应避免其倾斜及摆动。

⑤ 最顶上一节钢筋笼骨架顶面宜增设一道加强箍筋，防止安装过程钢筋骨架顶面出现较大变形，保证钢筋骨架的定位准确。吊挂钢筋骨架的吊环应采用未经冷拉的热轧光圆钢筋制作。钢筋骨架下放到位后，应对其顶端定位并固定，防止灌筑混凝土时钢筋骨架偏移、上浮。

（6）混凝土灌筑

① 灌筑过程中，导管的埋置深度宜控制在 2～6m。

② 水下混凝土的强度、和易性、坍落度等应符合设计和规范的要求。拌和站应有足够的生产能力，灌筑时间不得长于首批混凝土的初凝时间；对灌筑时间较长的桩，应对混凝土的初凝时间进行特别设计。

③ 首批混凝土灌入孔底后，应立即测探孔内混凝土面高度，复核导管埋置深度，如符合规范要求，即可正常灌筑；如发现导管内进水，表明出现灌筑事故，应立即进行处理。

2. 钻孔灌注桩的质量要点

（1）成孔后必须清孔，测量孔径、孔深、孔位和沉淀层厚度，确认满足设计或施工技术规范要求后，方可灌注水下混凝土。

（2）水下混凝土应连续灌注，严禁有夹层和断桩。

（3）嵌入承台的锚固钢筋长度不得小于设计规范规定的最小锚固长度要求。

（4）应选择有代表性的桩用无破损法进行检测，重要工程或重要部位的桩宜逐根进行检测。设计有规定或对桩的质量有怀疑时，应采取钻取芯样法对桩进行检测。

（5）凿除桩头预留混凝土后，桩顶应无残余的松散混凝土。

3. 钻孔灌注桩的质量控制

（1）实测项目见表 6-13。

表 6-13　钻孔灌注桩实测项目

项次	检查项目		规定值或允许偏差	检查方法和频率
1	混凝土强度(MPa)		在合格标准内	按 1.6 节检查
2	桩位(mm)	群桩	≤100	全站仪：每桩测中心坐标
		排架桩	≤50	
3	孔深(m)		≥设计值	测绳：每桩测量
4	孔径(mm)		≥设计值	探孔器或超声波成孔检测仪：每桩测量
5	钻孔倾斜度(mm)		≤1%S，且≤500	钻杆垂线法或超声波成孔检测仪：每桩测量
6	沉淀厚度(mm)		满足设计要求	沉淀盒或标测渣仪：每桩测量
7	桩身完整性		每桩均满足设计要求；设计未要求时，每桩不低于Ⅱ类	满足设计要求；设计未要求时，采用低应变反射波法或超声波透射法：每桩检测

注：S 为桩长，计算规定值或允许偏差时以 mm 计。

（2）外观质量

① 凿除桩头预留混凝土后，桩顶应无残余的松散混凝土。

② 外露混凝土表面不应存在缺陷。

6.5.3 挖孔桩

1. 挖孔桩的施工要点

（1）挖孔施工应根据地质和水文地质情况，因地制宜选择孔壁支护方案报批，并应经过计算，确保施工安全并满足设计要求。

（2）孔口处应设置高出地面至少300mm的护圈。

（3）人工挖孔桩施工时相邻两桩孔间净距离不得小于3倍桩径，当桩孔间距小于3倍间距时必须间隔交错跳挖。

（4）桩孔必须挖一节、浇筑一节护壁，地质较好护壁高度一般为1m，严禁只挖不及时浇筑护壁的冒险作业。对软弱地层、涌水、涌沙地层，护壁段高可减小为0.3～0.5m一段。

（5）挖孔弃土要及时转运，距井口四周作业范围内不得堆积余土杂物；禁止任何车辆在桩孔边5m内行驶。

（6）挖孔达到设计深度后，应进行孔底处理。必须做到孔底表面无松渣、泥、沉淀土。如地质复杂，应探明孔底以下地质情况是否能满足设计要求，否则应与监理、设计单位研究处理。

2. 挖孔桩的质量要点

（1）桩身混凝土所用的水泥、砂、石、水、外掺剂及混合材料的质量和规格必须符合有关规范的要求，按规定的配合比配料。

（2）挖孔达到设计深度后，应及时进行孔底处理，必须做到无松渣、淤泥等扰动软土层，使孔底情况满足设计要求。

（3）嵌入承台的锚固钢筋长度不得小于设计规范规定的最小锚固长度要求。

3. 挖孔桩的质量控制

（1）实测项目见表 6-14。

表 6-14　挖孔桩实测项目

项次	检查项目		规定值或允许偏差	检查方法和频率
1	混凝土强度(MPa)		在合格标准内	按 1.6 节检查
2	桩位(mm)	群桩	≤100	全站仪：每桩测中心坐标
		排架桩	≤50	
3	孔深(m)		≥设计值	测绳量：每桩测量
4	孔径或边长(mm)		≥设计值	井径仪：每桩测量
5	孔的倾斜度(mm)		≤0.5%S，且≤200	铅锤法：每桩检查
6	桩身完整性		每桩均满足设计要求；设计未要求时，每桩不低于Ⅱ类	满足设计要求；设计未要求时，采用低应变反射波法或声波透射法：每桩检测

注：S 为桩长，计算规定值或允许偏差时以 mm 计。

（2）外观质量

① 凿除桩头预留混凝土后，桩顶应无残余的松散混凝土。

② 外露混凝土表面不应存在缺陷。

6.5.4　沉入桩

1. 沉入桩的施工要点

（1）钢管沉入桩

① 钢管桩的制作：制作钢管桩的材料应符合设计要求，并应有出厂合格证明和质量检验报告。钢管桩的分节长度应满足桩架的有效高度、制作场地条件、运输与装卸能力等要求。钢管桩可采用成品钢管或自制钢管，焊接钢管的制作工

艺应符合相应标准规范的规定。对焊接钢管的管节制作，管节外形尺寸的允许偏差应符合表 6-15 的规定。管节对口拼装时，相邻管节的焊接应错开 1/8 周长以上，相邻管节的管径允许偏差应符合表 6-16 的规定，板边高差应符合表 6-17 的规定。钢管桩的防腐处理应符合设计要求及现行行业标准《公路桥梁钢结构防腐涂装技术条件》（JT/T 722—2008）的相关规定。

表 6-15 管节外形尺寸的允许偏差

偏差部位	允许偏差（mm）
周长	±0.5%周长，且不大于 10
管端椭圆度	0.5%D，且不大于 5
管端平整度	2
管端平面倾斜	小于 0.5%D，且不大于 4

注：D 为外径。

表 6-16 相邻管节的管径允许偏差

管径（mm）	相邻管节管径允许偏差（mm）
≤700	≤2
>700	≤3

表 6-17 相邻管节对口板边的允许偏差

板厚 δ（mm）	允许偏差（mm）
$\delta \leqslant 10$	<1.0
$10 < \delta \leqslant 20$	<2.0
$\delta > 20$	$< \delta/10$，且不大于 3

② 钢管桩的吊、运、存放和运输：吊运时吊点的位置应符合设计规定。钢管桩应按不同规格分别堆放，堆放的形

式和层数应安全可靠，并应避免产生纵向变形和局部压曲变形，长期存放时，应采取防腐蚀等保护措施。钢管桩在运输时，宜放置在半圆形专用支架上，必要时应采用缆索紧固。采用船舶装运多根不同规格的桩时，应考虑沉桩顺序的要求。钢管桩在吊运、存放和运输过程中，应采取适当措施，防止对其产生碰撞或摩擦而导致防腐涂料破损、管身变形和其他损伤。

③ 沉桩：沉桩前应建立平面测量与高程测量的控制网点。

（2）预应力管桩

① 桩机就位前，应对桩位处的地基进行加固，保证桩机稳定，防止断桩。就位时，应先将桩机导轨调正，使之垂直，然后移动桩机至桩位，并利用2台经纬仪互成90°，对桩机进行观测调整。

② 沉桩可选择锤击方式或静压方式，锤击方式宜用于承载力较大桩的施工，静压方式宜用于承载力相对较小或对噪声控制较严格地区桩的施工。

③ 锤击沉桩的施工应符合下列规定：

a. 预制桩在吊放过程中应轻提缓放，桩头处宜设置桩靴。对桩位、垂直度等检查合格后方可开始沉桩，遇阻时不得强行沉桩，应及时停止，待查明原因进行相应处理后再行沉桩。

b. 锤击沉桩时应设置桩帽，桩帽应有足够的强度、刚度和耐打性，桩帽宜做成圆筒形，套桩头用的筒体深度宜取350～400mm，内径应比管桩外径大20～30mm。

④ 静压沉桩的施工应符合下列规定：

a. 桩尖到达地面后，应开启纵横两向油缸移动压桩机，并应根据桩位调整管桩的位置，将桩尖对准桩位中心插正。桩尖进入土层中时，应再次复核桩位，校正垂直度，垂直度应控制在 0.5% 以内。调校好后方可启动压桩油缸开始压桩。

b. 压桩的起始速度宜控制在 1～2m/min，入土 3m 后可逐渐加大静压力，将桩徐徐压下。压桩过程中应经常观测桩身的垂直度和桩顶端的挠曲度。压桩应保持连续，同一根桩中间间歇时间不宜超过半小时，如有异常情况发生，应立即停机，分析并处理好后方可开机续压。

⑤ 沉桩的顺序宜事先确定，一个承台中的桩基从一边向另一边推进，或由中间向四周推进，严禁先两边后中间或先四周后中间。

⑥ 停锤（压）标准应由设计根据地质资料、施工机械型号等因素确定，且应满足规范要求，若桩尖标高比设计标高高出很多或低很多时，应及时报告设计单位，修正停桩标准。

2. 沉入桩的质量要点

（1）沉入桩下沉应符合施工技术规范的规定。

（2）桩的接头质量应满足设计要求。

3. 沉桩的质量控制

（1）实测项目见表 6-18～表 6-20，任一排架桩的桩位不得有超过表中数值 2 倍的偏差。

表 6-18　混凝土桩预制实测项目

项次	检查项目	规定值或允许偏差	检查方法和频率
1	混凝土强度(MPa)	在合格标准内	按 1.6 节检查
2	长度(mm)	±50	尺量：每桩测量

续表

项次	检查项目		规定值或允许偏差	检查方法和频率
3	横截面(mm)	桩径或边长	±5	尺量：抽查10%桩。每桩测3个断面
		空心中心与桩中心偏差	≤5	
4	桩尖对桩的纵轴线偏差(mm)		≤10	尺量：抽查10%桩，每桩测量
5	桩纵轴线弯曲矢高(mm)		≤0.1%S，且≤20	沿桩长拉线量，取最大矢高：抽查10%桩
6	桩顶面与桩纵轴线倾斜偏差(mm)		≤1%D，且≤3	角尺：抽检10%桩，各测2个垂直方向
7	接桩的接头平面与桩轴线垂直度		≤0.5%	角尺：抽检20%桩，各测2个垂直方向

表 6-19　钢管桩制作实测项目

项次	检查项目		规定值或允许偏差	检查方法和频率
1	长度(mm)		+300，0	尺量：每桩测量
2	桩纵轴线弯曲矢高(mm)		≤0.1%S，且≤30	沿桩长拉线量，取最大矢高：抽查10%桩，每桩测量
3	管节外形尺寸	管端椭圆度(mm)	±0.5%D，且≤±5	尺量：抽查10%桩，各测3个断面
		周长(mm)	±0.5%L，且≤±10	

续表

项次	检查项目			规定值或允许偏差	检查方法和频率
4	接头尺寸	管径差（mm）	≤700	≤2	尺量：抽查10%桩，每个接头测量
			>700	≤3	
		对接板高差（mm）	δ≤10	≤1	
			10<δ≤20	≤2	
			δ>20	≤δ/10，≤3	
5	焊缝尺寸			满足设计要求	量规：抽查10%桩，检查全部缝
6	焊缝探伤				超声法：满足设计要求；抽查10%桩，每桩检查20%焊缝，且不少于3条 射线法：满足设计要求；抽查10%桩，每桩检查2%焊缝，且不少于1条

注：D为桩径，S为桩长，L为桩的周长，计算规定值或允许偏差时以mm计；δ为壁厚，以mm计。

表6-20　沉桩实测项目

项次	检查项目			规定值或允许偏差	检查方法和频率
1	桩位（mm）	群桩	中间桩	≤D/2且≤250	全站仪：检查20%桩，测桩中心坐标
			外缘桩	≤D/4且≤150	
		排架桩	顺桥方向	≤40	
			垂直桥轴方向	≤50	

续表

<table>
<tr><th>项次</th><th colspan="2">检查项目</th><th>规定值或允许偏差</th><th>检查方法和频率</th></tr>
<tr><td rowspan="2">2</td><td colspan="2">桩尖高程(mm)</td><td>≤设计值</td><td>水准仪测桩顶面高程后反算：每桩测量</td></tr>
<tr><td colspan="2">贯入度(mm)</td><td>≤设计值</td><td>与控制贯入度比较：每桩测量</td></tr>
<tr><td rowspan="2">3</td><td rowspan="2">倾斜度</td><td>直桩</td><td>≤1%</td><td rowspan="2">铅锤法：每桩测量</td></tr>
<tr><td>斜桩</td><td>≤15% $\tan\theta$</td></tr>
</table>

注：1. d 为桩径或短边长度。
2. θ 为斜桩轴线与垂线间的夹角。
3. 深水中采用打桩船沉桩时，其允许偏差应符合设计规定。
4. 当贯入度符合设计规定但桩尖高程未达到设计高程，应按施工技术规范的规定进行检验，并得到设计认可时，桩尖高程为合格。

（2）沉入桩外观质量

① 预制桩混凝土表面不应存在《公路工程质量检验评定标准》（JTG F80/1—2017）中附录 P 中所列限制缺陷。

② 桩头应无未处理的劈裂、破碎、破损。

③ 钢管桩桩身不得有凹凸现象或深度大于 0.5mm 和该钢材厚度允许负偏差 1/2 的划痕，焊缝应无裂纹、焊瘤、夹渣、未焊透、电弧擦伤、未填满弧坑及设计不允许出现的外观质量。

6.5.5 地下连续墙

1. 地下连续墙的施工要点

（1）地下连续墙的沟槽施工，应根据地质情况和施工条件选用能满足成槽要求的机具与设备，必要时可选用多种设备组合施工。可采用的成槽方法有钻劈法、钻抓法、抓取法、铣削法等。

（2）采用钻抓法建造槽孔时，应先用钻机钻进主孔，后用抓斗抓取副孔。采用两钻一抓法时，主孔的中心距不宜大于抓斗的开度。

（3）采用抓取法和铣削法建造槽孔时，主孔深度等于抓斗开度和一次铣削长度，副孔深度宜为主孔深度的 1/2～1/3。

（4）槽段清底工作应在吊放接头装置之前进行。

（5）地下连续墙钢筋骨架的制作和吊放除应按本规范规定办理外，还应符合下列规定：

① 钢筋骨架应根据设计图和单元节段的划分长度制作，并宜在工地的工作台上试装配成型，骨架中间应留出上下贯通的导管位置。

② 吊放钢筋骨架时，必须使骨架中心对准单元节段中心，竖直不变形并准确地下放插入槽内，不得使骨架发生摆动。

③ 全部钢筋骨架入槽后，应固定在导墙上，并应使骨架顶端高度符合设计要求。

④ 当钢筋骨架不能顺利插入槽内时，应重新吊起，查明原因，解决后，重新放入，不得强行压入槽内。

（6）灌注水下混凝土时，应符合下列要求：

① 混凝土拌和物应采用导管法灌注。单元节段长度小于 4m 时，可采用 1 根导管灌注；单元节段长度超过 4m 时，宜采用 2 或 3 根导管同时灌注。采用多根导管灌注时，导管间净距不宜大于 3m，导管距节段端部不宜大于 1.5 m。各导管灌注的混凝土拌和物表面高差不宜大于 0.3m。导管内径不宜小于 200mm。

② 灌注水下混凝土的其他技术要求，应符合 JTG/T F50—2011 第 8 章有关规定。

2. 地下连续墙的质量要点

（1）每一槽段成槽后应清底，并测量槽深、槽宽及倾斜度，满足设计要求并符合施工技术规范规定后，方可灌注水下混凝土。

（2）水下混凝土应连续灌注，灌注时钢筋骨架不应上浮。

（3）无损和取芯检测数量及结果应符合设计要求。

（4）槽段接头形式和质量应符合设计要求，墙体接头不应出现夹渣、松散，间隔灌注时接头处不应出现漏水、漏浆。

（5）相邻两槽段墙体中心线在任一深度的偏差值不得超过墙厚的 1/10。

（6）接头的接轨形式应符合设计要求。

3. 地下连续墙质量控制

（1）实测项目见表 6-21。

表 6-21　地下连续墙实测项目

项次	检查项目	规定值或允许偏差	检查方法和频率
1	混凝土强度(MPa)	在合格标准内	按 1.6 节检查
2	轴线位置(mm)	≤30	全站仪；每槽段纵、横向各测 2 处
3	倾斜度(mm)	≤0.5%H	超声法波测槽仪或槽机监测系统铅锤法：每槽段测量
4	沉淀厚度	满足设计要求	沉淀盒或测渣仪：每槽段测量
5	槽深(mm)	≥设计值	测绳或超声法波测槽仪：每槽段测量
6	槽宽(mm)	≥设计值	矩形测规或超声法波测槽仪：每槽段测量

（2）地下连续墙的外观质量

① 墙顶应无松散混凝土。

② 外露墙体在任意槽段内应无突变转折。

③ 基坑开挖后墙体应无透水、翻砂。

6.5.6 沉井

1. 沉井的施工要点

（1）筑岛沉井的制作

① 制作沉井的岛面、平台面和开挖基坑施工的坑底标高，应比施工最高水位高出0.5～0.7m，有流冰时，应再适当加高。

② 筑岛沉井一般采用钢筋混凝土厚壁沉井，制作前应检查沉井纵、横向中轴线位置是否符合设计要求。

③ 在支垫上立模制作沉井时，应符合下列要求：

a. 支垫布置应满足设计要求及抽垫方便。调整支垫顶面高程时，不得在其下垫塞木片、石块等。

b. 支垫顶面应与钢刃脚底面紧贴，使沉井重力均匀分布于各支垫上。

c. 模板及支撑应具有足够的强度和较好的刚性。内隔墙与井壁连接处支垫应连成整体，底模应支承于支垫上，以防不均匀沉陷；外模与混凝土面贴接一侧应平直并光滑。

④ 沉井分节制作高度，应能保证其稳定，又有适当重力便于顺利下沉。底节沉井的最小高度，应能抵抗拆除支垫或挖除土模时的竖向挠曲强度，除土条件许可时，可适当增加高度。

⑤ 筑岛沉井底节支垫的抽除应符合以下要求：

a. 沉井混凝土强度满足沉井抽垫受力的要求时方可抽垫。

b. 支垫应分区、依次、对称、同步地向沉井外抽出，随抽随用砂土回填捣实。抽垫时应防止沉井偏斜。

c. 定位支点处的支垫，应按设计要求的顺序尽快地抽出。

（2）沉井下沉

① 沉井宜采用不排水除土下沉，在稳定的土层中，也可采用排水除土下沉。但采用排水除土下沉时，应有安全措施，防止发生各类安全事故。

② 下沉沉井时，不宜使用爆破方法，在特殊情况下，经批准必须采用爆破时，应严格控制药量。

③ 下沉过程中，应随时掌握土层情况，做好下沉观测记录，分析和检验土的阻力与沉井重力的关系，选用最有利的下沉方法。

④ 下沉至设计标高以上 2m 左右时，应适当放慢下沉速度并控制井内除土量和除土位置，以使沉井平稳下沉，正确就位。

2. 沉井的质量要点

（1）沉井下沉应在井壁混凝土达到规定强度后进行。浮式沉井在下水、浮运前，应进行水密性试验。

（2）沉井接高时，各节的竖向中轴线应与第一节竖向中轴线相重合。接高前应纠正沉井的倾斜。

（3）沉井下沉到设计高程时，应检查基底，确认符合设计要求后方可封底。

（4）沉井下沉中出现开裂，必须查明原因，进行处理后才可继续下沉。

3. 沉井的质量控制

（1）沉井的实测项目见表 6-22。

表 6-22　沉井实测项目

项次	检查项目		规定值或允许偏差	检查方法和频率
1	混凝土强度（MPa）		在合格标准内	按 1.6 节检查
2	沉井平面尺寸（mm）	长、宽	±0.5%B，B>24m 时±120	尺量：每节段测顶面
		半径	±0.5%R，R>12m 时±60	
		非圆形沉井对角线差	对角线长度的±1%，最大±180mm	
3	井壁厚度（mm）	混凝土	+40，−30	尺量：每节段沿边线测 8 处
		钢壳和钢筋混凝土	±15	
4	顶面高程（mm）		±30	水准仪：测 5 处
5	沉井刃脚高程（mm）		满足设计要求	尺量：测沉井高度 5 处，以顶面高程反算
6	中心偏位（纵、横向）（mm）	一般	≤H/100	全站仪：测沉井每节段顶面边线与两轴线交点
		浮式	≤H/100+250	
7	竖直度（mm）		≤H/100	铅锤法：测两轴线位置共 4 处

注：B 为边长；R 为半径；H 为井高；计算规定值或允许偏差时以 mm 计。

（2）沉井的外观质量

① 井壁应无渗漏，井壁外侧应无鼓胀外凸。

② 混凝土表面不应存在《公路工程质量检验评定标准》

（JTG F80/1—2017）中附录 P 中所列限制缺陷。

6.5.7 双壁钢围堰

1. 双壁钢围堰的施工要点

（1）双壁钢围堰应进行专门设计，其强度、刚度及结构稳定性，定位系统等应满足施工要求。

（2）双壁构造应根据下沉需要克服的水的浮力、土壤摩擦阻力、基底抗力而定。双壁钢围堰本身应分设多个对角的横向互不通水的隔水仓，以便在下沉过程中分仓对称灌水、砂砾石或混凝土。

（3）双壁钢围堰的制作，应按设计要求在工厂加工，其分节分块的大小应按工地吊装、移运能力确定。

（4）双壁钢围堰拼焊后应进行焊接质量检验及水密试验。

（5）各节、块拼焊时，应按预先安排的顺序对称进行。

（6）钢围堰沉至设计标高，灌注封底混凝土之前，应采用高压水枪对河床面进行清理，整平，同时潜水员应采用高压水枪将桩身和箱壁上附着的泥浆冲洗干净，以保证封底混凝土与桩身、箱壁的良好结合，达到止水效果。

（7）围堰着床后的允许偏差，应能满足承台在其内施工时最小操作空间的要求，围堰直接作为承台模板使用时，其误差应符合模板的施工规定。

（8）围堰拆除时，应采取措施防止撞击墩身。

2. 双壁钢围堰的质量要点

（1）钢围堰壳元件的加工尺寸和预拼装精度应满足设计要求，并符合有关技术规范的规定。

（2）钢围堰拼焊后应进行水密试验，符合设计要求后方可下沉，下沉要求同沉井。

（3）钢围堰内各舱混凝土的浇筑顺序应满足设计要求。

3. 双壁钢围堰的质量控制

（1）实测项目

双壁钢围堰的实测项目见表 6-23。

表 6-23　双壁钢围堰实测项目

<table>
<tr><th>项次</th><th colspan="2">检查项目</th><th>规定值或允许偏差</th><th>检查方法和频率</th></tr>
<tr><td>1</td><td colspan="2">顶面轴线偏位（mm）</td><td>≤80</td><td>全站仪：纵横轴线两端共测 4 点</td></tr>
<tr><td rowspan="2">2</td><td rowspan="2">围堰平面尺寸（mm）</td><td>半径</td><td>±D/500，互相垂直的直径差<20</td><td rowspan="2">尺量：每节段测顶面</td></tr>
<tr><td>长、宽</td><td>±30，对角线差<20</td></tr>
<tr><td>3</td><td colspan="2">高度（mm）</td><td>±10</td><td>尺量：每节测 5 处</td></tr>
<tr><td>4</td><td colspan="2">对接错边（mm）</td><td>≤2</td><td>尺量：每节间测</td></tr>
<tr><td>5</td><td colspan="2">焊缝尺寸（mm）</td><td rowspan="2">满足设计要求</td><td>量规：抽检 20%焊缝，且不少于 3 条，每条焊缝检查 3 处</td></tr>
<tr><td>6</td><td colspan="2">焊缝探伤</td><td>超声法：满足设计要求；设计未要求时抽查 20%焊缝，且不少于 3 条</td></tr>
<tr><td>7</td><td colspan="2">顶面高程（mm）</td><td>±30</td><td>水准仪：测 5 处</td></tr>
<tr><td>8</td><td colspan="2">竖直度</td><td>≤h/100</td><td>铅锤法：测两轴线位置共 4 处</td></tr>
</table>

（2）外观质量

① 焊缝应无裂纹、焊瘤、夹渣、未焊透、电弧擦伤、未填满弧坑及设计不允许出现的外观质量。

② 钢材表面不应有深度大于0.5mm和该钢材厚度允许负偏差1/2的划痕。

6.5.8 沉井、钢围堰的混凝土封底

1. 沉井、钢围堰的混凝土封底的施工要点

（1）基底检验合格后，应及时封底。对于排水下沉的沉井，在清基时，如渗水量上升速度小于或等于6mm/min，可按第6章普通混凝土浇筑方法进行封底；若渗水量大于上述规定时，宜采用水下混凝土进行封底。

（2）用刚性导管法进行水下混凝土封底时，应满足如下要求：

① 混凝土材料可参照钻孔灌注桩水下混凝土有关规定，混凝土的坍落度宜为150～200mm。

② 在灌注过程中，导管应随混凝土面升高而徐徐提升，导管埋深应与导管内混凝土下落深度相适应，一般不宜小于表6-24的规定。用多根导管灌注时，导管埋深不宜小于表6-25的规定。

③ 在灌注过程中，应注意混凝土的堆高和扩展情况，正确地调整坍落度和导管埋深，使每盘混凝土灌注后形成适宜的堆高和不陡于1∶5的流动坡度，抽拔导管应严格使导管不进水。混凝土面的最终灌注高度，应比设计值高出不小于150mm，待灌注混凝土强度达到设计要求后，再抽水凿除表面松弱层。

表6-24 不同灌注深度导管的最小深度

灌注深度（m）	≤10	10～15	15～20	＞20
导管最小埋深（m）	0.6～0.8	1.1	1.3	1.5

表 6-25　导管不同间距的最小深度

导管间距(m)	≤5	6	7	8
导管最小埋深(m)	0.6～0.9	0.9～1.2	1.2～1.4	1.3～1.6

（3）沉井封底，若为水下压浆混凝土时，应按设计要求施工。

（4）封底混凝土在灌注过程中发生故障或对封底施工质量有疑虑时，应进行有关的（如钻孔取芯）检查鉴定。

2. 沉井或钢围堰的混凝土封底的质量要点

（1）基底清理应满足设计要求，检查合格后方可浇筑水下混凝土封底。

（2）水下混凝土应按要求一次浇筑完成，围壁处不得出现空洞，不得渗漏水。

3. 沉井或钢围堰的混凝土封底的质量控制

（1）实测项目见表 6-26。

表 6-26　沉井或钢围堰封底混凝土实测项目

项次	检查项目	规定值或允许偏差	检查方法和频率
1	混凝土强度（MPa）	在合格标准内	按 1.6 节检查
2	基底高程（mm）	+0，−200	测绳和水准仪：测 5 处
3	顶面高程（mm）	±50	水准仪：测 5 处

（2）沉井、钢围堰的混凝土封底外观质量

① 封底混凝土不得出现上浮、破碎。

② 与井壁结合应无缝隙。

6.5.9　承台

1. 扩大基础与承台的施工要点

（1）基坑开挖

① 应根据地面标高、开挖深度、结构物尺寸、边坡坡

度等因素确定开挖范围，并撒出开挖轮廓线。

② 开挖时现场应有专人指挥，应边开挖边检查坡度和坑壁安全，发现边坡渗水，应及时处理。

③ 弱风化岩层基底若呈倾斜形状，应凿成不小于 0.3m 的台阶，在靠近基底 0.3m 处开挖需要放炮时，应采用松动爆破，保证基底地质不受扰动。

③ 在土质松软层进行基坑开挖前应先进行支护。基坑开挖时，应观测坡面稳定情况，当发现坑顶出现裂缝，坑壁松塌或遇涌水、涌沙时，应立即停止施工，加固处理后，方可继续施工。深基坑开挖时应进行基坑支护变形监测。

⑤ 基坑应避免超挖，若超挖应将松动部分清除，采用碎石（土质地基）或混凝土（实质地基）回填，严禁超挖后再回填虚土。

⑥ 坑底的最后 0.3m 厚度应采由人工开挖或采用小型机械开挖，减少对原地基的扰动。

（2）基坑排水

基坑开挖前应先勘测地下水位，并应根据坑底标高及土质情况确定是否需要井点降水，若需井点降水，将地下水位降至开挖底面以下 0.5m，基坑回填完成后停止降水。

（3）基坑检测

① 基底承载力不得小于设计要求，不能满足要求时，应及时进行处理。

② 平面轴线位置的偏差不得超过规范要求，坑底四周每边应大于结构物 0.5m 以上。

③ 基础地面高程应符合要求。

（4）破桩头、浇筑垫层

① 桩基混凝土强度达到 100％以上方可破桩头，桩头应

采用风镐或人工凿除，严禁采用炸药或膨胀剂等材料，也不得使用大功率镐头机进行。桩头应破除到坚硬混凝土处，桩头无松散层。

② 基坑经人工处理、坑底排水设施完成后应立即浇筑垫层混凝土，垫层混凝土可采用 C15 混凝土，厚度 100mm 以上。

2. 承台等大体积混凝土的质量要点

（1）水化热引起的混凝土内最高温度及内外温差在允许范围内。

（2）施工缝的设置及处理应满足设计要求并符合施工技术规范的规定。

3. 承台等大体积混凝土的质量控制

（1）实测项目见表 6-27。

表 6-27　承台等大体积混凝土实测项目

项次	检查项目		规定值或允许偏差	检查方法和频率
1	混凝土强度（MPa）		在合格标准内	按 1.6 节检查
2	平面尺寸（mm）	B<30mm	±30	尺量：测 2 个断面
		B≥30mm	±B/1000	
3	结构高度（mm）		±30	尺量：测 5 处
4	顶面高程（mm）		±20	水准仪：测 5 处
5	轴线偏位（mm）		≤15	全站仪：纵、横向各测 2 点
6	平整度（mm）		≤8	2m 直尺：每侧面每 20m^2 测 1 处，且不少于 3 处，每处测竖直、水平两个方向

(2) 外观质量

① 混凝土表面不应存在《公路工程质量检验评定标准》JTG F80/1—2017 中附录 P 中所列限制缺陷。

② 应无建筑垃圾、杂物和临时预埋件。

6.5.10 基础施工的安全环保措施

(1) 材料堆放场地确保平整坚实，排水畅通，材料、机具设备堆放整齐、稳固，拆下模板、架管和外露铁钉及时整理，防止伤害事故。

(2) 各类物资按品牌种类、规格堆码整齐，金属、木材及构配件等底部按规定加设垫块并设有防止滚动、滑移、倾倒安全措施。

(3) 进入现场的人员，确保戴好安全帽，并按规定佩戴劳动保护用品和安全防护用具。

(4) 挖孔桩施工的安全要点：

① 施工前必须对作业人员进行安全技术交底。

② 挖孔作业，应详细了解地质、地下水文情况，不得盲目施工。

③ 每作业班组不得少于 3 人，作业人员必须身体健康，井下作业人员必须戴安全帽、安全带，安全绳必须系在孔口。

④ 人工挖孔作业时，应经常检查孔内空气情况。孔内遇到岩层需爆破时，应专门设计，宜采用浅眼松动爆破法，严格控制用药量并在炮眼附近加强支护，孔深大于 5m 时必须采用电雷管爆破，并按国家现行的《爆破安全规程》(GB 6722—2003) 中的有关规定办理。孔内爆破后应先通风排烟 15min 并经检查无有害气体后施工人员方可下井继续施工。

(5) 钢管桩施工前应对沉桩设备及连接件进行无负荷试

运转，正常后方可使用；钢管桩起吊应听信号指挥，作业前应在钢管桩上拴好溜绳，防止起吊后急剧摆动。

（6）环境保护

① 钻孔泥浆的原料选用性能合格的黏土或符合环保要求的其他材料，水上钻孔施工应配备专用的泥浆船或泥浆输送管泵，应采取有效措施防止泥浆外溢污染环境，钻渣应外运到指定弃土区域存放，不得随意排放。

② 运输外弃渣土、建筑垃圾时，应采取封闭、覆盖措施。

6.6 混凝土墩、台施工与质量

6.6.1 混凝土墩、台施工与质量

1. 混凝土墩、台的施工要点

（1）模板设计及加工

实体墩外模采用大块拼装式定型钢模板施工。外模每节高 2m，模板框架采用型钢，加劲肋采用扁钢。模板接缝为企口接缝形式。模板加工、试拼组装检验合格后，涂油防锈。模板整体试拼合格后，在使用安装前用磨光机打磨清洗干净，再均匀涂抹高效脱模剂。

（2）模板安装

模板安装前精确放出结构外轮廓线并将基底找平，保证模板拼装后的垂直度符合规范要求。墩身四周搭设钢管脚手架，沿墩高一定距离与已浇筑的墩身锁定以保证脚手架稳定，采用人工配合机械吊拼装模板。在模板设计时要考虑到机械吊装，并为吊装需用设计吊点，以防吊装时模板变形。在接缝处平齐钢模内表面粘贴双面止浆带以保证钢模接缝密

贴不漏浆。每吊装一节模板要检查一次模板的垂直度及几何形状，无误后才能继续拼上层。模板支立完成后紧固每个加固螺栓。

模板安装好后，由测量人员对模板位置偏差和顶面水平进行检查，经调整满足施工规范要求后对钢模加固，保证在浇筑过程中模板不变形、不移位。

（3）钢筋加工、绑扎

钢筋经检查合格后，在加工场集中切断、焊接、弯制成形，然后运至结构物处人工绑扎成形，其各项加工及绑扎指标严格控制于允许偏差之内。钢筋保护层使用同强度等级混凝土垫块以保证其表面质量。钢筋的根数、直径、长度、编号排列、位置等都要符合设计要求。要特别注意预埋件的埋设。

箍筋的端部应按图设弯钩。如图纸未示出，弯钩内直径不小于 $2.5d$（HPB300 级钢筋）及 $4d$（HRB335 级钢筋），且不小于被箍主筋的直径。弯钩直线段长度，一般不小于 $5d$。所有钢筋应准确安设，当浇灌混凝土时，用支承将钢筋牢固固定，不允许在浇灌时安设或插入钢筋。

（4）混凝土浇筑

混凝土浇筑前，将基础与墩身接头处混凝土凿毛，清除浮浆及松动部分，冲洗干净，并整修连接钢筋。

混凝土浇筑期间设专人看护，观察支架、模板、钢筋和预埋件等的稳固情况，发现松动、变形、移位时及时处理。

（5）模板的拆除

① 拆模不宜过早，且应尽量安排在升温时段进行。拆除模板时，可采用吊车吊住模板一侧顶部，其相连模板应有临时固定措施。

② 分散拆除模板时，应自上而下、分层拆除。

（6）混凝土养护

混凝土达到一定强度后进行拆模，拆模后立即检查成品混凝土的外观质量，发现问题及时处理，检验合格后用土工布或塑料薄膜包裹养护。夏期施工时，拆模后及时用土工布包住墩身并洒水养护；冬期施工时，模板尽量晚拆，拆除后用塑料薄膜包裹加以保温养护。

2. 混凝土墩、台的质量要点

（1）模板及支架的强度、刚度、稳定性应符合施工技术规范的规定。

（2）施工缝设置及处理应符合施工技术规范规定。

（3）混凝土表面不得出现裂缝，无蜂窝、麻面，水气泡少，表面应平整、密实光洁；混凝土表面的色泽应均匀一致，无成片花纹；模板接缝或施工缝无错台，不漏浆，接缝数量应尽可能最少。

3. 混凝土墩、台的质量控制

（1）实测项目见表 6-28～表 6-30。

表 6-28　现浇墩、台身实测项目

项次	检查项目		规定值或允许偏差	检查方法和频率
1	混凝土强度（MPa）		在合格标准内	按 1.6 节检查
2	断面尺寸（mm）		±20	尺量：检查 3 个断面
3	全高竖直度（mm）	$H\leqslant5$m	$\leqslant5$	全站仪或垂线法：纵、横向各测 2 处
		5m$<H\leqslant$60m	$\leqslant H/1000$，且$\leqslant20$	全站仪：纵、横向各测 2 处
		$H>60$m	$\leqslant H/3000$，且$\leqslant30$	

续表

<table>
<tr><th>项次</th><th colspan="2">检查项目</th><th>规定值或允许偏差</th><th>检查方法和频率</th></tr>
<tr><td>4</td><td colspan="2">顶面高程（mm）</td><td>±10</td><td>水准仪：测 3 处</td></tr>
<tr><td rowspan="2">5</td><td rowspan="2">轴线偏位（mm）</td><td>H≤60m</td><td>10，且相对前一节段≤8</td><td rowspan="2">全站仪：每施工节段测顶面边线与两轴线交点</td></tr>
<tr><td>H>60m</td><td>≤15，且相对前一节段≤8</td></tr>
<tr><td>6</td><td colspan="2">节段间错台（mm）</td><td>≤5</td><td>尺量：测每节每侧面</td></tr>
<tr><td>7</td><td colspan="2">平整度（mm）</td><td>≤8</td><td>2m 直尺：每侧面每 20m² 测 1 处，每处测竖直、水平两个方向</td></tr>
<tr><td>8</td><td colspan="2">预埋件位置（mm）</td><td>满足设计要求，设计未要求时≤5</td><td>尺量：每件测</td></tr>
</table>

注：*H* 为墩、台身高度，计算规定值或允许偏差时以 mm 计。

表 6-29　墩、台帽或盖梁实测项目

项次	检查项目	规定值或允许偏差	检查方法和频率
1	混凝土强度（MPa）	在合格标准内	按 1.6 节检查
2	断面尺寸（mm）	±20	尺量：检查 3 个断面
3	轴线偏位（mm）	≤10	全站仪：纵、横各测 2 点
4	顶面高程（mm）	±10	水准仪：检查 5 点
5	支座垫石预留位置（mm）	≤10	尺量：每个检查
6	平整度（mm）	≤8	2m 直尺：顺盖梁长度方向每侧面测 3 处

表 6-30　预制墩身实测项目

项次	检查项目		规定值或允许偏差	检查方法和频率
1	混凝土强度（MPa）		在合格标准内	按 1.6 节检查
2	断面尺寸（mm）	外轮廓	±15	尺量：测 2 个断面
		壁厚	±10	
3	高度（mm）		±10	尺量：测中心线处
4	平整度（mm）		≤5	2m 直尺：每侧面测 1 处，每处测竖直、水平两个方向
5	支座垫石预留锚孔位置（mm）		≤10	尺量：每个检查
6	墩顶预埋件位置(mm)		≤5	尺量：每件测

注：实际工程中未涉及的项目不检查。

（2）墩、台身浇筑的外观质量

① 混凝土表面不应存在《公路工程质量检验评定标准》（JTG F80/1—2017）中附录 P 中所列限制缺陷。

② 应无建筑垃圾、杂物和临时预埋件。

6.6.2　墩、台身安装

1. 墩、台身安装施工要点

（1）预制柱式墩台的安装

① 墩、台柱式构件与基础顶面的预留槽洞应编号，并检查各个墩、台高度和基底标高是否符合要求，否则应进行调整。基座槽洞四周与柱边的空隙不得小于 20mm。

② 墩、台柱吊入基座槽洞就位时，应在柱身竖直度或倾斜度以及平面位置符合设计要求后，再将楔子塞入槽洞打紧。对重大、细长的墩柱，尚需用风缆或撑木固定好后，方可摘除吊钩。

③ 在墩、台柱顶安装盖梁前，应先检查盖梁口预留槽

眼位置是否符合要求，否则应先修凿。

④ 柱身与盖梁安装完毕并检查符合要求后，可在基底座槽洞空隙与盖梁槽眼处灌注设计规定的稀砂浆，待其硬化后，拆除楔子、支撑及风缆，再在楔子孔中灌填砂浆。

（2）预制环管式墩台的安装

① 在基础或承台上安装预制混凝土管节、环圈做墩、台时，由混凝土基础或承台中伸出的钢筋应插入管节、环圈中间的现浇混凝土内，插入钢筋的数量和锚固长度应按设计要求或通过计算确定。

② 管节或环圈安装时，应严格控制设计轴线的位置，不得出现倾斜或上下错位现象。

③ 应采用设计规定的砂浆将管节或环圈处的接缝填塞抹平。

（3）预制整体式基础的安装

① 构件的混凝土强度达到设计要求值后方可安装，设计无要求时一般不应低于 30MPa。

② 安装前应检查支承结构的尺寸、标高、平面位置和承载能力，均应符合设计要求。

③ 基础安装的岩面或混凝土的表面应平整，安装前应冲刷干净，坐浆时应将水泥浆抹平，厚薄均匀。

④ 安装就位后应采取保证构件稳定的措施，平面位置、高程、垂直度经检查校正符合设计要求后方准焊接或浇筑接头混凝土。

⑤ 吊装大薄壁构件，应采取避免构件变形或损坏的临时加固措施。

⑥ 构件固定后方可脱离吊钩。

⑦ 分层安装时接头或接缝的混凝土强度未达到设计要

求时，不得安装上一层构件。

⑧ 接头或接缝混凝土或砂浆宜采取快凝措施，强度等级宜比构件混凝土强度等级提高一级。

⑨ 已安装完毕的整体基础的接头或接缝混凝土强度达到设计要求后，方可承受施工荷载。

2. 墩、台身安装质量要点

（1）墩、台身预制件应检验合格后，方可进行安装。

（2）预制节段胶结材料的品种和技术性能应满足设计要求，接缝填充应密实。

（3）墩、台柱埋入基座坑内的深度应满足设计要求。

3. 墩、台身安装质量控制

（1）墩、台身安装的实测项目，见表 6-31。

表 6-31　墩、台身安装实测项目

项次	检查项目		规定值或允许偏差	检查方法和频率
1	轴线偏位（mm）	$H \leqslant 60$m	≤10，且相对前一节段≤8	全站仪：每施工节段测顶面边线与两轴线交点
		$H > 60$m	≤15，且相对前一节段≤8	
2	顶面高程（mm）		±10	水准仪：测 5 处
3	全高竖直度（mm）	$H \leqslant 5$m	≤5	全站仪：纵、横向各测 2 处
		$5\text{m} < H \leqslant 60$m	≤H/1000，且≤20	
		$H > 60$m	≤H/3000，且≤30	
4	节段间错台（mm）		≤3	尺量：测每节每侧面
5	湿接头混凝土强度（MPa）		在合格标准内	按 1.6 节检查

（2）墩、台身安装的外观质量

① 湿接头混凝土表面不应存在《公路工程质量检验评定标准》（JTG F80/1—2017）中附录P中所列限制缺陷。

② 接缝填充材料不得存在脱落和开裂现象。

6.6.3 桥台

1. 桥台施工要点

（1）基础顶面处理

① 清理承台顶面，预留钢筋表面除锈去浆，检查承台顶面高程、坐标位置及桥台预埋筋位置。

② 在承台顶面测量放线，放出墩台坐标控制线（纵横轴线）外形结构尺寸线。根据钢筋保护层厚度，标出主钢筋就位位置。

③ 搭设脚手架作业平台前将其地基进行平整，将地面压实后铺一层150mm厚稳定粒料垫层并整平压实（承台顶面不需要铺筑稳定粒料），采用碗扣式支架搭设施工脚手架，混凝土墩、台身浇筑墩柱位置搭设脚手架应四周环形闭合，桥台脚手架搭设宽度为桥梁全宽，以增加支架稳定性。

（2）钢筋加工及钢筋绑扎与混凝土墩台相同

（3）模板安装

① 圆形或矩形截面墩柱宜采用定型钢模板，薄壁桥台、肋板式桥台及重力式桥台可选用钢木模板。模板应按施工图形尺寸进行预拼装，经检验符合要求后，方可使用。

② 圆形或矩形截面墩柱定型钢模板安装前应进行顶拼装，合格后，视吊装能力，分节组拼成整体模板（6～8m），采用吊车吊装。加工制作的模板表面要光滑平整，尺寸偏差符合要求，模板要有足够的强度、刚度和稳定性，缝隙紧密不漏浆。

③ 在模板安装前，应在基础顶面放出桥台的轴线及边缘线；模板在安装过程中通过测量监控措施保证桥台的垂直度，并应有防倾覆的临时措施。

（4）混凝土浇筑

① 应采用插入式振动器振捣，振动器的移动距离在30～35cm范围内，与侧模保持5～10cm的距离。

② 振捣顺序为：先振捣倒角处，再从两边向中间振捣，振捣时间控制在20s左右，以混凝土不再下沉、不再冒气泡、表面泛浆为准，在混凝土的振捣过程中要有技术人员严格控制。

③ 桥台混凝土浇筑宜水平分层浇筑，每层厚度宜为1.5～2m。

2. 桥台的质量要点

（1）严把原材料检验关。

（2）模板安装完成后，利用全站仪直接测量坐标与计算的理论坐标对比，利用千斤顶调整模型，坐标误差控制在10mm以内。

（3）利用水平仪检查模板顶标高，误差控制在5mm以内。

（4）在混凝土的浇筑过程中，严格沿串筒两边向中间均匀分层浇筑，在浇筑过程中，使用1kg的垂球沿模板外侧测量本节段的垂直度，指导浇筑顺序。

（5）混凝土表面应平整光滑，施工缝平顺，接缝饱满无空洞、均匀整齐，不得有蜂窝、露筋和裂缝。

（6）沉降缝自上而下竖直方向应严格对齐，定位牢固，如发生倾斜、变形，应拆除重做。沉降缝应从上到下保持通缝，并应控制好垂直度和缝宽。

（7）肋板式桥台或柱式桥台间的填土应对称进行，填土施工未完成不得进行台帽及上部构造的施工。

（8）柱式桥台的台后填土应控制填筑的速率。

（9）沉降缝断缝板的外表 50mm 应剔除，然后可采用沥青麻絮填塞；填缝应填满抹平，规整、顺直，无翘边、变形，且不得污染墙身。

3. 桥台质量控制

桥台实测项目见表 6-32。

表 6-32　桥台实测项目

项次	检查项目	规定值或允许偏差	检查方法和频率
1	混凝土强度（MPa）	在合格标准内	按 1.6 节检查
2	断面尺寸（mm）	±20	尺量：检查 3 个断面
3	轴线偏位（mm）	10	全站仪或经纬仪：纵、横各测量 2 点
4	顶面高程（mm）	±10	水准仪：检查 3～5 点
5	支座垫石预留位置（mm）	10	尺量：每个

6.6.4　盖梁

1. 盖梁施工要点

（1）测墩柱顶标高，再根据高程将墩柱顶表面凿毛，清洗干净，为盖梁底模模板的就位及浇筑前模板的验收做好前期工作。

（2）采用落地支架支撑时，应先对盖梁下施工范围内的地基进行处理，分层回填承台或系梁施工开挖的基坑并压实；对无承台或系梁基坑的原地面，应先清除地面表层杂物和腐殖土，然后对地基进行整平并压实，必要时应对原地面进行掺灰或宕渣处理，保证经处理后的地基平整、充实，且有相应的承载能力；在处理后的地基上宜浇筑混凝土垫层或铺枕木搭设支架，调整支架活动底托和顶托形成底模的支撑。

(3) 采用抱箍作支撑时，其施工应符合下列规定：

① 应根据抱箍的尺寸确定其在立柱上的位置，使用前应对抱箍螺丝扣的收紧力及相应的承载能力进行试验，然后放置工字钢或其他横梁。

② 抱箍的内壁宜加垫摩阻力较大的柔性材料，增大抱箍与立柱之间的摩擦力。抱箍应设置有足够刚度的连接板，保证其能可靠地传递螺栓拉力，螺栓预拉力应保证抱箍与立柱间的摩擦力可靠地传递荷载。

(4) 采用剪力销作支撑时，应按剪力销的尺寸在立柱施工时设置预埋件，并在立柱预留孔中穿入剪力销设备；剪力销托架两端可安装砂筒，然后在砂筒上放置工字钢或其他型钢作为横梁。

(5) 采用抱箍或剪力销作支撑时，可采用对拉螺栓穿过两根工字钢（或其他型钢）横梁腹板进行连接，内侧可采用钢管支撑，对拉螺栓穿过钢管，防止工字钢横梁产生侧向倾覆，设置完成后可在工字钢或其他横梁上安放盖梁的底模。

(6) 底模的制作、安装应符合下列规定：

① 模板的挠度应不超过模板跨度的 1/400，钢模板面板的变形应不超过 1.5mm。

② 在吊装模板时应设溜绳，应防止模板与钢筋碰撞、摆动等，并保持模板在吊装过程中稳定。

③ 对底模与立柱的贴合处，应采取有效措施防止其漏浆，并应根据测量高程对墩顶进行凿毛处理，凿毛时应力求立柱混凝土深入盖梁 20mm。

(7) 侧模的制作、安装应符合下列规定：

① 钢模板面板的厚度不宜小于 6mm，肋板设计应使模板具有足够的刚度。

② 侧模宜整体吊装，侧模接缝处、侧模与底模接缝处宜密贴双面胶条，且宜采用对拉杆使模板就位，拉杆应有足够的强度和较小的变形，宜使盖梁内无对穿拉杆，拉杆和模板内支撑应设置在同一平面，通过内外支撑对模板进行调整、对中、加固，使其稳固。

③ 端头模板和侧面模板应牢固连接，并应采取支撑、加固等措施，防止跑模、漏浆。

（8）混凝土达到一定强度后进行拆模，拆模后立即检查成品混凝土的外观质量，发现问题及时处理，检验合格后用土工布或塑料薄膜包裹养护。对盖梁混凝土进行养护时，侧模拆除前其顶面可采用浸水土工布覆盖养护；侧模拆除后，可采用浸水土工布包裹，滴水养护，保证混凝土表面始终处于湿润状态，养护时间应不少于 7d。

2. 盖梁的质量要点

（1）严把原材料检验关。

（2）混凝土浇筑前，应将模板内的杂物、已浇立柱顶面清理干净，应对支架、模板、钢筋和预埋件进行检查并做好记录，符合要求后方可进行浇筑。

（3）吊装模板时应避免模板与钢筋骨架产生碰撞而发生变形。

（4）支模前应先校正钢筋，使其不产生倾斜安装模板后，宜在柱顶部设置一木制十字架，找出立柱中心，采用垂球对向底部的中心，并测量模板的竖直度。

（5）混凝土表面不得出现裂缝，无蜂窝、麻面，水气泡少，表面应平整、密实光洁；混凝土表面的色泽应均匀一致，无成片花纹；模板接缝或施工缝无错台，不漏浆，接缝数量应尽可能最少。

3. 盖梁的质量控制

墩、台帽或盖梁的实测项目，见本章相关规定。

6.6.5 台背填土

1. 台背填土施工要点

（1）桥涵填土的范围必须严格按照设计文件执行。做好过渡段，过渡段路堤压实度应不小于96%，同时纵向和横向防排水系统连接通畅。

（2）台背回填应慎重选择填料，宜采用强度和水稳定性好的材料，宜采用天然砂砾、粒径小于15cm的石渣、水泥稳定类的半刚性材料填筑或灰土回填。

（3）严格分层填筑，严禁向坑内倾倒，每层最大压实厚度不大于15cm。

（4）台背填土的顺序应符合设计要求。梁式桥的轻型桥台台背填土，应在梁体安装完成后两侧对称回填；柱、肋式桥台台背填土，宜在台帽施工前，柱、肋侧对称、平衡地进行。桥台背和锥坡的回填施工宜同步进行，一次填足并保证压实整修后能达到设计宽度。台背回填部分的路床宜与路堤路床同步填筑。

（5）回填施工应采用大型压路机为主，小型压实机具配合进行压实。采用小型夯实机具夯实铺筑厚度不得大于10cm。

（6）回填前，八字墙、一字墙以及支撑梁必须完成，梁板架设前最多对称回填至1/3墙高。回填应与路基同步施工，不能同步时应严格按要求开挖台阶。

（7）涵洞应在盖板安装或浇筑后，在洞身两侧对称分层回填压实，顶面填土压实厚度大于 50cm 时，方可通过重型机械。

（8）回填过程中，应防止雨水浸泡，回填结束后顶部应及时封闭。

2. 台背填土的质量要点

（1）台背填土应采用透水性材料或设计规定的填料，严禁采用腐殖土、盐渍土、淤泥、白垩土、硅藻土和冻土块。填料中不应含有机物、冰块、草皮、树根等杂物及生活垃圾。

（2）应分层填筑压实，每层表面平整，顶层路拱合适。

（3）台身强度达到设计强度的 85％以上时，方可进行填土。

（4）拱桥台背填土必须在承受拱券水平推力以前完成。

（5）台背填土应按设计要求的方式与路基搭接。

（6）台背填土的防、排水应满足设计要求。

3. 台背填土质量控制

（1）台背填土的实测项目

除台背填土压实度见表 6-33 外，且应按路基要求检验其他项目。

表 6-33　台背填土实测项目

项次	实测项目	规定值或允许偏差			检查方法和频率
1	压实度（％）	高速公路 一级公路	二级公路	三、四级公路	按 1.4 节的方法检查，每桥台每压实层测 2 处
		≥96	≥95	≥94	
2	填土长度（mm）	≥设计值			尺量：每桥台测顶、底面两侧

（2）台背填土的外观质量

① 填土表面不平整，边线弯折的累计长度不得超过总

长度的10%。

② 不得重新亏坡。

6.6.6 墩、台身和盖梁的安全环保措施

1. 安全施工

（1）施工单位应在施工现场桥墩的周围设立警戒线，禁止非施工人员未经批准进入施工区域。专职安全人员应在施工现场进行巡查，防止发生安全事故。

（2）下部结构施工前必须搭设好脚手架及作业平台，搭设方案应经监理工程师批准、验收合格后挂牌使用。

（3）脚手架基础应平整、坚实、不积水，应满足脚手架荷载设计值的要求。脚手架宜采用碗扣式支架或钢管扣件式支架搭设，钢管下口宜设方木垫板或现浇混凝土，搭设时应设置斜道、安全梯等攀登设施，斜道坡度不应大于1∶3，高度超过6m时宜设转角平台。

（4）作业平台应满足承载力和工人操作的要求，宽度应不小于1.0m，脚手板必须在脚手架宽度范围内铺满、固定。作业平台四周应设置防护栏杆，平台高度超过2m时应设兜底水平安全网或在其下一步脚手架上满铺脚手板防护层。

（5）脚手架和作业平台在使用期间应经常检查、维护，保持完好，严禁擅自拆除架体杆件和连接件。脚手架和作业平台上堆放的物品不得超过设计荷载。

（6）脚手架搭设和拆除的其他要求按规范要求执行。

（7）钢筋及模板的起吊方案。一般采用塔吊，要认真做好塔吊的选型，满足力矩的要求。

（8）通道宽应满足两人交错上下的空间，脚手板厚度要求4cm以上，并且密闭，上层不得落物伤害下层人员，通道要有扶手，外立面围密目网，并注意严格防火。

2. 环保要求

（1）在施工期间始终保持工地的良好排水状态，修建一些有足够泄水断面的临时排水渠道并与永久性排水设施相连接，不引起淤积和冲刷。

（2）严格按照规定征用土地。修建的临时工程尽量减少对自然环境的损坏，施工结束时清除临时租地上的所有临时设施，并进行平整，做到能复耕。

（3）采取有效预防措施，防止施工场所占用的土地或临时使用的土地受到冲刷。

（4）在施工中，无论何种情况下，未经监理工程师的事先书面同意，不干扰河道现有灌溉或排水系统的自然流动。

（5）清理场地的废料，不影响排灌系统及农田水利设施，按照图纸规定或监理工程师的指示在适当地点设置弃土场，有条件时，力求少占土地，并加以利用。

（6）施工期间，施工材料如水泥、油料、化学物品等应堆放和管理严格，防止在雨季或暴雨季节将物料随雨水径流排入地表及附近水域造成污染。

（7）为减少施工作业产生的灰尘，采取随时进行洒水或其他抑尘措施，使不出现明显的降尘。

（8）易于引起粉尘的细料或松散料予以遮盖或适当洒水润湿。运输时采用帆布、盖套及类似遮盖物覆盖。

6.7 混凝土梁桥

6.7.1 就地浇筑梁（板）

1. 就地浇筑梁（板）的施工要点

（1）现浇支架应符合下列规定：

① 支架形式采用满堂式或梁式，其适用范围可按表 6-34选用。支架采用钢支架、木支架、钢木混合支架或采用贝雷桁架、万能杆件等定型钢构件进行拼装，具体采用何种形式和材料应结合施工的实际情况进行选择。

表 6-34　支架适用范围

支架类型	适用范围
满堂式	满堂式支架法一般适用于地质条件较好（无水或水流较浅的河流），桥墩高度 20m 以下的公路、铁路、市政工程的现浇梁施工。而且还能用于变宽的异形桥、弯桥等复杂的混凝土结构
梁氏	根据跨径不同，梁可采用工字钢、钢板梁或钢桁梁：工字钢适用于跨径小于 10m 的情况；钢板梁适用于跨径小于 20m 的情况；钢桁梁适用于桥梁较高，跨径较大（大于 20m）或必须在支架下设通航和排泄孔的情况

② 对多跨连续箱梁，其边跨支架宜设置水平位移机构，防止箱梁混凝土在施加预应力及温度变化过程中产生裂缝。

（2）支架地基的处理应符合下列规定：

① 对地基应进行妥善处理，确保现浇施工安全。根据浙江省地质情况，一般现浇施工工地地基承载力应满足在 200kPa 以上，现场压实度控制在 96％以上，浇筑 15cm 厚的 C20 素混凝土作为支架基础。

② 地基的处理范围至少应宽出搭设支架之外 1.0m，地基处理妥善后，尽快修复排水设施，避免雨水浸泡地基，封闭交通，避免地基被碾压。

（3）支架搭设

① 搭设支架时应做到横杆水平，立杆竖直，还应加设纵、横及水平剪刀撑，以增加整体支架的稳定性。

② 支架排距、间距、扫地杆、纵横剪刀撑设置和扣件螺栓紧固力矩应满足要求。安装后的支架不得沉陷、变形，保证连接牢固，安全可靠。

③ 满堂式支架的立杆的底端应设可调底座或固定底座，立杆顶端应设可调托座或固定托座，且顶托应支撑在模板主肋处，其自由端长度应满足相应规范要求。

④ 在梁式支架中，宜设置砂筒、千斤顶或楔块，用于调整模板的标高及用作模板的卸落装置。

⑤ 严禁使用土胎替代支架浇筑混凝土梁。

（4）预拱度设置

① 对结构本身需要的预拱度，其设置应按设计要求考虑，设计未规定时，可自跨中向两端按二次抛物线进行分配。

② 施工所需预拱度的取值应根据支架预压的实际情况进行调整，预留施工的沉降数据值可参考表 6-35。

表 6-35　预留施工沉陷值参考数据表

<table>
<tr><th colspan="2">项目</th><th>数据</th><th>说明</th></tr>
<tr><td rowspan="2">接头承压非弹性变形</td><td>木与木</td><td>每个接头约顺纹 2mm，横纹 3mm</td><td>—</td></tr>
<tr><td>木与钢</td><td>每个接头 2mm</td><td>—</td></tr>
<tr><td rowspan="2">卸落设备的压缩变形</td><td>砂筒</td><td>2～4mm</td><td>—</td></tr>
<tr><td>木楔或木马</td><td>每个接缝 1～3mm</td><td>—</td></tr>
<tr><td rowspan="5">支架基础沉陷</td><td>底梁置于砂土上</td><td>5～10mm</td><td>—</td></tr>
<tr><td>底梁置于黏土上</td><td>10～20mm</td><td>—</td></tr>
<tr><td>底梁置于砌石或混凝土上</td><td>约 3mm</td><td>—</td></tr>
<tr><td>打入砂中的桩</td><td>约 5mm</td><td>—</td></tr>
<tr><td>打入黏土中的桩</td><td>5～10mm</td><td>桩承受极限荷载时用 10mm；低于极限荷载时用 5mm</td></tr>
</table>

（5）底模及侧模安装

① 底模安装前应复核支座的中心位置、轴线偏差、型号及活动支座滑移方向。

② 模板安装时其拼接缝应平整、顺直、严密，纵横成线，应避免出现错缝现象。

③ 模板安装后应整体测量高程，对不合格的部位应进行调整。

④ 无论使用何种支架，均应按计算或支架预压沉降观测结果对底模设置预拱值。

⑤ 对多跨预应力混凝土连续箱梁，其活动支座的安装应根据安装时的温度情况适当考虑偏移量后将其临时锁定，并应在预应力张拉之前将锁定解除。

（6）支架的预压应符合下列规定：

① 浇筑混凝土之前，应对支架进行预压，以消除支架地基的不均匀沉降和支架的非弹性变形并获取弹性变形参数，检验支架的安全性。设计未规定时，预压荷载宜为支架需承受全部荷载的100％。

② 加载方法：支架的预压可采用加水袋或沙袋等方式进行预压，荷载的分布应模拟需承受的结构荷载及施工荷载；应采取分次分级的方式进行预压设计，预压加载时应专人清点、记录、观测沉降。

③ 加载前应布设好观测点，观测点的点位应上下对应，以观测地基的沉降量（垫木上）及支架、方木的变形量（底模上），观测点的数量应根据受力特点合理布置。

④ 支架的预压应加强稳定性观测，确保安全。一旦发现变形量不稳定，则应立即采取卸载或紧急撤离等措施。

⑤ 加载和卸载程序应严格根据结构特点进行。

（7）内模的定位应符合下列规定：

① 内模应避免漏浆，内模与底模之间宜每隔 1.0m 左右设置与底板同厚度的垫块。

② 箱梁混凝土全断面一次浇筑时，应采取措施防止内模产生上浮、下沉或移位。

③ 箱梁混凝土分两次浇筑时，第一次可只立内模侧板，在底板和腹板混凝土浇筑完成后再立顶板内模。

（8）波纹管、锚具安装应符合下列规定：

① 宜采用螺栓从端模外侧固定锚垫板，端模与侧模宜采用螺栓固定以控制梁长和锚垫板的位置准确，保证预留孔道位置的精确和方便拆模。

② 波纹管、锚垫板的其他要求应参照梁板预制相关要求办理。

（9）预应力施工应符合下列规定：

① 钢绞线宜在一联混凝土浇筑前进行穿束。

② 设计无明确规定时，梁体强度达到设计强度的 90％后方可进行预应力张拉。

③ 其余要求及张拉、锚固、压浆、封锚等施工工艺可参照预制梁板的施工工艺要求。

（10）模板拆除及卸架应符合下列规定：

① 对于非预应力结构，当混凝土强度达到 2.5MPa 后，方可拆除非承重模板。当混凝土达到 100％强度时，拆除承重模板。拆除模板时不得有振动、重敲、强扭，防止薄板、变截面处混凝土开裂产生裂缝。

② 对于预应力构件，应在预应力钢束张拉压浆完，压浆强度达到规范要求后，再拆除承重模板。

③ 梁的落架程序应从梁挠度最大处的支架节点开始，

逐步卸落相邻两侧的节点，应对称、均匀、有序地进行。

④ 模板拆除和落架应在白天进行，落架时必须由专人负责指挥。

2. 就地浇筑梁（板）的质量要点

（1）支架和模板的强度、刚度、稳定性应满足施工技术规范的要求。

（2）预计的支架变形及地基的下沉量应满足施工后梁体设计标高的要求，必要时应采取对支架预压的措施。

（3）预埋件的设置和固定应满足设计要求并符合施工技术规范的规定。

3. 就地浇筑梁（板）的质量控制

（1）就地浇筑梁（板）的实测项目，见表 6-36。

表 6-36　就地浇筑梁（板）实测项目

项次	检查项目		规定值或允许偏差	检查方法和频率
1	混凝土强度（MPa）		在合格标准内	按 1.6 节检查
2	轴线偏位（mm）		10	全站仪：跨测 5 处
3	梁、板顶面高程（mm）		±10	水准仪：每跨测 5 处，跨中、桥墩（台）处应布置测点
4	断面尺寸	高度	+5，−10	尺量：每跨测 3 个断面
		顶宽	±30	
		箱梁底宽	±20	
		顶、底、腹板或梁肋厚	+10，0	
5	长度（mm）		+5，−10	尺量：每梁测顶面中线处

续表

项次	检查项目	规定值或允许偏差	检查方法和频率
6	与相邻梁段间错台（mm）	≤5	尺量：测底面、侧面
7	横坡（%）	±0.15	水准仪：每跨测 3 处
8	平整度（mm）	≤8	2m 直尺：沿梁长方向每侧面每 10m 梁长测 1 处 * 2 尺

（2）就地浇筑梁（板）的外观质量

① 混凝土表面不应存在《公路工程质量检验评定标准》（JTG F80/1—2017）中附录 P 中所列限制缺陷。

② 应无建筑垃圾、杂物和临时预埋件。

6.7.2　先张法预应力梁预制

1. 先张法预应力梁预制施工要点

（1）预制台座

① 台座应专门设计，并应具有足够的强度、刚度和稳定性，其抗倾覆安全系数不小于 1.5，抗滑移系数不小于 1.30。

② 锚固横梁应有足够的刚度，受力后挠度应不大于 2mm。

③ 在设置台座时，宜采用槽钢作为台座的包边，槽口应向外，采用直径略大于槽口尺寸的高强橡胶管填塞，利用侧模顶紧橡胶管达到有效止浆，防止梁底漏浆。

④ 应定期对台座进行复测检查，软基区域的台座，每月应复测 1 次，非软基区域的台座，每 3 个月应复测 1 次，并建立观测数据库，分析台座的沉降情况，发现异常及时处理。

（2）模板

① 外模应采用整体性钢模，钢板厚度不得小于 6mm；侧模的长度不小于设计梁长；底模制作必须平整光滑、排水畅通，应设置预拱度，并满足强度要求和重复使用要求。

② 端模预应力筋孔的位置要准确，安装后与定位板上对应的力筋孔要求均在一条中心线上。

③ 空心板梁芯模应采用组合模板。

（3）钢筋安装

① 安装时钢筋应无灰尘、有害的锈蚀、松散锈皮、油漆、油脂、油或其他杂质。

② 所有钢筋应准确安设，伸缩装置及防撞护栏的预埋钢筋应采用辅助措施进行定位。

③ 空心板梁铰缝钢筋安装时应保证其与模板密贴，并应采取有效措施固定，保证混凝土拆模完毕后能够立即人工凿出。

④ 应严格控制芯模的定位钢筋，严禁少设。

（4）预应力施工

① 预应力筋的安装宜自下而上进行，并应采取措施防止其被台座上涂刷的隔离剂污染。预应力筋与锚固横梁间的连接，宜采用张拉螺杆。

② 预应力筋的张拉应符合《公路桥涵施工技术规范》第 7.6 节的相关规定。

③ 张拉前，应对台座、锚固横梁及各项张拉设备进行详细检查，符合要求后方可进行操作。

④ 同时张拉多根预应力筋时，应预先调整其单根预应力筋的初应力，使相互之间的应力一致，再整体张拉。张拉过程中，应使活动横梁与固定横梁始终保持平行，并检查预

应力筋的预应力值，其偏差的绝对值不得超过按一个构件全部预应力筋预应力总值的5%。

⑤ 整体张拉宜以2倍初应力至张拉控制应力间的伸长值推算张拉伸长值。

⑥ 预应力筋的张拉程序应符合设计规定，设计未规定时，其张拉程序可按表6-37进行。

表6-37　先张法预应力筋张拉程序

预应力筋类别		张拉程序
钢丝、钢绞线	夹片式等具有自锚性能的锚具	普通松弛预应力筋：0→初应力→1.03σ_{con}（锚固） 低松弛预应力筋：0→初应力→σ_{con}（持荷5min锚固）
	其他锚具	0→初应力→1.05σ_{con}（持荷5min）→0→σ_{con}（锚固）
螺纹钢筋		0→初应力→1.05σ_{con}（持荷5min）→0.9σ_{con}→σ_{con}（锚固）

张拉时，预应力筋断丝及滑移的数量不得超过表6-38的规定。

表6-38　先张法预应力筋断丝限制

预应力筋种类	检查项目	控制数
钢丝、钢绞线	同一构件内断丝数不得超过钢丝总数的百分比	1%
螺纹钢筋	断筋	不容许

（5）养护及封端

① 梁体混凝土浇筑完成后，应立即对混凝土进行养护。梁板内箱应蓄水养护，水深应不小于1/3；梁板顶面覆盖土工布配合滴管进行保湿养护；腹部侧面利用自动喷淋程控进行喷水养护；冬季温度较低时，应在梁板外设置保温棚，利用热风机控制保温棚内养护温度。养护时间不少于7d。

② 预制梁板放张后方可进行两端的封端施工，并设置通气孔，防止内腔空气不流通，温度高致使温度梯度过大，导致开裂。

（6）存梁

① 存梁时间不应超过 3 个月。

② 预制梁吊移出预制底座时，混凝土强度不得低于设计所要求的吊装强度。

③ 存梁堆梁垫木应坚固稳定，且宜高于地面 200mm，并应定期检查堆梁地基的稳定性。

2. 先张法预应力梁预制质量要点

（1）所用的水泥、砂、石、水、外掺剂及混合材料的质量和规格必须符合有关规范的要求，按规定的配合比施工。

（2）梁（板）不得出现露筋和空洞现象。

（3）空心板采用胶囊施工时，应采取有效措施防止胶囊上浮。

（4）对预应力筋施加预应力时，宜对多台千斤顶张拉时的同步性、持荷时间、锚下的有效预应力及其均匀度进行质量控制。

（5）先张法预应力筋放张后，预应力筋在构件端部的内缩值不宜大于 2.0mm。

（6）空心板梁铰缝钢筋应严格按设计数量预埋，空心板梁安装前应将铰缝钢筋从腹板混凝土中扳出，铰缝钢筋如埋入混凝土太深而不能扳出，应进行植筋处理。

（7）应保证伸缩装置预埋筋、泄水孔、防撞护栏预埋筋、吊环等预埋件安装准确、无缺漏。

（8）实心板梁安装前，应进行全面检查，重点检查长度、梁底有无裂纹等，发现缺陷应及时处理。

（9）空心板梁混凝土表面应平整、光滑、色泽一致，无明显模板接缝、漏浆、蜂窝、麻面等缺陷，外观线条顺畅，边梁翼板边缘线顺直、平整。

3. 先张法预应力梁预制质量控制

先张法预应力梁预制的实测项目，见表 6-39。

表 6-39　先张法预应力梁、板或梁段预制实测项目

<table>
<tr><th>项次</th><th colspan="4">检查项目</th><th>规定值或允许偏差</th><th>检查方法和频率</th></tr>
<tr><td>1</td><td colspan="4">混凝土强度（MPa）</td><td>在合格标准内</td><td>按 1.6 节检查</td></tr>
<tr><td rowspan="2">2</td><td colspan="3" rowspan="2">梁长度（mm）</td><td>总长度</td><td>+5，−10</td><td rowspan="2">尺量：每梁顶面中线、底面两侧</td></tr>
<tr><td>梁段长度</td><td>0，−2</td></tr>
<tr><td rowspan="7">3</td><td rowspan="7">断面尺寸（mm）</td><td rowspan="4">宽度</td><td rowspan="2">箱梁</td><td>顶宽</td><td>±20(±5)①</td><td rowspan="7">尺量：每梁测 3 个断面，板和梁段测 2 个断面</td></tr>
<tr><td>底宽</td><td>±10
(+5，0)①</td></tr>
<tr><td rowspan="2">其他梁、板</td><td>干接缝（梁翼缘、板）</td><td>±10(±3)②</td></tr>
<tr><td>湿接缝（梁翼缘、板）</td><td>±20</td></tr>
<tr><td rowspan="2">高度</td><td colspan="2">箱梁</td><td>−5</td></tr>
<tr><td colspan="2">其他梁、板</td><td>±5</td></tr>
<tr><td colspan="3">顶板、底板、腹板或梁肋厚</td><td>+5，0</td></tr>
<tr><td>4</td><td colspan="4">平整度(mm)</td><td>≤5</td><td>2m 直尺：沿梁长方向每侧面每 10m 梁长测 1 处 * 2 尺</td></tr>
<tr><td>5</td><td colspan="4">横系梁及预埋件位置(mm)</td><td>≤5</td><td>尺量：每件</td></tr>
<tr><td>6</td><td colspan="4">横坡</td><td>±0.15</td><td>水准仪：每梁测 3 个断面，板和梁段测 2 个断面</td></tr>
</table>

续表

项次	检查项目		规定值或允许偏差	检查方法和频率
7	斜拉索锚面③	锚点坐标(mm)	±5	全站仪、钢尺：检查每锚垫板，测水平及相互垂直的锚孔中心线与锚垫板边线交点坐标推算
		锚面角度(°)	0.5	角度仪：检查每锚垫板与水平面、立面的夹角，各测 3 处

注：① 项次 3 箱梁宽度括号中的数字适用于节段拼装梁段的预制。

② 项次 2 对应干接缝的其他梁、板宽度括号中的数字适用于组合梁桥面板的预制。

③ 项次 7 仅适用于斜拉桥预制梁段。

6.7.3 后张法预应力梁

1. 后张法预应力梁预制的施工要点

（1）后张法预制台座

① 为了减少浇筑过程中台座下方地基的沉降对梁体的影响，需要对台座地基进行处理。

② 台座顶面按设计要求设置预拱度，预拱度向两端采用抛物线变化，台座预拱度根据设计值按等差法制作。

③ 必须根据桥梁设计纵坡在梁板支座处设置相应厚度的三角垫块，同一桥梁跨径与纵坡不一致时，应分别计算台座楔形块厚度。

（2）模板施工

① 预制梁的外模应按规范要求执行。

② 内模应采用定型钢模，钢板厚度应不小于 3mm，内模安装前应按模块编号并进行试拼。

③ 翼缘模板应设置加劲肋，加劲梁宽度应小于翼缘环形钢筋的设计净距，间距应为翼缘环形钢筋间距的整数倍，保证不影响翼缘环形钢筋的安装。

④ 组合箱梁翼缘侧面梳形模板的钢板厚度应不小于 10mm，保证浇筑混凝土时模板不变形、不移位。

⑤ 横隔板底模不应与侧模连成一体，应采用独立的钢板底模，保证侧模拆除后横隔板的底模仍能起支撑作用。该底模在张拉施工后方可拆除，避免横隔板与翼缘、腹板分界处出现因横隔板过早悬空而产生裂纹。

⑥ 横隔板端头应采用整体式模板，模板上应严格按设计规定的钢筋位置、间距进行开槽、开孔。

⑦ 应及时更换变形的模板，对梳形板、预留孔洞、拼接缝等易漏浆部位，应采取有效的堵浆措施，宜使用强力胶皮、聚氨酯泡沫剂、高强止浆橡胶棒等进行止浆，严禁使用砂浆、布条、海绵止浆。

⑧ 模板安装后，应按有关规定对台座反拱、模板的安装进行检查，尤其应检查梁宽、顺直度、模板各处拼缝、模板与台座接缝及各种预留孔洞位置。

⑨ 端模板应与侧模和底模紧密贴合，并应与孔道轴线垂直，保证预留孔道位置的精确。

⑩ 横坡变化的 T 梁翼缘模板宜设置可调节螺杆，按设计要求设置模坡。

⑪ 为防止芯模上浮，在模板的上方按间距 3m 布设一

根 25 号的工字钢压模。

⑫ 脱模剂采用优质液压油，使用空气压缩机配合喷洒壶进行喷洒。

（3）钢筋施工

① 钢筋骨架的焊接拼装应在坚固、标准的模型架上制作，再整体吊装的方式安装。

② 钢筋在绑扎、安装时宜采用定位架准确定位，伸缩装置及防撞护栏预埋筋、翼缘湿接缝环形钢筋宜采用辅助措施进行定位；横隔板钢筋宜采用定位架安装，确保位置、间距符合设计要求。

③ 梁端的预留钢筋不应贴模，预制后再扳起，端模、端部侧模应根据设计规定的钢筋位置、间距进行开槽、开孔，保证预制梁端头横向钢筋通长设置。

（4）波纹管、锚垫板安装

波纹管的安装：

a. 波纹管的连接，应采用大一号同型波纹管作接头管，接头管长 200mm。波纹管连接后用密封胶带封口，避免混凝土浇筑时水泥浆渗入管内造成管道堵塞。

b. 安装波纹管位置应准确，用模架制作波纹管底边切线的位置，骨架拼装后采用“井”字形卡环对波纹管进行定位，避免管道在浇筑混凝土过程中移位，影响预应力筋的受力效果。

c. 波纹管如有反复弯曲，在操作时应注意防止管壁破裂，同时应防止附近电焊火花烧伤管壁，如有微小破损应及时修补。

（5）负弯矩区预埋施工

① 宜在顶板全厚度预留张拉槽口，负弯矩张拉完成后

全断面浇筑恢复，以避免槽口底层混凝土因厚度薄难以保证混凝土质量的问题。

② 张拉槽模板宜采用以下方式：

a. 双梳板与单梳板组合拼装法：顶板双层钢筋网绑扎结束后，首先安装双梳板，用双梳板的一侧固定下层钢筋网，下层钢筋网用垫块加以固定，并保证钢筋保护层厚度；然后用单梳板与双梳板的另一侧来固定上层钢筋网，并用扎丝固定即可。负弯矩张拉时，将顶层钢筋弯起；张拉、压浆结束后，将顶层钢筋调直复位，焊接恢复。

b. 倒梯形整体梳形板法：应有足够的刚度和强度，钢板厚度应不小于 6mm。负弯矩扁锚可用螺栓固定在倒梯形整体梳形板上，保证扁锚位置准确。

c. 端部负弯矩波纹管宜伸出混凝土 50～100mm，不应过长或过短，并包裹进行保护，便于梁安装后进行连接。

（6）混凝土浇筑

① 浇筑时采用分段分层阶梯式浇筑，左右侧同时对称浇筑，平面位置端头一侧至跨中，立面底板至腹板完成，然后从跨中至端头，重复底板至腹板完成，最后一次性浇筑完顶板。

② 预制梁的拆模时间应严格控制，防止顶板及翼板塌陷造成腹板上方顶板发生纵向裂缝。

（7）预应力筋张拉

① 预应力筋进场应进行分批验收，进场时除按合同检查质量保证书，核对数量、型号、规格，进行有关试验检测外，还应加强外观质量和单位长度质量检验。

② 在穿钢绞线前，应拔除孔道内的塑料管，并对孔道进行清孔，以清除孔道内杂物和水分；预应力钢丝或钢绞线

整束穿孔时，应按照规范要求采取编束和梳理措施，防止缠绕并绑扎牢固、顺直。

③ 所用锚具均应符合设计和规范要求，使用前应通过检验并获得监理工程师批准，张拉所用的千斤顶和压力表应通过校检标定，千斤顶建议采用自动张拉设备，并按规范要求和工程师指示定期送检，进行校验。千斤顶和压力表在施工过程中，应配套使用。当混凝土龄期达到设计要求，同体养护试块强度达到设计强度的 90％以上方可进行预应力筋的张拉施工。

④ 预应力筋采用应力控制方法张拉时，应以伸长值进行校核。实际伸长值与理论伸长值的差值应符合设计规定。设计未规定时，其偏差应控制在±6％以内，否则应暂停张拉，待查明原因并采取措施予以调整后，方可继续张拉。对环形筋、U 形筋等曲率半径较小的预应力钢筋束，其实际伸长值与理论伸长值的偏差宜通过试验确定。

⑤ 预应力筋张拉时，应先调整到初应力 σ_0，该初应力宜为张拉控制应力 σ_{con} 的 15％～25％，伸长值应从初应力时开始量测。预应力筋的实际伸长值除量测的伸长值外，尚应加上初应力以下的推算伸长值。

⑥ 预应力筋在张拉控制应力达到稳定后方可锚固。对夹片式锚具，锚固后夹片顶面应平齐，其相互间的错位不宜大于 2mm，且露出锚具外的高度不应大于 4mm。锚固完毕并经检验确认合格后方可切割端头多余的预应力筋，切割时应采用砂轮锯，严禁采用电弧进行切割，同时不得损伤锚具。

⑦ 切割后预应力筋的外露长度不应小于 30mm，且不应小于 1.5 倍预应力筋直径。锚具应采用封端混凝土保护，

当需长期外露时，应采取防止锈蚀的措施。

（8）压浆

① 预应力筋张拉完毕 48h 内应完成压浆。预应力孔道压浆应采用专用压浆料或专用压浆剂配制的浆液，压浆材料应进行进场检验。压浆浆液应进行试验室试配、生产配合比验证，宜在施工前进行工艺验证（抗分离材料试验），经试配的浆液其各项性能指标均能满足规范要求后方能使用。

② 制浆机的转速应不低于 1000r/min，搅拌叶的形状应与转速相匹配，叶片的速度范围宜在 10～20m/s，并应能满足在规定的时间搅拌均匀的要求。

③ 孔道压浆机应采用活塞式可连续作业的压浆泵，不得采用风压式压力泵；孔道压浆推荐采用真空辅助压浆工艺，宜采用自动化、智能化压浆施工及记录设备，以提高压浆质量稳定性和施工安全。

④ 压浆时，对曲线孔道和竖向孔道应从最低点的压浆孔进入；对结构或构件中以上下分层设置的孔道，应按先下层后上层的顺序进行压浆。同一孔道的压浆应连续进行，一次完成。压浆应缓慢、均匀地进行，不得中断，并应将所有最高点的排气孔依次打开和关闭，使孔道内排气通畅。

⑤ 浆液自拌制至压入孔道的延续时间不应超过 40min。浆液在使用前和在压筑过程中应连续搅拌，对因延迟使用所致流动度降低的水泥浆，不得通过额外加水增加其流动度，必须废弃。

⑥ 竖向孔道压浆应自下而上进行，并应设置阀门，阻止水泥浆回流。

（9）梁板的存放

① 后张预制构件在孔道压浆前不得移运和吊装。

② T梁应采用木方支撑到位，或使用特制的钢支撑架，防止倾覆，斜撑应设于翼板根部，不得撑于翼板外缘。

③ 用于存放预制组合箱梁、宽幅空心板的枕梁（垫木）宜设在梁端（临时）支座位置，且以不影响梁吊装为原则。

④ 梁板吊装、垫木材料、存梁底座及梁板堆放的要求应按相关规定执行。

2. 后张法预应力梁预制的质量要点

（1）应确保伸缩缝预埋筋、泄水孔、防撞护栏预埋筋、吊梁孔（环）钢筋束孔道等预埋件安装准确、无缺漏。

（2）波纹管应安装牢固，接头密合，弯曲圆顺。锚垫板平面应与孔道轴线垂直。

（3）孔道压浆的浆液性能和强度应符合要求，压浆时排气、排水孔溢出浆液浓度与拌制浆液浓度相同时方可封闭。

（4）压浆完成后，所有进出浆口应予以封闭直到浆液凝固前，所有塞子、盖子或气门均不得移动或打开，以保证预应力孔道全部充浆。

（5）采用焊接形式的调平钢板应四周满焊，并经监理工程师检查同意后方可采用砂浆勾通缝，在存梁前应对钢板打磨并涂防锈漆。

（6）梁体混凝土表面应平整、光滑、色泽一致、无明显模板接缝、无漏浆、蜂窝、麻面等缺陷，水泡、气泡小且少，外观线条顺畅，边梁翼板边缘边线顺直、平整。

（7）梁体出坑后，存梁前，应对梁板进行全面外观检查，重点检查长度、梁底预埋钢板坡度、有无裂纹等，及时发现梁体缺陷，避免加架设后再次吊起。

3. 后张法预应力梁预制的质量控制

（1）后张法预应力梁预制的实测项目，见表6-32。

（2）预制安装梁、板外观质量。

① 混凝土表面不应存在《公路工程质量检验评定标准》（JTG F80/1—2017）中附录 P 中所列限制缺陷。

② 应无建筑垃圾、杂物和临时预埋件。

③ 梁段接缝胶结材料不得存在脱落和开裂。

6.7.4 预制梁安装

1. 预制梁安装施工要点

（1）梁板运输时应符合下列规定：

① 梁板运输时，宜采用特制的固定架稳定构件，并采取措施防止倾倒；在两端吊点处必须设置支搁方木。

② 梁板的运输应按高度方向竖立放置，并应有防止倾倒的固定措施，装卸梁板时，必须在支撑稳定后方可卸除吊钩。

③ 采用平板车或拖车运输梁板时，车长应能满足支点间的距离要求，支点处应设活动转盘，防止搓伤构件混凝土；运输道路应平整，如果因有坑洼而高低不平时，应事先处理平整。

（2）简支梁板的安装应符合下列规定：

① 安装前应对墩台帽的施工质量进行检验，并应对支座或临时支座的平面位置和高程进行复核，合格后方可进行梁板的安装。

② 梁板安装方法和安装设备宜根据构件的结构特点、重量及施工环境条件等综合确定，并应制订专项施工技术方案、安装工艺及安全技术方案，并对安装设备的强度、刚度和稳定性进行必要的验算。

③ 采用架桥机进行安装作业时，其抗倾覆稳定系数应不小于 1.3；架桥机过孔时，应将起重小车置于最稳定、最有利的位置，其抗倾覆稳定系数应不小于 1.5。

④ 采用吊机吊装构件时，如采用1台吊机起吊，应在吊点位置的上方设置吊架或起吊扁担；如采用两台吊机抬吊，应统一指挥、协调一致，使构件的两端同时起吊、同时就位。

⑤ 梁板安装施工期间及架桥机过孔时，严禁行人、车辆和船舶在作业区域的桥下通行。

⑥ 梁板安装就位后，应及时设置保险跺或支撑将构件临时固定，对横向自稳性较差的T梁等，应与先安装的构件进行可靠的横向连接，防止倾倒。

⑦ 安装在同一孔跨的梁板，其预制施工的龄期差不宜超过10d。梁板上有预留孔道的，其中心应在同一轴线上，偏差不应大于4mm。梁板之间的横向湿接缝，应在同一孔梁板全部安装完成后方可进行施工。

（3）先简支后连续梁板的安装应符合下列规定：

① 先简支安装的梁板，除应符合上述规定外，尚应设置临时支座进行支撑。在一片梁板中，临时支座顶面的相对高差不应大于2mm。

② 简支变连续的施工程序应符合设计规定，且应在一联梁板全部安装完成后方可进行湿接头混凝土的浇筑。

③ 对湿接头处的梁端，应按施工缝的要求进行凿毛处理。永久支座应在设置湿接头底模之前安装。湿接头处的模板应具有足够的强度和刚度，与梁体的接触面应密贴并具有一定的搭接长度，各接缝应严密不漏浆。负弯矩区的预应力管道应连接平顺，与梁体预留管道的结合处应密封；预应力锚固区预留的张拉齿板应保证其外形尺寸准确且不被损坏。

④ 湿接头的混凝土宜在一天中气温相对较低的时段浇筑，且一联中的全部湿接头应一次浇筑完成。湿接头混凝土的养护时间应不少于14d。

⑤ 湿接头按设计要求施加预应力、孔道压浆且浆体达到规定强度后，应立即拆除临时支座，按设计规定的顺序完成体系转换。同一片梁的临时支座应同时拆除。

2. 预制梁安装质量要点

（1）临时支座要求按图纸施工或采用砂筒式支座，使用前须做承压能力验算和试验，严禁使用砖支座，临时支座应与永久支座顶面标高一致。

（2）钢筋绑扎时应保证顶面预留钢筋顺直，规范钢筋搭接焊接，原混凝土表面严格进行凿毛处理（梁板侧面、横隔板的凿毛处理要求在预制厂完成），浇筑新混凝土前必须洒水湿润。

（3）一联内所有负弯矩钢筋束采用两端张拉且应在横桥向对称均匀张拉，目的是将混凝土的收缩应力、温度应力对结构由简支变连续的过程中的影响降低至最低程度，孔道压浆封锚要及时，压浆要饱满，主要目的是防止因预应力筋锈蚀而引起预应力损失加大。

（4）梁板安装就位后，梁两端支座应对应，梁板底与支座以及支座底与垫石顶须密贴，否则应重新安装。

（5）临时支座的拆除必须努力做到同步、均匀、缓慢，这一过程是确保体系转换的关键。

3. 预制梁安装质量控制

预制梁板安装的实测项目，见表 6-40。

表 6-40　预制梁、板安装实测项目

项次	检查项目		规定值或允许偏差	检查方法和频率
1	支座中心偏位（mm）	梁	≤5	尺量：每跨测 6 个支承处，不足 6 个时全测
		板	≤10	

续表

项次	检查项目		规定值或允许偏差	检查方法和频率
2	梁、板顶面高程（mm）		±10	水准仪：每跨测 5 处，跨中、桥墩（台）处应布置测点
3	相邻梁、板顶面高差（mm）	$L \leqslant 40$m	≤10	尺量：测每相邻、板高差最大处
		$L > 40$m	≤15	

6.7.5　顶推施工梁

1. 顶推施工梁的施工质量要点

（1）台座和滑道组的中线必须在桥轴线或其延长线上。

（2）导梁应在地面试装后，再在台座上安装，导梁与梁身必须牢固连接。

（3）千斤顶及其他顶推设备在施工前应检查校正，采用多点顶推时各点顶推应同步。

（4）顶推过程中应对墩台沉降、墩台位移及梁的偏位、导梁和梁扰度等进行观测。

（5）顶推及落梁程序正确。若梁体出现裂缝应查明原因，在采取措施后，方可继续顶推。

2. 顶推施工梁的质量要点

顶推施工梁的实测项目，见表 6-41。

表 6-41　顶推施工梁实测项目

项次	检查项目	规定值或允许偏差	检查方法和频率
1	轴线偏位（mm）	≤10	全站仪：每段测 2 处
2	落梁反力	满足设计要求，设计未要求时≤5	用千斤顶油压计算：检查全部

续表

项次	检查项目		规定值或允许偏差	检查方法和频率
3	支点高差（mm）	相邻纵向支点	满足设计要求，设计未要求时≤2	水准仪：检查全部
		同墩两侧支点	符合设计规定，设计无规定时不大于2	

6.7.6　悬臂浇筑梁

1. 悬臂浇筑梁施工要点

（1）挂篮设计及试压

墩顶现浇段完成后，依据挂篮设计资料，确定挂篮组拼控制线。依据实际起重能力选择合理的起重方案。然后按照先主桁次底篮再模板，最后其他附属结构的顺序进行挂篮的组拼。

挂篮组拼完成后，为了检验挂篮的性能和安全，消除结构的非弹性变形，获取挂篮弹性变形曲线的参数为箱梁施工提供数据，应对挂篮进行试压，试压通常采用试验台座加压法、水箱加压法及砂袋加压法等。

用于悬臂浇筑施工的挂篮，其结构应满足强度、刚度和稳定性要求。

（2）0号，1号块施工

施工顺序：支架拼装—立底模侧模—支架预压（观测和稳定）—绑扎底板、腹板、横隔板钢筋和预应力管道—立内侧模—底、腹板和横隔板混凝土浇筑及养护—立内顶模、绑扎顶板、翼板钢筋和预应力管道—第二次混凝土浇筑—养护—张拉预应力—压浆—模板拆除。

（3）绑扎底板、腹板钢筋

依据设计资料，先在加工场将钢筋制作成形，然后用塔吊、吊车或浮吊将钢筋运到已完成的箱梁顶面，先绑扎底腹板钢筋，再绑扎顶板钢筋。在施工过程中，施工负责人根据设计图纸，合理地确定不同种类钢筋的绑扎顺序，自检人员再检查钢筋种类、根数、间距及保护层控制是否满足要求。

（4）安装竖向预应力筋

预应力管道及定位钢筋等一般在钢筋绑扎过程中已安装完成，在预应力管道布设过程中，应用胶带纸将锚头与波纹管连接及波纹管接头处密封，封住压浆管管口，将压浆管和钢筋绑扎连接牢固，并在纵向波纹管内插入 PEC 管，以免浇筑混凝土时振动脱落而进浆。预应力管道布设时，要注意按施工设计方案布置出气孔、出浆孔。

（5）安装腹板内模模板

通常挂篮设计时要考虑，挂篮行走时能使内模与挂篮其余部分可分两次行走到位的构造。底板及腹板钢筋、预应力安装经驻地监理工程师检查、批准后，才能安装腹板内模板。

（6）悬臂浇筑时预应力的施工应符合下列规定：

① 预应力管道的安装定位应准确，备用管道和长束的管道应采取措施保证其在使用时的有效性。

② 对纵向预应力长钢筋束的张拉，宜通过必要的试验确定其张拉程序和各项参数，张拉持荷时间宜增加 1 倍；当钢筋束的伸长值不能满足要求时，可采取补张拉或反复张拉的措施，但张拉应力不得超过设计规定的最大控制应力。横向预应力采用一端张拉时，其张拉端宜在梁两侧交错设置。竖向预应力宜采取反复张拉的方式进行，反复张拉的次数应以钢筋束的伸长值是否达到要求且是否可靠锚固而定。

③ 对竖向预应力孔道，压浆时应从下端的压浆孔压入，

压力宜为0.3～0.4MPa，且压入的速度不宜过快。

(7) 混凝土浇筑

试验室工作人员将原材料检验报告单、混凝土配合比等报监理工程师签认。待模板、钢筋及预应力系统和各种预埋件施工完毕，经监理工程师检查认可后，即可进行混凝土浇筑。桥墩两侧梁段悬臂施工应对称、平衡，实际不平衡偏差不得超过设计要求值。

箱形截面混凝土浇筑顺序应按设计要求办理，当采用两次浇筑时，各梁段的施工应错开。箱体分层浇筑时，底板可一次浇筑完成，腹板可分层浇筑，分层间隔时间宜控制在混凝土初凝之前要保持覆盖。

墩顶及墩顶邻近梁段可采用落地支架或托架施工，支架和托架应符合规范规定。墩顶梁段宜全断面一次浇筑完成，当梁段过高一次浇筑完成难以保证质量时，可沿高度方向分两次浇筑，但宜将两次浇筑混凝土的龄期差控制在7d以内。预应力混凝土连续梁的墩顶梁段施工时，应按设计规定设置墩梁临时固结装置，且临时固结装置的结构和采用的材料应满足方便、快速拆除的要求。

悬臂浇筑施工应符合下列规定：

① 悬臂浇筑施工应对称、平衡地进行，两端悬臂上荷载的实际不平衡偏差不得超过设计规定值；设计未规定时，不宜超过梁段重的1/40。悬臂梁段应全断面一次浇筑完成，并应从悬臂端开始，向已与完成梁段推进分层浇筑。

② 悬臂浇筑的施工过程控制宜遵循变形和内力双控的原则，且宜以变形控制为主。悬浇过程中梁体的中轴线允许偏差应控制在5mm以内，高程允许偏差为±10mm。

③ 挂篮前移时，宜在其后方设置控制其滑动的装置或

在滑道上设置止动装置；前移就位后，应立即将后锚固点锁定，防止倾覆。

④ 当悬臂浇筑施工跨越铁路、公路、航道及其他建筑物时，应采取有效的安全施工防护措施。

(8) 养护、拆堵头模板、凿毛

在混凝土浇筑完毕后，及时在顶板表面拉毛并进行混凝土养护。用土工布、麻布等覆盖，并经常洒水，养护时间要多于7d，气温较低时表面覆盖棉被，保证混凝土强度。当混凝土强度达到2.5MPa后方可拆除堵头模板，进行凿毛，经凿毛处理的混凝土面，应用水冲洗干净。

(9) 清孔穿束

箱梁混凝土浇筑后，应对混凝土管道进行冲洗后用空压机吹干，然后人工穿入合格的钢绞线，当管道较长时采用卷扬机穿束，安装锚具。

(10) 张拉

① 待混凝土强度达到设计要求时（当设计无要求时按设计强度的80%控制），即可开始张拉。张拉要严格按照设计规定顺序进行。如设计无要求时，应注意上下、左右对称张拉，张拉时注意梁体和锚具的变化。

② 施加预应力所用的机具设备及仪表由专人使用和管理，并定期维护和保养。千斤顶与压力表应配套校验，以确定张拉力与压力表之间的关系曲线，校验需经主管部门授权的法定计量机构定期进行。当千斤顶使用超过6个月或200次，或在使用过程中出现不正常现象或检修以后，应重新检验。

③ 预应力筋采用应力控制方法张拉时，应以伸长值进行校验，实际伸长值与理论伸长值的差值控制在6%以内，

否则应暂停张拉，待查明原因并采取措施予以调整后，方可继续张拉。

（11）压浆

① 预应力筋张拉后，孔道应尽早压浆。

② 水泥浆自拌制至压入孔道的延续时间，视气温情况而定，一般在 30～45min 范围内。水泥浆在使用前和压筑过程中应连续搅拌。对于因延迟使用所致的流动度降低的水泥浆，不得通过加水来增加其流动度。

③ 压浆时，对曲线孔道和竖向孔道应从最低点的压浆孔压入，由最高点的排气孔排气和泌水。压浆宜先压筑下层孔道。

（12）落模板

预应力张拉完成后即可拆除腹板模板对拉杆，卸落吊模杆。安装行走小车，拆除后锚杆，使挂篮由锚固状态转换为行走状态。

（13）移挂篮

挂篮完成体系转换后即可进行挂篮的前移。

挂篮行走时，首先控制好轨道的中线和间距，防止挂篮走偏。主桁轨道必须放水平，轨道与箱梁必须固定牢靠。为保证挂篮就位时不扭曲、偏移，在主桁上设置垂直于主桁纵向轴线的标记线，用仪器观测来控制。如相差过大要及时调整。

挂篮行走到位后安装后锚杆，拆除行走小车，完成挂篮的体系转换。

悬臂浇筑预应力混凝土梁的合拢和体系转换应符合下列规定：

① 合拢的顺序应符合设计规定。

② 合拢施工前应对两端悬臂梁段的轴线、高程和梁长受温度影响的偏移值进行观测，并应根据实际观测值进行合拢的施工计算，确定准确的合拢温度、合拢时间及合拢程序。

③ 对两端的悬臂梁段采取施加水平推力的方式调整梁体的应力时，千斤顶的施力应对称、均衡。

④ 合拢时，宜采取措施将合拢口两侧的悬臂端予以临时刚性连接，再浇筑合拢段混凝土。合拢段的混凝土宜在一天中气温最低且稳定的时段内浇筑，浇筑后应及时覆盖洒水养护。

⑤ 合拢时在桥面上设置的全部临时施工荷载应符合施工控制的要求。对预应力混凝土连续梁，合拢后应在规定的时间内尽快拆除墩梁临时固结装置，按设计规定的程序完成体系转换和支座反力调整。

（14）边跨现浇段、边（中）跨合拢段施工

① 边跨现浇段施工工艺流程

过渡墩墩身施工—现浇支架搭设—支座安装—底模铺设（包括翼缘外支架搭设）—压载—外侧模支立—底板、腹板钢筋绑扎—腹板预应力管道埋设—内模、端模支立—顶模支架搭设—顶模拼装—顶板钢筋绑扎—顶板预应力管道埋设—混凝土浇筑—混凝土养护—内、外模拆出—合拢段施工—预应力穿束—张拉、体系转换—现浇段支架、底模拆除。

② 边、中跨合拢段施工工艺流程

挂篮前移、锚固—挂篮主桁拆除、后移—悬臂配重—底、腹板钢筋绑扎底板、腹板预应力管道埋设—内模拼装—顶模支架搭设—内顶模拼装—顶板钢筋绑扎—劲性骨架内锁定—混凝土浇筑、卸载—内模、外模拆除—张拉、体系转

换一底模系统拆除。

③ 中、边跨合拢段施工

a. 吊架施工

边、中跨合拢段的吊架系统直接采用悬浇挂篮的底平台系统。

b. 模板工程

边、中跨合拢段模板直接采用悬浇用挂篮模板系统。

c. 普通钢筋及预应力管道安装

普通钢筋在地面加工成型，运至合拢段绑扎安装，绑扎时将劲性骨架安装位置预留，等劲性骨架锁定后补充绑扎。底板束管道安装前，应试穿所有底板束，发现问题及时处理。合拢段底板束管道采用钢管，或者用双层波纹管替代，管道内穿入钢绞线芯模，以保证合拢段混凝土浇筑后底板束管道的畅通。其余预应力钢筋束及管道安装同箱梁悬臂浇筑梁段。

d. 配重压载及劲性骨架锁定

ⓐ 中、边跨合拢段悬臂端理论配重均按 1/2 合拢段混凝土重量控制，合拢时实际压载量根据合拢时悬臂端两侧的实际高差大小，由设计进行调整。边、中跨合拢段压载均采用袋装砂袋，压载需在边跨合拢段模板支立和钢筋绑扎以前完成。

ⓑ 当边跨合拢段施工完成并完成边跨体系转换后，即开始进行中跨合拢段施工。

ⓒ 在中跨合拢段混凝土浇筑前，用内锁定将合拢段两侧的箱梁锁死，以防止合拢段混凝土在施加预应力前开裂。

ⓓ 中跨锁定过程：合拢段完成立模、绑扎钢筋及预应力管道，并按要求施加压重；在设定的合拢温度下焊死连接

杆与锚固杆之间的间隙，焊死上连接板，合拢段的锁定完成。

④ 混凝土工程

合拢段混凝土选择在一天中气温较低时进行浇筑，可保证合拢段新浇的混凝土处于气温上升的环境中，在受压的状态下达到终凝，以防混凝土开裂。混凝土浇筑时的其他事项与箱梁悬臂浇筑梁段施工相同。

⑤ 卸载

a. 浇筑边跨合拢段时，根据混凝土的浇筑量边浇筑边卸去现浇段侧的配重，混凝土浇筑完成时即完成边跨侧的卸载。

b. 浇筑中跨合拢段时，根据混凝土的浇筑量边浇筑边卸去合拢段两侧的配重，混凝土浇筑完成时即完成中跨侧的卸载。

⑥ 预应力工程

待边、中跨合拢段浇筑完成并强度达到设计要求后，箱梁开始张拉，进行体系转换。预应力张拉时采用张拉吨位和引伸量双控。边、中跨合拢段预应力筋施工顺序是先纵向预应力后竖向预应力。

边跨腹板和顶板、中跨底板钢筋束张拉步骤、控制吨位(初应力均按 15%控制)。

2. 悬臂现浇梁的质量要点

(1) 悬拼或悬浇块件前，应对桥墩根部（0 号块件）的高程、桥轴线做详细复核，满足设计要求后方可进行悬拼或悬浇。

(2) 悬臂施工应对称进行，并对轴线和高程进行施工监控。

(3) 在施工过程中，梁体不应出现宽度超过设计和相关规范规定的受力裂缝。

（4）应按设计要求对悬浇或悬拼的接头交界面进行处理，梁段间胶结材料的种类、规格、质量应满足设计要求，接缝应填充密实。

（5）钢筋必须严格按照设计规定安装，钢筋接头焊接、绑扎长度、点焊点数均要满足规范要求，并应将接头错开交叉布置，钢筋保护层不得过大或过小，要满足要求。

（6）外底模，侧模刷油不宜过多，并应采取措施防止污染钢筋，如钢筋有油污，必须用丙酮或肥皂水清洗干净。

（7）模板的连接螺栓、接杆、拉筋必须上满、拧紧，支撑连接牢固，保证混凝土浇筑时，模板不胀裂、不漏浆、不变形。

（8）浇筑混凝土前必须用压力水或高压风将底板内的电焊渣、木屑等杂物冲洗干净，清洗有困难时，可在底板开小孔排泄杂物，但冲洗干净后须立即将小孔堵住。

（9）浇筑混凝土顺序应先底板，再腹板，最后浇筑顶板。为此，底板浇筑完毕后，必须满铺压仓板并顶压牢固，防止浇筑腹板时，底板翻浆，影响混凝土质量。

（10）预应力管道安装，必须保证线型、位置，定位筋数量、间距、焊接满足要求，定位牢固。接头连接可靠，包扎严密，保证振捣时不移位、不进浆。发现波纹管有破损、弯折、变形的应及时修补，严重的必须更换。

（11）底板和腹板浇筑过程中拆接导管时，导管口外应用大块铁皮垫住，堆积混凝土应尽量清理走。浇筑顶板时，对找平层预留筋开焊、掉落的要及时扶正固定。

（12）浇筑完毕，凝固后，及时覆盖浇水养护，并要对合拢段两侧各 15m 范围内的梁段进行浇水养护。养护须有专人负责，对箱内也要及时养护，养护时间不少于 7d。

（13）拆模后，墩上值班人员要及时检查混凝土表面有无缺陷及缺陷大小，并及时向现场技术负责人、安全总工反映，严禁擅自修补缺陷。

（14）预应力张拉要严格按照设计张拉力进行张拉，并符合规范要求，千斤顶和油表要按规定时间校正，油表精度等级要满足要求。

（15）张拉完毕，必须按要求及时压浆，压浆前，锚头必须封堵严实，防止漏浆。对压浆过程流至混凝土结构面上的水泥浆，应采用压力水及时冲洗干净。

3. 悬臂现浇梁的质量控制

实测项目，见表 6-42。

表 6-42　悬臂浇筑梁实测项目

<table>
<tr><th>项次</th><th colspan="2">检查项目</th><th>规定值或允许偏差</th><th>检查方法和频率</th></tr>
<tr><td>1</td><td colspan="2">混凝土强度（MPa）</td><td>在合格标准内</td><td>按 1.6 节检查</td></tr>
<tr><td rowspan="2">2</td><td rowspan="2">轴线偏位（mm）</td><td>L≤100m</td><td>≤10</td><td rowspan="2">全站仪：每个节段测 2 处</td></tr>
<tr><td>L>100m</td><td>≤L/10000</td></tr>
<tr><td rowspan="2">3</td><td rowspan="2">顶面高程（mm）</td><td>L≤100m</td><td>±20</td><td rowspan="2">水准仪：每个节段测 2 处</td></tr>
<tr><td>L>100m</td><td>±L/5000</td></tr>
<tr><td rowspan="4">4</td><td rowspan="4">断面尺寸（mm）</td><td>高度</td><td>+5，−10</td><td rowspan="4">尺量：每个节段测 1 个断面</td></tr>
<tr><td>顶宽</td><td>±30</td></tr>
<tr><td>底宽</td><td>±20</td></tr>
<tr><td>顶、底、腹板厚</td><td>+10，0</td></tr>
<tr><td rowspan="2">5</td><td rowspan="2">合拢后同跨对称点高程差（mm）</td><td>L≤100m</td><td>≤20</td><td rowspan="2">水准仪：每跨梁底对称点测 6 处</td></tr>
<tr><td>L>100m</td><td>≤L/5000</td></tr>
</table>

续表

项次	检查项目	规定值或允许偏差	检查方法和频率
6	横坡（%）	±0.15	水准仪：每节段测 2 处
7	平整度（mm）	≤8	2m 直尺：每节段每侧面测 1 处，测竖直、水平两个方向
8	相邻梁段间错台（mm）	≤5	尺量：测底面、侧面

注：L 为梁跨径。

6.7.7 悬臂拼装梁施工

1. 悬臂拼装梁施工要点

（1）梁段预制应因地制宜，在台座上连续啮合预制，采用长、短线法均可。钢筋、混凝土和预应力管道安装应符合规范的规定。预制场地和预制台座的要求按规范的规定执行。

（2）梁段的存放场地应平整，承载力应满足要求。支垫位置应与吊点一致。

（3）梁段基准块出坑前必须对所有梁块进行测量，详细记录，并根据其在桥上的设计位置进行校正。梁段标高控制点和挠度观测点，在梁段顶面埋置 4～6 个。在预制梁段上标出梁号、中轴线、横轴线。

（4）墩顶梁段（0 号块）可采用现浇或预制施工。如采用现浇施工时，具体要求按规范要求执行；如墩顶梁段采用预制吊装方案，可采用大型浮吊或架桥机吊装就位，作为基准块的 0 号块安装时必须精确就位，可采用能进行三向调整的滑移装置来实现。

（5）采用悬臂拼装法修建预应力混凝土连续梁或预应力混凝土悬臂梁桥时，应先将梁、墩临时锚固或在墩顶两侧设立临时支承。采用悬臂吊机、架桥机、缆索、浮吊悬拼安装时应按施工荷载进行强度、刚度、稳定验算，使安全系数符合规范的规定。施工注意事项如下：

① 块件起吊安装前，应对起吊设备进行全面的安全技术检查，并按设计荷载的60%、100%、130%分别进行起吊试验。

② 吊机重应符合设计要求，应注意吊机的定位和锚固，经检查符合要求后再进行起吊拼装。

③ 桥墩两侧块件宜对称起吊，以保证桥墩两侧平衡受力。

④ 墩侧相邻的1号块件提升到设计标高初步定位后，应立即测量、调整1号块件的纵轴线，使之与墩顶块件纵轴线的延伸线重合，使其横轴线与梁顶块件的横轴线平行且间距符合设计要求。应检查墩顶块件与1号块件间孔道的接头情况，调整并制作接缝间孔道接头后，方可将1号块件牢靠固定，其他各个块件连接时，均应按规定测量调整其位置。

⑤ 应在施工前绘制主梁安装挠度变化曲线，悬臂拼装过程中应随时观测桥轴线安装挠度曲线的变化情况，并与设计值进行对比，遇到较大误差时应及时处理，以便控制块件的安装高程。

（6）每对块件拼装完毕并张拉后，应立即封锚压浆。当块件的预应力钢筋束按设计要求张拉完毕后，方准许放松吊钩。

（7）体系转换及相关预应力张拉顺序按设计要求进行。

（8）合拢段施工可采用现浇或拼装，合拢段长度控制在

1.5～2.0m，采取低温合拢，选择在当天低温时施工为宜。混凝土采用早强混凝土，并及时张拉预应力。合拢段采取临时锁定措施，减少吊架变形，采用劲性骨架作为预留孔道浇入混凝土梁体内。采取临时配重措施，保持受力不变，减少变形。

2. 悬臂拼装梁质量要点

（1）悬拼测量及挠度观测：控制每节箱梁施工中的中轴线及标高，监测施工过程中各块箱梁的挠度变化情况，并不断进行调整。

基准梁块四角高差的允许误差为±2mm。

悬拼允许误差：

湿接缝第一块箱梁中线允许误差为 2mm；

湿接缝第一块箱梁顶面标高允许误差为±2mm；

悬臂合拢时箱梁中线允许误差为 30mm。

悬臂合拢时箱梁相对标高允许误差为±30mm。

（2）应力的跟踪测量按规范执行。

（3）钢筋、预应力筋、混凝土实体、外观等质量要求按《公路工程质量检验评定标准》执行。

3. 悬臂拼装梁质量控制

实测项目，见表 6-43。

表 6-43　悬臂拼装梁实测项目

<table>
<tr><th>项次</th><th colspan="2">检查项目</th><th>规定值或允许偏差</th><th>检查方法和频率</th></tr>
<tr><td>1</td><td colspan="2">合拢段混凝土强度（MPa）</td><td>在合格标准内</td><td>按 1.6 节检查</td></tr>
<tr><td rowspan="2">2</td><td rowspan="2">轴线偏位（mm）</td><td>$L\leqslant 100$m</td><td>10</td><td rowspan="2">全站仪：每节段测 2 处</td></tr>
<tr><td>$L>100$m</td><td>$L/10000$</td></tr>
</table>

续表

项次	检查项目		规定值或允许偏差	检查方法和频率
3	顶面高程（mm）	$L \leqslant 100m$	±20	水准仪：每节段测 2 处
		$L > 100m$	$\pm L/5000$	
4	合拢后同跨对称点高程差（mm）	$L \leqslant 100m$	20	水准仪：每跨梁底对称点测 6 处
		$L > 100m$	$L/5000$	
5	相邻梁段间错台（mm）		≤3	尺量：测底面、侧面

注：① L 为梁跨径。

② 非合拢段项次 1 不参与评定。

6.7.8 转体施工梁

1. 转体施工梁的基本要求

（1）转动设施和锚固体系应检验合格方可进行转体施工。

（2）采用双侧对称同步转体施工时应设位控制体系，两侧应同步。

（3）上部构造在转体施工中若出现裂缝，应查明原因并采取相应措施。

（4）合拢段两侧高差应满足设计要求。

2. 转体施工梁的实测项目（表 6-44）

表 6-44 转体施工梁实测项目

项次	检查项目	规定值或允许偏差	检查方法和频率
1	封闭转盘和合拢段混凝土强度（MPa）	在合格标准内	按 1.6 节检查
2	轴线偏位（mm）	$\leqslant L/1000$	全站仪：测 5 处

续表

项次	检查项目	规定值或允许偏差	检查方法和频率
3	梁顶面高程（mm）	±20	水准仪：跨中及梁端断面，每断面测 3 处
4	同一横断面两侧或相邻上部构件高差（mm）	≤10	水准仪：测 5 个断面

3. 转体施工梁的外观质量

（1）表面应无垃圾、杂物、临时预埋件。

（2）混凝土表面不应存在《公路工程质量检验评定标准》（JTG F80/1—2017）中附录 P 中所列限制缺陷。

6.8 拱　　桥

6.8.1 就地浇筑拱券

1. 就地浇筑拱券施工要点

（1）拱架设计

① 无论采用落地式拱架或拱式拱架，均应进行施工图设计，按《公路桥涵钢结构及木结构设计规范》（JTG D64—2015）、《钢结构设计规范》（GB 50017—2017）验算其强度、刚度和稳定性，并完成施工组织设计文件。

② 支架应置于可靠基础上，不得产生不均匀沉降。对地基基础必须进行承载力验算，置于水中的支架，还必须进行冲刷计算。

③ 支架宜采用标准化、通用化的常备式钢构件拼装，除非在特殊情况下，否则不宜采用木支架。

④ 支架设计拼装时，应设置施工预拱度。

⑤ 拱式支架应验算拼装过程中的稳定性，应设计缆风绳，使拱式支架在拼装过程中横向稳定满足要求。

（2）拱架拼装

① 拱架在拼装前，应复核桥轴线、高程、跨距。详细检查拱式支架和落地式支架的支撑面，准确调整其标高，确认无误后方能进行安装。

② 应根据拱架的构造确定适当的方法进行拱架拼装。采用常备式钢构件拼装拱架时，应遵循所采用设备的相关要求。为保证拱架的稳定应设置足够的斜撑、剪力撑和缆风绳。

③ 各类拱架顶部的标高应符合拱券下缘的拱轴线，允许偏差＋20mm，－10mm。

（3）在支架上浇筑混凝土拱券

① 跨径小于 16m 的拱券或拱肋混凝土，应按拱券全宽度从两端拱脚向拱顶对称地连续浇筑，并在拱脚混凝土初凝前全部完成。如预计不能在限定时间内完成，则应在拱脚预留一个隔缝并最后浇筑隔缝混凝土。

② 跨径大于或等于 16m 的拱券或拱肋混凝土，应沿拱跨方向分段、对称浇筑。分段位置应以能使拱架受力对称、均匀和变形小为原则，宜设在拱架受力反弯点、拱脚及 $L/4$ 等处。各段的接缝面应与拱轴线垂直，各分段点应预留间隔槽，其宽度一般为 0.5～1.0m，如有钢筋接头时，其宽度尚应满足钢筋接头的需要。如预计拱架变形较小，可减少或不设间隔槽，而采取分段间隔浇筑。

③ 应通过计算做出拱券分段浇筑程序，原则是纵断面对称于拱顶、横断面对称于桥轴线进行浇筑，并使拱架变形保持均匀，变形值尽可能最小。

（4）支架拆卸

① 应根据结构型式、承受的荷载大小及需要的卸落量，在拱架适当部位设置相应的木楔、木马、砂筒或千斤顶等卸落设备，以便于拱架的拆卸。

② 拱架的拆除期限应根据结构物特点、混凝土所达到的强度来决定。在混凝土强度达到设计强度的 85％的要求后，方可拆除拱架。

2. 就地浇筑拱券的质量要求

（1）支架式拱架应按施工技术规范的要求进行制作，必须牢固稳定。

（2）应按设计要求的施工顺序浇筑拱券混凝土。

（3）拱架的卸落应按设计要求的卸架顺序进行。

3. 就地浇筑拱券的质量控制

（1）就地浇筑拱券的实测项目，见表 6-45。

表 6-45 就地浇筑拱券实测项目

<table>
<tr><th>项次</th><th colspan="3">检查项目</th><th>规定值或允许偏差</th><th>检查方法和频率</th></tr>
<tr><td>1</td><td colspan="3">混凝土强度（MPa）</td><td>在合格标准内</td><td>按 1.6 节检查</td></tr>
<tr><td rowspan="2">2</td><td rowspan="2">轴线偏位（mm）</td><td colspan="2">板拱</td><td>≤10</td><td rowspan="2">全站仪：每肋、板拱测 5 处</td></tr>
<tr><td colspan="2">肋拱</td><td>≤5</td></tr>
<tr><td rowspan="2">3</td><td rowspan="2">内弧线偏离设计弧线（mm）</td><td colspan="2">$L\leqslant 30$m</td><td>±20</td><td rowspan="2">水准仪：每肋、板测 $L/4$ 跨、$3L/4$ 跨、拱顶 3 处两侧</td></tr>
<tr><td colspan="2">$L>30$m</td><td>$\pm L/1500$，且不超过±40</td></tr>
<tr><td rowspan="4">4</td><td rowspan="4">断面尺寸（mm）</td><td colspan="2">高度</td><td>±5</td><td rowspan="4">尺量：每肋、板拱脚、$L/4$ 跨、$3L/4$ 跨、拱顶测 5 个断面</td></tr>
<tr><td colspan="2">顶、底、腹板</td><td>＋10，－0</td></tr>
<tr><td rowspan="2">宽度</td><td>板拱</td><td>±20</td></tr>
<tr><td>肋拱</td><td>±10</td></tr>
</table>

（2）就地浇筑拱券的外观质量应符合 6.7.1 节的外观质量规定。

6.8.2 拱券节段的预制

1. 拱券节段的预制的施工要求

（1）预制拱肋时，应先在样台上放出拱肋大样，然后制作样板。放样时，应将横隔板、吊孔、接头位置准确放出。

（2）拱肋预制宜采用立式预制的方法。采用土牛拱胎基础必须密实，作底模的混凝土强度不宜低于 C20，外表应平整、光洁。

（3）箱形拱预制，可以先预制横隔板、腹板，然后在土牛拱胎上组装，浇筑底、顶板和接头混凝土。待混凝土强度达到设计强度 85%后，方可起吊运输到存梁场存放。

2. 拱券节段预制的质量要求

同 6.7.2 节。

3. 拱券节段预制的质量控制

拱券节段预制的实测项目见表 6-46 及表 6-47。

表 6-46 拱券节段预制实测项目

<table>
<tr><th>项次</th><th colspan="2">检查项目</th><th>规定值或允许偏差</th><th>检查方法和频率</th></tr>
<tr><td>1</td><td colspan="2">混凝土强度（MPa）</td><td>在合格标准内</td><td>按 1.6 节检查</td></tr>
<tr><td>2</td><td colspan="2">每段拱箱内弧长（mm）</td><td>0，−10</td><td>尺量：每段测两侧内弧</td></tr>
<tr><td>3</td><td colspan="2">内弧偏离设计弧线（mm）</td><td>±5</td><td>样板：检查底面，每段测 3 处</td></tr>
<tr><td rowspan="2">4</td><td rowspan="2">断面尺寸（mm）</td><td>顶、底、腹板厚</td><td>+10，0</td><td rowspan="2">尺量：检查 2 端断面</td></tr>
<tr><td>宽度、高度</td><td>+10，−5</td></tr>
</table>

续表

项次	检查项目		规定值或允许偏差	检查方法和频率
5	平面度（mm）	肋拱	5	拉线、尺量：每段检查 2 侧面
		箱拱	10	
6	拱箱接头倾斜（mm）		±5	角尺：每接头测 2 处
7	预埋件位置（mm）		5	尺量：测每件

表 6-47　桁架拱杆件预制实测项目

项次	检查项目	规定值或允许偏差	检查方法和频率
1	混凝土强度（MPa）	在合格标准内	按 1.6 节检查
2	断面尺寸（mm）	±5	尺量：测 2 个断面
3	杆件长度（mm）	±10	尺量：测顶底面中心线处
4	杆件旁弯（mm）	≤5	拉线、尺量：测每件
5	预埋件位置（mm）	≤5	尺量：测每件

注：若成批生产，每批抽查 25%。

4. 拱券节段预制的外观质量

同就地浇筑拱券。

6.8.3　拱的安装

1. 拱的安装的施工要求

（1）缆索吊机在吊装前必须按设计荷载进行试吊，以检验缆索吊装系统的安全性和设计计算的准确性。试吊时应检查所有设备运行情况，分级加载，并对以下部位进行观测：

① 主缆跨中垂度。

② 索塔偏位。

③ 锚碇和索塔基础变形。必要时还宜对主缆、起吊索、牵引索的索力进行测量。

（2）扣架的设置应符合下列规定：

① 扣架一般设在墩、台顶上，扣架底部应可靠固定，扣架顶应设置风缆。

② 各扣索位置必须与所吊挂的拱肋在同一竖直面内。

③ 扣架上索鞍顶面的高程应高于拱肋扣点高程。

④ 扣架须通过强度、稳定性计算。

（3）拱肋吊装时，除拱顶段以外，每段应各设一组扣索和一组风缆。风缆设置与安装应符合下列规定：

① 应按照有关规定对风缆及地锚进行专门设计。

② 固定风缆应待全孔合拢、横向联结构件混凝土强度满足设计要求后才可撤除。

③ 在河流中设置风缆时，必须采取可靠的防护措施，防止风缆和地锚受到碰撞、冲刷。

（4）对中小跨径的箱形拱桥，其单肋横向稳定安全系数不小于 4 时，可采取单肋合拢。

对大、中跨径的肋拱桥，其单肋合拢横向稳定安全系数小于 4 时，应采用双基肋合拢松索成拱的方式，即当第一根拱肋合拢并校正拱轴线，　紧拱肋接头缝后，稍松扣索和起重索，压紧接头缝，但不卸掉扣索和起重索，待第二根拱肋合拢，两根拱肋所有纵、横向接头都可靠联结并拉好风缆后，再同时松卸两根拱肋的扣索和起重索。

当七段拱肋吊装时，在两肋合拢后宜采取浇筑接头等有效措施，增强其稳定性，使之形成基肋。

2. 拱的安装质量要求

（1）拱的安装应符合设计要求的程序进行施工。

（2）接头垫塞楔形钢板布置应均匀合理，不得集中安放或偏向一侧。

（3）预制段接头现浇混凝土应密实，并应在达到设计要求强度后才可进行拱上建筑的施工。

（4）安装过程中，构件或节点不应出现宽度超过设计要求和规范的裂缝。

（5）合拢段两侧高差应在设计要求的允许范围内。

3. 拱的安装质量控制

（1）拱的安装实测项目见表 6-48 至表 6-50。

表 6-48　主拱券安装实测项目

项次	检查项目		规定值或允许偏差	检查方法和频率
1	接头混凝土强度（MPa）		在合格标准内	按 1.6 节检查
2	轴线偏位（mm）	$L\leqslant60$m	≤10	全站仪：每肋每跨测 5 处
		$L>60$m	$\leqslant L/6000$，且≤40	
3	拱券高程（mm）	$L\leqslant60$m	±20	水准仪：每肋每跨测 5 处
		$L>60$m	$\pm L/3000$，且不超过±50	
4	对称接头点相对高差（mm）	$L\leqslant60$m	≤20	水准仪：每肋每跨测每对称接头
		$L>60$m	$\leqslant L/3000$，且≤40	
5	同跨各拱肋相对高差（mm）	$L\leqslant60$m	≤20	
		$L>60$m	$\leqslant L/3000$，且≤30	水准仪：测 5 处

注：① 正拱斜置时，项次 3 为两对称接头点（实际高程—设计高程）之差。
② L 为跨径。

表 6-49 悬臂拼装的桁架拱实测项目

项次	检查项目		规定值或允许偏差	检查方法和频率
1	节点混凝土强度（MPa）		在合格标准内	按 1.6 节检查
2	轴线偏位（mm）	$L \leqslant 60$m	≤10	全站仪：每肋每跨测 5 处
		$L > 60$m	≤L/6000，且≤40	
3	拱券高程（mm）	$L \leqslant 60$m	±20	水准仪：每肋每跨测 5 处
		$L > 60$m	±L/3000，且不超过±50	
4	相邻拱片高差（mm）		≤20	水准仪：每跨测 5 处
5	对称点相对高差（mm）	$L \leqslant 60$m	≤20	水准仪：每肋每跨测对称点 5 处
		$L > 60$m	≤L/3000，且≤40	
6	拱片竖向垂直度（mm）		≤h/300，≤20	铅锤法：每片测 L/4 跨、3L/4 跨、拱顶 3 处

注：L 为跨径。

表 6-50 腹拱安装实测项目

项次	检查项目	规定值或允许偏差	检查方法和频率
1	轴线偏位(mm)	≤10	全站仪：拱脚、拱顶共 3 处
2	起拱线高程(mm)	±20	水准仪：每起拱线测 2 点
3	相邻块件高差(mm)	≤5	尺量：每相邻块件检查 2 处

（2）拱的安装外观质量

① 主拱券和上、下弦杆线形无异常弯折及变形。

② 接头混凝土表面不应存在《公路工程质量检验评定标准》（JTG F80/1—2017）中附录 P 中所列限制缺陷。

6.8.4 转体施工拱

1. 转体施工拱施工要求

（1）有平衡重平转施工

① 跨径较大、转动体系重心较高的转体施工，宜采用

环道与中心支承相结合的转盘结构，以确保整个转动体系的稳定。中、小跨径的桥梁转体施工，可采用中心支承的转盘结构。

转体平衡重可视情况利用桥台或另设临时配重，转体前，应核对平衡体的重量、转动体系的重心。如采用临时配重，应确保锚固设施的安全、可靠。

② 拱券混凝土达到设计规定强度或者设计强度的85％后，方可分批、分级张拉扣索，扣索索力应进行检测，其允许偏差为±3。张拉达到设计总吨位时，拱券脱离支架成为以转盘为支点的悬臂平衡状态，再根据合拢高程（考虑合拢温度）的要求精调张拉扣索。

③ 扣索张拉到位、拱券卸架后，应有24h的观测阶段，以检验锚固、支承体系的可靠程度。同时应观测拱结构的变形状态及随气温变化的规律，以确定转体前拱顶的高程。

④ 用千斤顶张拉扣索时应分级进行，并同时进行结构内力及挠度观测，直到拱券脱架。

转体牵引索可用两根（钢绞线、高强钢丝束），其一端引出，另一端绕固于上转盘上，形成一转动力偶。牵引动力可用卷扬机、牵引式千斤顶等，也可用普通千斤顶斜置在上、下转盘之间（注意应预留顶位）。转动时应控制速度，通常角速度不宜大于0.01～0.02rad/min或桥体悬臂端线速度不大于1.5～2.0m/min。

⑤ 采用钢绳牵引转动时，必须用千斤顶直接顶推启动后，再用钢绳牵引转动，以防止在牵引过程中克服转盘的静摩擦力时带来的冲击力。

⑥ 转体合拢时应符合下列规定：

a. 应严格控制拱肋高程和轴线，合拢接口高程允许偏差为±10mm，轴线允许偏差为±5mm 。

b. 合拢时应选择当日最低温度进行。当合拢温度与设计计算温度相差较大时，应考虑温度差带来的影响，修正合拢高程。

c. 合拢时，宜采用先打入钢楔的快速合拢措施，然后施焊接头钢筋，浇筑接头混凝土，封固转盘。在混凝土达到设计强度后，再分批、分级松扣，拆除扣、锚索。

⑦ 转体施工前应掌握气象情况，转体时避开不良天气。

（2）无平衡重平转施工

无平衡重平转施工是以锚固体系代替了平衡重进行转体。无平衡重转体系统由锚固体系、转动体系和位控体系构成，除按照有平衡重平转施工的有关要求施工外，还应遵循以下规定：

① 转动体系由拱体、上转轴、下转轴、下转盘、下环道和扣索组成。转动体系施工可按下列程序进行：安装下转轴、浇筑下环道、安装转盘、浇筑转盘混凝土、安装拱脚铰、浇筑铰脚混凝土、拼装、浇筑拱体、穿扣索、安装上转轴等。

② 锚固体系由锚碇、尾索、支撑、锚梁（或锚块）及立柱组成。锚碇可设于引道或其他适当位置的边坡岩层中。支撑和尾索一般为两个不同方向，形成三角形稳定体系，稳定锚梁和立柱顶部的上转轴使其为一固定点。当拱体设计为双肋，并采取对称同步平转施工时，斜向支撑可省去。

锚固体系必须稳固可靠，必要时应做抗拔试验。

③ 位控体系包括缆风索与扣点、转盘牵引系统，安装时的技术要求应按照本章有关规定执行。

④ 尾索张拉、扣索张拉、拱体平转、合拢卸扣等工序，

必须进行索力、轴线、高程等施工观测。

⑤ 尾索张拉时应符合下列规定：

a. 尾索张拉一般在立柱顶部的锚梁（锚块）内进行，操作程序与一般预应力梁后张法相同，可参照第 7 章有关规定执行。

b. 两组尾索应按照上下左右对称、均衡张拉的原则，对桥轴向和斜向尾索分次、分组交叉张拉。

c. 张拉一级荷载时，应按照上一级荷载张拉后的伸长值与拉索中的应力数值进行分析，调整本级张拉荷载，力求各尾索内力均衡。

d. 尾索张拉荷载达到设计要求后，应对尾索内力进行测量，如发现由于预应力损失导致尾索间内力相差过大时，应再进行一次尾索张拉，以求均衡达到设计内力。

⑥ 扣索张拉的技术要求应符合下列规定：

a. 张拉前应在桥轴向和斜轴向支撑以及拱顶、3/8. 1/4. 1/8 跨径处设立高程观测点，在张拉前和张拉过程中随时观测。

b. 全面检查支撑、锚梁、轴套、拱铰、拱体、锚碇，并列表记录，分析确认不影响安全时才可开始张拉。

c. 每索应分级张拉至设计张拉力，每级荷载张拉时，应对称于拱体，按由下向上的次序进行，各索内力相对偏差应控制在 5kN 以内，应同时检查并调整各支承点木楔。按上述要求操作张拉到设计荷载，直至拱体脱架。

⑦ 当两岸拱体旋转至桥轴线位置就位后，两岸拱顶高程误差超过标准时，宜采用千斤顶张拉、松卸扣索的方法调整拱顶高差。

⑧ 当台座和拱顶合拢口混凝土达到设计强度的 85%后，

按对称均衡原则，分级卸除扣索。在卸除扣索过程中，应监测扣索内力、拱轴线和高程。待全部扣索卸除后，应测量最终轴线位置和高程，填入合拢记录表。

（3）竖转施工

当地形及施工条件适合时，可选择竖转法施工。其转动系统由转动铰、提升体系（动、定滑车组，牵引绳等）、锚固体系（锚索、锚碇等）等组成，除应按照本章的有关要求施工外，还应遵循以下规定：

① 在桥轴线方向的河床上利用地形搭设支架，在支架上拼装待转拱肋，利用扣索的牵引力将拱肋竖向旋转至设计标高。

根据提升能力确定转动单元为单肋或双肋，在提升能力足够时，宜采用横向连接成整体的双肋为一个转动单元。

② 应根据竖转拱肋的重量及牵引设备情况，选用钢丝绳或钢绞线作扣索，扣索锚碇采用混凝土锚，提升动力可选用吨位适宜的卷扬机。扣索系统必须通过计算，钢丝绳的安全系数不小于 6，钢绞线的安全系数不小于 3，锚碇抗拔、抗滑安全系数不小于 2。

③ 索塔宜采用常备式周转设备拼装。索塔设计时要充分考虑拱肋竖转产生的偏载、荷载变化、风力等带来的不利影响，确保索塔的强度、刚度及稳定性符合要求。

④ 转动铰可根据推力大小选用钢制的轴销铰、钢板包裹混凝土的弧形柱面铰、球面铰等。转动铰应转动灵活，接触面能满足局部承压的要求。

⑤ 转动时应符合下列规定：

a. 转动前应进行试转，以检验转动系统的可靠性。竖转速度可控制在 0.005～0.01rad/min，提升重量大者宜采用较低的转速，力求平稳。

b. 两岸桥体竖转就位，调整高程和轴线应符合上述要求，揳紧合拢缺口，焊接钢筋，浇筑合拢混凝土，封填转动铰至混凝土达到设计强度后，拆除提升体系，完成竖转工作。

2. 转体施工拱的质量要求

（1）转动设施和锚固体系必须经过严格检查，安全可靠。

（2）采用双侧对称同步转体施工时，必须设位控体系，严格控制两侧同步，使误差控制在设计允许的范围内。

（3）上部构造在转体施工中如出现裂缝，应查明原因，采取措施后方可继续转体施工。

3. 转体施工拱的质量控制

（1）实测项目，见表6-51。

表6-51 转体施工拱实测项目

项次	检查项目	规定值或允许偏差	检查方法和频率
1	封闭转盘和合拢段混凝土强度（MPa）	在合格标准内	按1.6节检查
2	轴线偏位（mm）	$\leqslant L/6000$，且$\leqslant 30$	全站仪：测5处
3	跨中拱顶面高程（mm）	±20	水准仪：测拱顶两侧及中心线处
4	同一横截面两侧或相邻上部构件高差（mm）	≤10	水准仪：测5处

（2）转体施工拱的外观质量应同转体施工梁的外观要求。

6.8.5 劲性骨架混凝土拱

1. 劲性骨架混凝土拱的施工要求

（1）大跨度劲性骨架混凝土拱券（拱肋）的浇筑，

可采用分环多工作面均衡浇筑法，水箱压载分环浇筑法和斜拉扣挂分环连续浇筑法。在分析计算劲性骨架或劲性骨架与混凝土组合结构受力行为的基础上，进行合理的混凝土浇筑程序设计，并在施工过程中对结构应力和变形实施有效的监控。

（2）用分环多工作面均衡浇筑混凝土拱券（拱肋）时，多工作面的工作段长度可根据模板长度划分，按工作面均衡对称浇筑混凝土，其浇筑进度差不宜超过一个工作段。

（3）用水箱压载分环浇筑混凝土拱券（拱肋）时，要注意控制 $L/4$ 截面附近的劲性骨架的变形，预防混凝土开裂。必要时可在浇筑该处第一层（环）混凝土设置约 200mm 的变形缝，待浇完第一层（环）后再用混凝土填实。

（4）用斜拉扣挂分环连续浇筑混凝土拱券（拱肋）时，应采用操作方便和可靠的扣索系统，确定扣索的索力、位移和张拉程序，有效地控制连续浇筑混凝土过程中拱券（拱肋）的变形。

（5）分阶段浇筑拱券（拱肋）时，应严格控制每一施工阶段劲性骨架及劲性骨架与混凝土形成组合结构的变形形态、位置、拱券高程和轴线横向偏位等应符合有关要求。

（6）钢管混凝土劲性骨架的混凝土浇筑施工要求与钢管混凝土拱桥相同。

2. 劲性骨架混凝土拱的质量要求

（1）骨架应采用满足设计要求的钢材和焊接材料，按设计要求的线形加工，并应进行试拼装。

（2）杆件在施工中，不应开裂或局部构件失稳。

（3）吊装骨架应平衡下落，减少骨架变形。浇筑前应校核骨架，进行必要的调整。

（4）应分层、对称地浇筑混凝土，浇筑顺序符合设计规定。

（5）浇筑混凝土过程中骨架应稳定，并应进行拱轴线形观测，累积误差在允许范围内。

3. 劲性骨架混凝土拱的质量控制

（1）实测项目见表 6-52～表 6-54，且任一对称点相对高差不得有超过表中数值 2 倍且反向的偏差。

表 6-52　劲性骨架制作实测项目

项次	检查项目	规定值或允许偏差	检查方法和频率
1	杆件截面尺寸(mm)	不小于设计值	尺量：每段测 2 端
2	骨架高、宽(mm)	±10	尺量：每段测 3 个断面
3	内弧偏离设计弧线(mm)	≤10	样板：每段测 3 处
4	每段的弧长(mm)	+10，−10	尺量：每段测两侧内弧
5	焊缝探伤	满足设计要求	超声法：检查全部

表 6-53　劲性骨架安装实测项目

项次	检查项目	规定值或允许偏差	检查方法和频率
1	轴线偏位(mm)	≤L/6000，且≤40	全站仪：每骨架测 5 处
2	高程(mm)	±L/3000	水准仪：测拱顶、拱脚及各接头点
3	对称点相对高差(mm)	≤L/3000，且≤40	水准仪：测各接头点
4	焊缝探伤	满足设计要求	超声法：检查全部

注：L 为跨径。

表 6-54　劲性骨架拱混凝土浇筑实测项目

<table>
<tr><th>项次</th><th colspan="2">检查项目</th><th>规定值或允许偏差</th><th>检查方法
和频率</th></tr>
<tr><td>1</td><td colspan="2">混凝土强度（MPa）</td><td>在合格标准内</td><td>按 1.6 节检查</td></tr>
<tr><td rowspan="2">2</td><td rowspan="2">轴线偏位
（mm）</td><td>$L\leqslant 60$m</td><td>$\leqslant 10$</td><td rowspan="2">全站仪：
每骨架测 5 处</td></tr>
<tr><td>$L>60$m</td><td>$\leqslant L/6000$，且$\leqslant 40$</td></tr>
<tr><td>3</td><td colspan="2">拱券标高（mm）</td><td>$\pm L/3000$，且不超过± 50</td><td>水准仪：测拱脚、$L/4$ 跨、$3L/4$
跨、拱顶 5 处</td></tr>
<tr><td>4</td><td colspan="2">对称点相对高差（mm）</td><td>$\leqslant L/3000$，且$\leqslant 40$</td><td>水准仪：
对称点测 8 处</td></tr>
<tr><td>5</td><td colspan="2">断面尺寸（mm）</td><td>± 10</td><td>尺量：测 10 处</td></tr>
</table>

注：① L 为跨径。

② L 在 60～200m 间时，轴线偏位允许偏差内插。

（2）劲性骨架混凝土拱的外观质量

① 骨架应无异常变形，其线形无异常弯折。

② 焊缝应无裂纹、焊瘤、夹渣、电弧擦伤、未焊透、未填满弧坑及设计不允许出现的外观缺陷。

③ 混凝土表面不应存在《公路工程质量检验评定标准》（JTG F80/1—2017）中附录 P 中所列限制缺陷。

④ 拱券内外应无建筑垃圾、杂物和临时预埋件。

6.8.6　钢管混凝土拱

1. 钢管混凝土拱的施工要求

（1）钢管拱肋加工

① 钢管混凝土拱桥所用钢管直径超过 500mm 的应采用卷制焊接管，其径厚比（D/t）宜大于 30，卷制应在工厂进

行。一般情况应选用符合国家及相关行业标准的成品焊接管。

② 成品管及制管用的钢材宜采用《碳素结构钢》（GB/T 700—2006）和《低合金高强度结构钢》（GB/T 1591—2018），钢材和焊接材料等应符合设计要求和国家现行标准的规定，具备完整的产品合格证明。当成品管有材料代用时，应提供充分的材料力学性能和工艺性能依据。

（2）钢管拱肋安装

① 钢管拱桥成拱过程中，宜同时安装横向联结系，一般情况，未安装联结系的节段不大于一个。采用单肋合拢的安装方案时，应设置可靠的节段连接和横向抗风缆，确保单肋拱的面外稳定。

② 钢管拱节段间的焊接宜按安装顺序同步进行，并应对称施焊。施焊前需保证节段间有可靠的临时连接和有效的控制焊缝间隙；施焊时结构应处于无受载应力状态。合拢口的焊接或栓接作业应选择在结构温度相对稳定的时间内尽快完成。

③ 采用斜拉扣挂悬拼法施工时，钢管拱上的扣挂节点需进行特别设计并在工厂制造一并完成，扣索可采用多根钢绞线或高强钢丝束，并根据使用环境设防腐护套，扣索的强度安全系数应大于2。

（3）钢管混凝土浇筑

① 钢管混凝土应采用泵送顶升压注施工，泵送顺序应由拱脚至拱顶对称均衡连续压注完成。有腹箱的断面应先管后腹，除拱顶外不宜在其余部位设置横隔板。

② 钢管混凝土的配合比应具有低泡、大流动性、收缩补偿、延后初凝和早强等良好的工作性能。

2. 钢管混凝土拱的质量要求

（1）混凝土应具有低泡、大流动、延后初凝、微膨胀的性能。

（2）钢管拱肋的焊接应进行焊接工艺评定，评定结果应符合相关技术规范的规定，并制定实施性焊接施工工艺。

（3）钢管拱肋元件检验合格后方可组焊，钢管拱肋节段合格后方可安装。

（4）同一部位的焊缝返修不能超过两次，返修后的焊缝应按原质量标准进行复验，并且合格。

（5）钢管拱在安装过程中，横向稳定措施、扣挂系统应满足设计要求。

（6）管内混凝土应采用泵送顶升压注施工，由拱脚至拱顶对称均衡地一次性压注完成。

3. 钢管混凝土拱的质量控制

（1）实测项目见表 6-55 至 6-57。

表 6-55　钢管拱肋节段制作实测项目

项次	检查项目	规定值或允许偏差	检查方法和频率
1	钢管直径（mm）	$\pm D/500$，且不超过±5	尺量：每段检查 3 处
2	钢管椭圆度（%）	≤0.2	尺量：每段检查 3 处
3	钢管中距（mm）	±4	尺量：每段检查 3～5 处
4	桁式拱肋断面对角线差（mm）	≤4	样板：每段测 1～3 点
5	节段平面度（mm）	≤3	拉线测量：每段检查一处
6	内弧偏离设计弧线（mm）	±8	

续表

项次	检查项目	规定值或允许偏差	检查方法和频率
7	对接错边（mm）	≤0.1 倍板厚，且≤2	
8	拱肋内弧长（mm）	−10	尺量：检查每个节间
9	焊缝尺寸	满足设计要求	量规：检查全部，每条焊缝检查 3 处
10	焊缝探伤		超声法：检查全部 射线法：按设计要求，设计未要求时按 5% 抽查，且不得少于 2 条

注：D 为钢管直径。

表 6-56　钢管拱肋安装实测项目

项次	检查项目	规定值或允许偏差	检查方法和频率
1	轴线偏位(mm)	≤L/6000，且≤50	经纬仪：检查 5 处
2	拱肋高程(mm)	±L/3000，且不超过±50	水准仪：检查 5 处
3	对称点相对高差(mm)	≤L/3000，且≤40	水准仪：检查各接头点
4	拱肋接缝错边(mm)	≤0.2 倍壁厚，且≤2	尺量：每个接缝
5	焊缝尺寸	满足设计要求	量规：检查全部
6	焊缝探伤		超声：检查全部 射线：按设计规定，设计无规定时按 5%抽查
7	高强螺栓扭矩	±10%	

注：L 为跨径。

表 6-57　钢管拱肋混凝土浇筑实测项目

项次	检查项目		规定值或允许偏差	检查方法和频率
1	混凝土强度(MPa)		在合格标准内	按 1.6 节检查
2	轴线偏位(mm)	$L \leqslant 60$m	$\leqslant 10$	全站仪：测 5 处
		$L > 60$m	$\leqslant L/6000$，且$\leqslant 50$	
3	拱肋高程(mm)		$\pm L/3000$，且$\leqslant \pm 50$	水准仪：测拱脚、$L/4$ 跨、$3L/4$ 跨、拱顶 5 处
4	混凝土脱空率(%)		$\leqslant 1.2$	敲击法或超声法：检查全肋
5	对称点相对高差(mm)		$\leqslant L/3000$，且$\leqslant 40$	水准仪：检查各接头点

注：L 为跨径。

(2)钢管混凝土拱的外观质量

① 钢管拱肋应无异常，其线形无异常弯折。

② 焊缝应无裂纹、焊瘤、夹渣、电弧擦伤、未焊透、未填满弧坑及设计不允许出现的外观缺陷，构件表面无焊渣和飞溅物。

③ 终拧后高强螺栓丝扣外露应为 2 扣或 3 扣，不符合的不应超过 10%，设计另有规定的除外。

6.8.7　中下承式拱吊杆和柔性系杆

1. 中下承式拱吊杆和柔性系杆的施工要求

(1) 吊索和系杆拱应采用符合设计规定的产品。安装应顺直，无扭转；防护层应完整，无破损。

(2) 纵横梁安装完成后，对吊索应按高程和内应力双控制的原则进行调整，并应在完善上下锚头处的细部构造的防腐处理后，方可进行桥面系的施工。

（3）系杆索的张拉值应符合设计要求并应与加载工况相对应，上、下游应对称张拉。施工时除应对系杆索进行内力和伸长量的双控外，还应检测结构关键部位的变形，并将其控制在设计允许范围以内。

（4）对吊索和系杆索的上下锚头，应按设计要求采取防排水、防腐及防老化的措施。

（5）对吊索和系杆应进行防护，在制造工艺和各施工环节上应对索的意外损伤进行控制，保证索处于无腐蚀或低腐蚀的工作环境，防止其产生应力腐蚀。

（6）对可更换的吊索和系杆索，其护套管内不应采用环氧砂浆等固化材料填充。

2. 中下承式拱吊杆和柔性系杆的质量要求

（1）锚垫板平面应与孔道轴线垂直。

（2）吊杆、系杆防护应符合设计要求。

（3）应按设计要求程序进行施工。

（4）张拉设备应配套标定和使用，并不得超过标定期限使用。

3. 中下承式拱吊杆和柔性系杆的质量控制

（1）实测项目，见表 6-58 和表 6-59。

表 6-58　吊杆的制作与安装实测项目

项次	检查项目		规定值或允许偏差	检查方法和频率
1	吊杆长度(mm)		±L/1000 及±10	尺量：测每根
2	吊杆拉力(kN)		满足设计要求，设计未要求时±10%	测力仪：测每吊杆
3	吊点位置(mm)		≤10	全站仪：测每吊点
4	吊点高程(mm)	高程	±10	水准仪：测每吊点
		两侧高差	≤20	

注：L 为吊杆长度。

表 6-59　柔性系杆实测项目

项次	检查项目	规定值或允许偏差	检查方法和频率
1	张拉应力（MPa）	满足设计要求	查油压表读数：每根检查
2	张拉伸长率（%）	满足设计要求，设计未要求时±6	尺量：每根检查

（2）中下承式拱吊杆和柔性系杆的外观质量

① 吊杆、系杆应无扭曲。

② 防护层应无破损。

6.9　钢　桥

6.9.1　钢梁制作

1. 钢梁制作的基本要求

（1）钢梁或梁段的杆件、零件、临时吊点和养护车轨道吊点的加工尺寸及组装精度应满足设计要求并符合有关技术规范的规定，分阶段检查验收合格后方可进行下道工序。

（2）钢梁或梁段制作前应进行焊接工艺评定，评定结果应符合相关技术规范的规定，并制定实施性焊接施工工艺。

（3）同一部位的焊缝返修不得超过两次，返修后的焊缝应按原质量标准进行复验，并且合格。

（4）高强螺栓连接摩擦面的抗滑移系数应进行检验，检验结果满足设计要求。且摩擦面应保持干燥、整洁，安装出现间隙时的处理应符合相关技术规范的规定。

（5）钢梁梁段应进行预拼装，并按设计要求和有关技术规范的规定进行验收。

（6）钢梁或梁段及其零件的移动、存放不应出现不允许的变形、碰撞损伤和漆面损坏，不得使用变形零件。

(7) 排水设施、灯座、护栏、路缘石、栏杆柱预埋件和剪力键等均应按设计文件安装完成，无遗漏且位置准确。

2. 钢梁制作的实测项目

见表6-60～表6-62。

表6-60　钢板梁制作实测项目

项次	检查项目			规定值或允许偏差	检查方法和频率
1	梁高（mm）	主梁≤2m		±2	钢尺：测两端腹板处高度
		主梁＞2m		±4	
		横梁		±1.5	
		纵梁		±1.0	
2	跨度（mm）			±8	钢尺：测两支承中心距离
3	梁长（mm）	全长		±15	钢尺：测中心线处
		纵梁		+0.5，−1.5	
		横梁		±1.5	
4	纵、横梁旁弯（mm）			≤3	梁立置时在腹板一侧距主焊缝100mm处拉线测量：测中部四分点3处
5	拱度（mm）	主梁	不设预拱度	+3，0	梁卧置时在下盖板外侧拉线测量：测中部、四分点3处
			设预拱度	+10，−3	
		两片主梁拱度差		≤4	分别测两片主梁拱度，求差值
6	平面度（mm）	主梁腹板		＜h/350，且≤8	平尺及塞尺：测3处
		纵、横梁腹板		h/500，且≤5	

续表

项次	检查项目		规定值或允许偏差	检查方法和频率
7	主梁、纵横梁盖板对腹板的垂直度（mm）	有孔部位	盖板宽度≤600mm时≤0.5，其他≤1.0	角尺及塞尺：测5处
		其余部位	1.5	
8	焊缝尺寸		满足设计要求	量规：检查全部，每条焊缝检查3处
9	焊缝探伤			超声法：检查全部 射线法：按设计要求，设计未要求时按10%抽查，且不少于3条
10	高强螺栓扭矩		±10%	扭矩扳手：检查5%，且不少于2个

注：h 为加劲肋与加劲肋之间的距离。

表 6-61　钢桁节段制作实测项目

项次	检查项目	规定值或允许偏差	检查方法和频率
1	节段长度（mm）	±2	钢尺：每节段测中心线处
2	节段高度（mm）	±2	钢尺：每节段测2处
3	节段宽度（mm）	±3	钢尺：每节段测2处
4	对角线长度（mm）	±3.5	钢尺：测每节段两端
5	桁片平面度（mm）	≤3	拉线测量：测每节段桁片
6	拱度（mm）	±3	拉线测量：每节段测中部
7	焊缝尺寸	满足设计要求	量规：检查全部，每条焊缝检查3处
8	焊缝探伤		超声法：检查全部 射线法：按设计要求，设计未要求时按10%抽查，且不少于3条

续表

项次	检查项目	规定值或允许偏差	检查方法和频率
9	高强螺栓扭矩	±10%	扭矩扳手：检查5%，且不少于2个

表6-62　梁桥钢箱梁制作实测项目

项次	检查项目		规定值或允许偏差	检查方法和频率
1	梁高（mm）	$h \leqslant 2m$	±2	钢尺：测两端腹板处
		$h > 2m$	±4	
2	跨度（mm）		±8	钢尺：测支承中心距离
3	全长（mm）		±15	钢尺：测中心线处
4	腹板中心距（mm）		±3	钢尺：测两端两腹板中心距
5	横断面对角线差（mm）		≤4	钢尺：测两端断面
6	旁弯（mm）		$3+L/10000$	拉线用尺量：测中部、四分点3处
7	拱度（mm）		+10，−5	拉线用尺量：测中部、四分点3处跨中
8	腹板平面度（mm）		$\leqslant h/350$　且≤8	平尺及塞尺：每腹板检查3处
9	扭曲（mm）		每米≤1，且每段≤10	置于平台，四角中有三角接触平台，用尺量另一角与平台间隙
10	对接错边（mm）		≤2	钢尺：测各对接断面

续表

项次	检查项目	规定值或允许偏差	检查方法和频率
11	焊缝尺寸	满足设计要求	量规：检查全部，每条焊缝检查3处
12	焊缝探伤		超声法：检查全部 射线法：按设计要求，设计未要求时按10%抽查，且不少于3条
13	高强螺栓扭矩	±10%	扭矩扳手：检查5%，且不少于2个

注：① *L* 以m计。

② *h* 为加劲肋与加劲肋之间的距离。

3. 钢梁制作的外观质量

① 钢梁内外表面不得有凹陷、划痕。

② 焊缝应无裂纹、焊瘤、气孔、夹渣、电弧擦伤、未焊透、未填满弧坑及设计不允许出现的外观缺陷，构件表面无焊渣和飞溅物。

③ 终拧后高强螺栓丝扣外露应为2～3扣，不符合的不应超过10%，设计另有规定的除外。

6.9.2 钢梁安装

1. 钢梁安装的基本要求

（1）工地安装焊缝应进行焊接工艺评定，评定结果应符合相关技术规范的规定，并制定实施性焊接施工工艺。

（2）应按设计要求的程序进行安装。

（3）同一部位的焊缝返修不得超过两次，返修后的焊缝应按原质量标准进行复验，并且应合格。

（4）高强螺栓连接摩擦面的抗滑移系数应对随梁发送的

试板进行检验，检验结果应满足设计要求。

（5）安装时，摩擦面应干燥、整洁，间隙处理应符合相关技术规范的规定。

（6）钢梁运输、吊装过程中构件不应出现设计不允许的变形、碰撞损坏，严禁在工地安装已变形的构件。

钢梁安装实测项目见表 6-63。

表 6-63 钢梁安装实测项目

<table>
<tr><th>项次</th><th colspan="2">检查项目</th><th>规定值或允许偏差</th><th>检查方法和频率</th></tr>
<tr><td rowspan="2">1</td><td rowspan="2">轴线偏位（mm）</td><td>钢梁纵轴线</td><td>≤10</td><td>全站仪：每跨测 3 处</td></tr>
<tr><td>两跨相邻端横梁中线相对偏位</td><td>≤5</td><td>尺量：测各相邻端横梁</td></tr>
<tr><td rowspan="2">2</td><td rowspan="2">高程（mm）</td><td>墩台处</td><td>±10</td><td>水准仪：每墩台测 3 处</td></tr>
<tr><td>两跨相邻横梁相对高差</td><td>≤5</td><td>水准仪、尺量：测各相邻端横梁</td></tr>
<tr><td rowspan="2">3</td><td rowspan="2">固定支座处支承中心偏位（mm）</td><td>简支梁</td><td>≤10</td><td rowspan="2">尺量：测每固定支座</td></tr>
<tr><td>连续梁</td><td>≤20</td></tr>
<tr><td>4</td><td colspan="2">焊缝尺寸</td><td rowspan="2">满足设计要求</td><td>量规：检查全部，每条焊缝检查 3 处</td></tr>
<tr><td>5</td><td colspan="2">焊缝探伤</td><td>超声法：检查全部
射线法：按设计要求；设计未要求时按 10% 抽查，且不少于 3 条</td></tr>
<tr><td>6</td><td colspan="2">高强螺栓扭矩</td><td>±10%</td><td>扭矩扳手：检查 5%，且不少于 2 个</td></tr>
</table>

2. 外观质量

（1）梁底与支座以及支座底与垫石顶不得出现缝隙。

（2）钢梁线形不得出现异常弯折、变形。

（3）焊缝、高强螺栓应符合钢梁制作中外观质量要求。

（4）钢梁防护损伤应修复。

6.9.3 钢梁防护

1. 钢梁防护的基本要求

（1）涂层体系应满足设计要求，采用的涂敷系统应经车间或现场的工艺试验验证后方可施工。

（2）应按设计要求对钢梁表面进行处理，涂装前钢梁表面应保持干燥，无灰尘、油脂、氧化皮、锈斑及其他污物，出现返锈、灰尘污染时应重新处理。

（3）涂装过程中的环境条件、每层涂装时间间隔以及使用的机具设备等均应满足涂装工艺和涂装材料的要求。

（4）在完成前一道涂敷后，其干膜厚度应经检验合格，方可进行下一道涂敷。

（5）损坏的防护涂层应修复。

2. 钢梁防护的实测项目（表 6-64）

表 6-64 钢梁防护涂装实测项目

项次	检查项目	规定值或允许偏差	检查方法和频率
1	除锈等级	满足设计要求，设计未要求时，热喷锌或铝 Sa3.0，无机富锌底漆及其他 Sa2.5（St3）	样板对比：全部检查
2	粗糙度 R_Z（μm）	满足设计要求；设计未要求时，热喷锌或铝 60～100，无机富锌底漆 50～80，其他 30～75	按设计要求检查，设计未要求时用对比样块：全部检查

续表

项次	检查项目	规定值或允许偏差	检查方法和频率
3	总干膜厚度（Um）	满足设计要求；设计未要求时，干膜厚度小于设计值的测点数量≤10%，任意测点的干膜厚度≥设计值的90%	按设计要求检查；设计未要求时用测厚仪检查：抽查20%且不少于5件，每$10m^2$测10点，且不少于10点
4	附着力（MPa）	满足设计要求	按设计要求检查，设计未要求时用拉开法检查：抽查5%且不少于5件，每件测1处

3. 钢梁防护的外观质量

（1）涂层流挂、皱皮、水纹印的最大面积应不大于$900mm^2$，在任何$1m^2$范围内不得多于2块。

（2）不得出现起泡、裂纹、起皮、大熔滴、松散粒子、裂纹、掉块及返锈，应无漏涂。

6.10 斜 拉 桥

6.10.1 混凝土索塔

1. 混凝土索塔的基本要求

（1）索塔的索道孔、锚箱位置及锚固平面与水平面的交角均应控制准确，锚垫板与孔道应垂直。

（2）施工缝的设置及处理应满足设计要求和施工技术规范的规定。

（3）横梁施工中，支架变形应符合相关施工技术规范规定；横梁与塔柱应紧密连成整体。

2. 混凝土索塔的实测项目

塔柱见表 6-65，横梁见表 6-66。

表 6-65　斜拉桥混凝土索塔柱实测项目

项次	检查项目	规定值或允许偏差	检查方法和频率
1	混凝土强度(MPa)	在合格标准内	按 1.6 节检查
2	塔柱轴线偏位(mm)	≤15，且相对前一节段≤8	全站仪：测每节段顶面边线与两轴线交点
3	全高竖直度(mm)	≤H/3000，且≤30	全站仪：纵、横向各测 2 处
4	外轮廓尺寸(mm)	±20	尺量：每段测 1 个断面
5	壁厚(mm)	±10	尺量：每段顶面测 5 处
6	锚固点高程(mm)	±10	全站仪：测每锚固点
7	孔道位置(mm)	≤10，且两端同向	尺量：测每孔道
8	预埋件位置(mm)	≤5	尺量：测每件
9	节段间错台(mm)	≤3	尺量：每节段接缝每侧面最大处
10	平整度(mm)	≤8	2m 直尺：检查竖直和水平两个方向，每节段每侧面测 2 处

表 6-66　斜拉桥混凝土索塔横梁实测项目

项次	检查项目	规定值或允许偏差	检查方法和频率
1	混凝土强度(MPa)	在合格标准内	按 1.6 节检查
2	轴线偏位(mm)	≤10	全站仪：测 5 处
3	外轮廓尺寸(mm)	±15	尺量：测 2 个断面

续表

项次	检查项目	规定值或允许偏差	检查方法和频率
4	壁厚(mm)	±10	尺量：测 2 个断面，每断面 5 处
5	顶面高程(mm)	±20	全站仪：测 5 处
6	平整度(mm)	≤8	2m 直尺：检查竖直和水平两个方向，每面测 2 处

3. 混凝土索塔的外观质量

(1) 混凝土表面不应存在《公路工程质量检验评定标准》(JTG F80/1—2017) 中附录 P 中所列限制缺陷。

(2) 应无建筑垃圾、杂物和临时预埋件。

6.10.2 索塔钢锚梁、钢锚箱节段制作

1. 索塔钢锚梁、钢锚箱节段制作基本要求

应符合本章相关规定，且栓钉的质量、个数应满足设计要求。

2. 索塔钢锚梁、钢锚箱节段制作实测项目

分别见表 6-67、表 6-68。

表 6-67 索塔钢锚梁制作实测项目

项次	检查项目	规定值或允许偏差	检查方法和频率
1	梁长(mm)	±2	钢尺：测两端腹板处
2	腹板中心距(mm)	±2	钢尺：测两端两腹板中心距
3	横断面对角线差(mm)	≤3	钢尺：测两端断面
4	旁弯(mm)	3	拉线用尺量：测中部、四分点 3 处
5	扭曲(mm)	≤2	置于平台，四角中有三角接触平台，用尺量另一角与平台间隙

续表

<table>
<tr><th>项次</th><th>检查项目</th><th>规定值或允许偏差</th><th>检查方法和频率</th></tr>
<tr><td>6</td><td>锚点坐标(mm)</td><td>±2</td><td>全站仪、钢尺：检查每锚垫板，由水平和相互垂直的锚孔中心线与锚垫板边线交点坐标推算</td></tr>
<tr><td>7</td><td>锚面角度(°)</td><td>≤0.5</td><td>角度仪：检查每锚垫板与水平面、立面的夹角，各测3处</td></tr>
<tr><td>8</td><td>焊缝尺寸</td><td rowspan="2">满足设计要求</td><td>量规：检查全部，每条焊缝检查3处</td></tr>
<tr><td>9</td><td>焊缝探伤</td><td>超声法：检查全部
射线法：按设计要求，设计未要求时按10%抽查，且不少于3条</td></tr>
<tr><td>10</td><td>高强度螺栓扭矩</td><td>±10%</td><td>扭矩扳手：检查5%，且不少于2个</td></tr>
</table>

表 6-68 索塔钢锚箱节段制作实测项目

<table>
<tr><th>项次</th><th colspan="2">检查项目</th><th>规定值或允许偏差</th><th>检查方法和频率</th></tr>
<tr><td>1</td><td colspan="2">节段高度(mm)</td><td>±1</td><td>钢尺：测节段测中心线处</td></tr>
<tr><td rowspan="2">2</td><td rowspan="2">节段断面尺寸(mm)</td><td>边长</td><td>±2</td><td rowspan="2">钢尺：每段测顶、底面</td></tr>
<tr><td>对角线差</td><td>≤3</td></tr>
<tr><td>3</td><td colspan="2">节段上、下两端面平面度(mm)</td><td>≤0.8</td><td>平行度测量仪：每节段测6处</td></tr>
<tr><td>4</td><td colspan="2">节段端面平面度(mm)</td><td>≤0.2</td><td>平面度测量仪：每节段端面测6处</td></tr>
</table>

续表

项次	检查项目	规定值或允许偏差	检查方法和频率
5	锚点坐标(mm)	±2	全站仪、钢尺：检查每锚垫板，由水平和相互垂直的锚孔中心线与锚垫板边线交点坐标推算
6	锚面角度(°)	≤0.5	角度仪：检查每锚垫板与水平面、立面的夹角，各测 3 处
7	焊缝尺寸	满足设计要求	量规：检查全部，每条焊缝检查 3 处
8	焊缝探伤	满足设计要求	超声法：检查全部 射线法：按设计要求，设计未要求时按 10% 抽查，且不少于 3 条
9	栓钉焊接弯曲裂纹	均无裂纹	目测，弯曲 30°后观察焊缝和热影响区：各栓钉群测 1%，且不少于 1 个

3. 索塔钢锚梁、钢锚箱节段制作外观质量

（1）锚梁、锚箱内外表面不得有凹陷、划痕、焊疤，边缘应无毛刺。

（2）焊缝均应无裂纹、焊瘤、夹渣、电弧擦伤、未焊透、未填满弧坑及设计不允许出现的外观缺陷，构件表面无焊渣和飞溅物。

（3）栓钉围焊焊缝不得出现缺漏。

6.10.3 索塔钢锚梁、钢锚箱节段安装

1. 索塔钢锚梁、钢锚箱节段安装基本要求

应符合本章相关规定，且钢锚梁、钢锚箱节段应进行预拼装，并验收合格后方可在工地安装。

2. 索塔钢锚梁、钢锚箱节段安装实测项目

索塔钢锚梁、钢锚箱节段安装实测项目见表 6-69 和表 6-70。

表 6-69 索塔钢锚梁安装实测项目

<table>
<tr><th>项次</th><th>检查项目</th><th>规定值或允许偏差</th><th>检查方法和频率</th></tr>
<tr><td>1</td><td>中心线偏位（mm）</td><td>≤5</td><td>全站仪：每段纵、横向各测 2 点</td></tr>
<tr><td>2</td><td>顶面高程（mm）</td><td>±2，且不超过±10</td><td>全站仪：测 4 角</td></tr>
<tr><td>3</td><td>钢锚梁与支承面的接触率</td><td>满足设计要求</td><td>塞尺：检查各支承面</td></tr>
<tr><td>4</td><td>焊缝尺寸</td><td rowspan="2">满足设计要求</td><td>量规：检查全部，每条焊缝检查 3 处</td></tr>
<tr><td>5</td><td>焊缝探伤</td><td>超声法：检查全部
射线法：按设计要求</td></tr>
</table>

表 6-70 索塔钢锚箱节段安装实测项目

项次	检查项目	规定值或允许偏差	检查方法和频率
1	中心线偏位（mm）	≤5	全站仪：每段纵、横向各测 2 点
2	节段顶面高程（mm）	±2，且不超过±10	全站仪：每段测 4 角
3	钢锚箱的断面接触率	满足设计要求	塞尺：全断面检查
4	高强螺栓扭矩	±10%	扭矩扳手：抽检 5%，且不少于 2 个

3. 索塔钢锚梁、钢锚箱节段安装外观质量

（1）锚梁、锚箱的防护应无破损。

（2）焊缝、高强螺栓应符合本章相关规定。

6.10.4 混凝土斜拉桥主墩上梁段的浇筑

1. 混凝土斜拉桥主墩上梁段的浇筑基本要求

（1）支架和模板的强度、刚度、稳定性应符合施工技术规范的规定。

（2）施工过程中，梁体不得出现宽度超过设计要求和相关规范规定的受力裂缝。

2. 混凝土斜拉桥主墩上梁段的浇筑实测项目（表 6-71）

表 6-71 主墩上混凝土梁段浇筑实测项目

<table>
<tr><th>项次</th><th colspan="2">检查项目</th><th>规定值或允许偏差</th><th>检查方法和频率</th></tr>
<tr><td>1</td><td colspan="2">混凝土强度（MPa）</td><td>在合格标准内</td><td>按 1.6 节检查</td></tr>
<tr><td>2</td><td colspan="2">轴线偏位（mm）</td><td>≤L/10000</td><td>全站仪：测两端及中部</td></tr>
<tr><td>3</td><td colspan="2">顶面高程（mm）</td><td>±10</td><td>水准仪：测 5 处</td></tr>
<tr><td rowspan="4">4</td><td rowspan="4">断面尺寸（mm）</td><td>高度</td><td>+5，−10</td><td rowspan="4">尺量：测 2 个断面</td></tr>
<tr><td>顶宽</td><td>±30</td></tr>
<tr><td>底宽或肋间宽</td><td>±20</td></tr>
<tr><td>顶、底、腹板厚或肋宽</td><td>+10，−0</td></tr>
<tr><td>5</td><td colspan="2">横坡（%）</td><td>±0.15</td><td>水准仪：测 3 处</td></tr>
<tr><td>6</td><td colspan="2">预埋件位置（mm）</td><td>≤5</td><td>尺量：测每件</td></tr>
<tr><td>7</td><td colspan="2">平整度（mm）</td><td>≤8</td><td>2m 直尺：检查竖直、水平两个方向，每侧面每 10m 梁长测 1 处</td></tr>
</table>

3. 混凝土斜拉桥主墩上梁段的浇筑外观质量

（1）混凝土表面不应存在《公路工程质量检验评定标准》（JTG F 80/1—2017）中附录 P 中所列限制缺陷。

（2）应无建筑垃圾、杂物和临时预埋件。

6.10.5　混凝土斜拉桥梁的悬臂施工

1. 混凝土斜拉桥梁的悬臂施工的基本要求

（1）斜拉索、锚具及附属件应经质量验收合格后方能在工地架设使用。

（2）千斤顶及油压表等斜拉索张拉工具应配套标定和使用，并不得超过标定期限使用。

（3）穿索前锚索孔道不得存在毛刺。

（4）施工过程中应对索力、高程、塔柱变形及环境温度进行观测。

（5）悬臂施工梁段前，应对 0 号块件的高程、桥轴线做详细复核，满足设计要求后方可进行悬臂梁段的施工。

（6）悬臂施工应对称进行，斜拉索张拉的次数、量值和顺序应按设计要求及施工控制的要求进行。

（7）合拢段两侧的高差应在设计允许的范围内。

（8）梁体不得出现宽度超过设计要求和相关规范规定的受力裂缝。

（9）施工过程中，当索力和高程超过设计允许偏差时，按施正量应满足设计要求进行调整。

（10）接头的形式，位置、结合面处理及胶结材料的性能和质量应满足设计要求，接缝填充密实。

2. 混凝土斜拉桥梁悬臂施工的实测项目

混凝土斜拉桥梁的悬臂施工的实测项目，见表 6-72 和表 6-73。

表 6-72　混凝土斜拉桥的悬臂浇筑实测项目

<table>
<tr><th>项次</th><th colspan="3">检查项目</th><th>规定值或允许偏差</th><th>检查方法和频率</th></tr>
<tr><td>1</td><td colspan="3">混凝土强度（MPa）</td><td>在合格标准内</td><td>按 1.6 节检查</td></tr>
<tr><td rowspan="2">2</td><td rowspan="2">轴线偏位（mm）</td><td colspan="2">$L\leq 100$m</td><td>≤ 10</td><td rowspan="2">全站仪：每段测 2 处</td></tr>
<tr><td colspan="2">$L>100$m</td><td>$\leq L/10000$</td></tr>
<tr><td rowspan="4">3</td><td rowspan="4">断面尺寸（mm）</td><td colspan="2">高度</td><td>+5，−10</td><td rowspan="4">尺量：每段测 1 个断面</td></tr>
<tr><td colspan="2">顶宽</td><td>±30</td></tr>
<tr><td colspan="2">底宽或肋间宽</td><td>±20</td></tr>
<tr><td colspan="2">顶、底、腹板厚或肋宽</td><td>+10，−0</td></tr>
<tr><td>4</td><td colspan="3">索力（kN）</td><td>满足设计和施工控制要求，且最大偏差≤10%设计值</td><td>测力仪：测每索</td></tr>
<tr><td rowspan="3">5</td><td rowspan="3">梁锚固点或梁项高程（mm）</td><td colspan="2">梁段</td><td>满足设计和施工控制要求</td><td rowspan="3">水准仪或全站仪：测量每个锚固点或每梁段顶面 2 处</td></tr>
<tr><td rowspan="2">合拢后</td><td>$L\leq 100$m</td><td>±20</td></tr>
<tr><td>$L>100$m</td><td>$\pm L/5000$</td></tr>
<tr><td>6</td><td colspan="3">塔顶偏移（mm）</td><td>满足设计和施工控制要求</td><td>全站仪：测塔顶各边中点</td></tr>
<tr><td>7</td><td colspan="3">横坡（%）</td><td>±0.15</td><td>水准仪：每梁段测 2 处</td></tr>
<tr><td rowspan="2">8</td><td rowspan="2">斜拉索锚面</td><td colspan="2">锚点坐标（mm）</td><td>±2</td><td>全站仪、钢尺：检查每锚垫板，测水平及相互垂直的锚孔中心线与锚垫板边线交点坐标推算</td></tr>
<tr><td colspan="2">锚点角度（°）</td><td>≤0.5</td><td>角度仪：检查每锚垫板与水平面、立面的夹角，各测 3 处</td></tr>
</table>

续表

项次	检查项目	规定值或允许偏差	检查方法和频率
9	预埋件位置（mm）	≤5	尺量：测每件
10	平整度（mm）	≤8	2m直尺：检查竖直、水平两个方向，每侧每10m梁长测1处
11	相邻梁段间错台（mm）	≤5	尺量：测底面、侧面接缝最大处

注：① L 为跨径。

② 合拢段评定时，项次4～7不参与评定。

表6-73 混凝土斜拉桥的悬臂拼装实测项目

项次	检查项目			规定值或允许偏差	检查方法和频率
1	合拢段混凝土强度（MPa）			在合格标准内	按1.6节检查
2	轴线偏位（mm）	$L\leq 100$m		≤10	全站仪：每段测2处
		$L>100$m		$\leq L/10000$	
3	索力（kN）			满足设计和施工控制要求，且最大偏差≤10%设计值	测力仪：测每索
4	梁锚固点或梁顶高程（mm）	梁段		满足施工控制要求	水准仪或全站仪：测量每个锚固点或每梁段顶面2处
		合拢后	$L\leq 100$m	±20	
			$L>100$m	$\pm L/5000$	
5	塔顶偏位（mm）			满足设计和施工控制规定	全站仪：测塔顶各边中点
6	相邻梁段间错台（mm）			≤3	尺量：测底面、侧面接缝最大值

注：① L 为跨径。

② 项次3仅设置斜拉索的梁段检查。

③ 项次5仅合拢段检查。

3. 混凝土斜拉桥梁的悬臂施工的外观质量

（1）斜拉索的钢丝、钢绞线不应出现缠绕、扭结，斜拉索、锚具防护不得出现裂纹、破碎。

（2）悬臂施工梁应符合本章相关规定，且梁体线形应无异常折变。

6.10.6　钢斜拉桥箱梁段的拼装

1. 钢斜拉桥箱梁段拼装的基本要求

（1）钢箱梁段、斜拉索、锚具及附属件应验收合格后方能在工地架设安装。

（2）工地安装焊缝应进行焊接工艺评定，评定结果应符合相关技术规范的规定，并制订实施性焊接施工工艺。

（3）同部位的焊缝返修不能超过两次，返修后的焊缝应按原质量标准进行复验，并且合格。

（4）高强螺栓连接摩擦面的抗滑移系数应对随梁发送的试板进行检验，检验结果应满足设计要求。安装时，摩擦面应干燥、整洁，间隙处理应符合相关技术规范规定。

（5）千斤顶及油压表等斜拉索张拉工具应配套标定和使用，并不得超过标定期限使用。

（6）施工过程中应对索力、高程、塔柱变形及环境温度进行观测。当索力和高程超过设计允许偏差时，应按施工控制的要求进行调整。

（7）悬臂施工时应按设计要求对称进行。

2. 钢斜拉桥箱梁段的拼装实测项目（表 6-74 及表 6-75）

表 6-74　钢斜拉桥钢箱梁段的悬臂拼装实测项目

项次	检查项目		规定值或允许偏差	检查方法和频率
1	轴线偏位（mm）	$L\leqslant200$m	$\leqslant10$	全站仪：每段测 2 处
		$L>200$m	$\leqslant L/20000$	

续表

项次	检查项目			规定值或允许偏差	检查方法和频率
2	索力（kN）			满足设计和施工控制要求，且最大偏差≤10%设计值	测力仪：测每索
3	梁锚固点高程或梁顶高程（mm）	梁段		满足施工控制要求	水准仪：测量每个锚固点或梁段顶面 2 处
		合拢后	$L \leqslant 200\text{m}$	±20	
			$L > 200\text{m}$	$\pm L/10000$	
4	塔顶偏位（mm）			满足设计及施工控制规定	全站仪：测塔顶各边中点
5	梁顶四角高差（mm）			≤20	水准仪：测四角
6	相邻节段对接错边（mm）			≤2	尺量：测每段接缝最大处
7	焊缝尺寸			满足设计要求	量规：检查全部，每条焊缝检查 3 处
8	焊缝探伤				超声法：检查全部 射线法：按设计要求，设计未要求时按 10%抽查，且不少于 3 条
9	高强度螺栓扭矩			±10%	扭矩扳手：检查 5%，且不少于 2 个

注：L 为跨径。

表 6-75　钢斜拉桥钢箱梁段的支架安装实测项目

项次	检查项目	规定值或允许偏差	检查方法和频率
1	轴线偏位（mm）	≤10	全站仪：每段检查 2 处
2	相邻节段间对接错边（mm）	≤2	尺量：每段接缝最大值
3	梁段的纵向位置（mm）	≤10	全站仪：测每段中心坐标
4	梁顶高程（mm）	±10	水准仪：测梁段两端中点
5	梁顶四角高差（mm）	≤10	水准仪：测四角
6	焊缝尺寸	满足设计要求	量规：检查全部，每条焊缝检查 3 处
	焊缝探伤		超声法：检查全部 射线法：按设计要求，设计未要求时按 10%抽查，且不少于 3 条
	高强螺栓扭矩	±10%	扭矩扳手：检查 5%，且不少于 2 个

3. 钢斜拉桥箱梁段的拼装外观质量

（1）斜拉索的钢丝、钢绞线不应出现缠绕、扭结、斜拉索、裂纹、破损。

（2）钢箱梁线形不得出现异常弯折。

（3）焊缝、高强螺栓应符合本章相关规定。

6.10.7　组合梁斜拉桥钢梁段的悬臂拼装

1. 组合梁斜拉桥钢梁段的悬臂拼装的基本要求

同本章钢斜拉桥箱梁段的拼装要求。

2. 组合梁斜拉桥钢梁段的悬臂拼装的实测项目(表 6-76)

表 6-76　组合梁斜拉桥钢梁段悬臂拼装实测项目

项次	检查项目		规定值或允许偏差		检查方法和频率
1	轴线偏位（mm）		$L\leqslant 200$m	$\leqslant 10$	经纬仪：每段测 2 处
			$L>200$m	$\leqslant L/20000$	
2	相邻节段对接错边（mm）		$\leqslant 2$		尺量：每段接缝最大值
3	索力（kN）		满足设计和施工控制要求		测力仪：测每索
4	梁锚固点高程或梁顶高程（mm）	梁段	满足施工控制要求		水准仪：测每个锚固点或梁段顶面 2 处
		两主梁高差	$\leqslant 10$		
5	塔顶偏位（mm）		满足设计及施工控制要求		全站仪：测塔顶各边中点
6	焊缝尺寸		满足设计要求		量规：检查全部，每条焊缝检查 3 处
7	焊缝探伤				超声法：检查全部 射线法：按设计要求，设计未要求时按 10% 抽查，且不少于 3 条
8	高强螺栓扭矩		±10%		扭矩扳手：检查 5%，且不少于 2 个

注：L 为跨径。项次 5 仅合龙段检查。

3. 组合梁斜拉桥钢梁段的悬臂拼装外观质量

同本章钢斜拉桥箱梁段的规定。

6.10.8　组合梁斜拉桥的混凝土板

1. 组合梁斜拉桥的混凝土板的基本要求

(1) 混凝土板的浇筑或安装程序应满足设计要求。

(2) 施工过程中，当索力和高程超过设计允许偏差时，应按施工控制的要求进行调整。

(3) 混凝土浇筑前，应清除连接件和钢板上的锈蚀、污垢，表面应清洁。

2. 组合梁斜拉桥的混凝土板实测项目（表 6-77）

表 6-77　组合梁斜拉桥混凝土板施工实测项目

项次	检查项目		规定值或允许偏差	检查方法和频率
1	混凝土强度（MPa）		在合格标准内	按 1.6 节检查
2	混凝土板尺寸（mm）	厚	+10，−0	尺量：每施工段测 2 个断面
		宽	±30	
3	预制板安装偏位（mm）		±5	尺量：测 30%预制板
4	索力（kN）		满足设计和施工控制要求，且最大偏差≤10%设计值	测力仪：测每索
5	高程（mm）	$L\leqslant200$m	±20	水准仪：每 30m 测 1 处，每跨不少于 3 处
		$L>200$m	$\pm L/10000$	
6	横坡（%）		±0.15	水准仪：每 40m 测 1 个断面，每跨不少于 3 个断面

注：L 为跨径。实际工程中未涉及的项目不检查。

3. 组合梁斜拉桥混凝土板外观要求

组合梁斜拉桥的混凝土板外观质量应符合本章相关内容要求，且混凝土板与支承面不应出现缝隙。

6.11 悬索桥

6.11.1 悬索桥混凝土索塔

1. 混凝土索塔的基本要求

悬索桥混凝土索塔基本要求应符合混凝土索塔的规定，

且格栅内的混凝土应密实，与格栅应连成整体，其收缩性能和强度应满足设计要求。

2. 悬索桥混凝土索塔柱的实测项目（表6-78）

表6-78 悬索桥混凝土塔柱实测项目

项次	检查项目	规定值或允许偏差	检查方法和频率
1	混凝土强度(MPa)	在合格标准内	按1.6节检查
2	塔柱轴线偏位（mm）	≤15，且相对前一段≤8	全站仪：测每节段顶面边线与两轴线交点
3	全高竖直度（mm）	≤H/3000，且≤30	全站仪：纵、横向各测2处
4	外轮廓尺寸（mm）	±20	尺量：每段测1个断面
5	壁厚（mm）	±10	尺量：每段顶面测5处
6	塔顶格栅顶面高程（mm）	15，0	全站仪：每格栅测四角及中心处
7	塔顶格栅顶面高程差（mm）	≤2	
8	预埋件位置（mm）	≤5	尺量：测每件
9	节段间错台（mm）	≤3	尺量：每节段接缝每侧面最大处
10	平整度（mm）	≤8	2m直尺：检查竖直和水平两个方向，每节段每侧面测2处

3. 悬索桥混凝土索塔外观质量

应符合本章相关内容的规定。

6.11.2 锚碇锚固系统制作

1. 锚碇锚固系统制作的基本要求

（1）杆件制作前应进行焊接工艺评定，评定结果应符合相关技术规范的规定，并制定实施性焊接施工工艺。

（2）拉杆、连接平板、连接筒、螺母的氧化、调质处理应满足设计要求。

（3）组成刚架的杆件、锚杆、锚梁的零件加工尺寸和刚架的预拼装精度应满足设计要求，并符合有关技术规范的规定，经验收认可后方可进行下一道工序。

（4）在批量生产前，应按设计要求的抽样方法与频率，对拉杆、连接器进行强度试验和疲劳试验，试验结果应满足设计要求。

（5）构件涂装防护应符合本章相关内容规定。

2. 锚碇锚固体系制作的实测项目（表 6-79 和见表 6-80）

表 6-79 预应力锚固体系制作实测项目

项次	检查项目		规定值或允许偏差	检查方法和频率
1	连接平板	拉杆孔至锚固孔中心距（mm）	±0.5	电子尺：抽查50%，每件测各拉杆孔
2		主要孔径（mm）	1.0，0.0	游标卡尺：抽查50%，每件测各孔相互垂直方向
3		孔轴线与顶、底面的垂直度（°）	≤0.3	位置度测量法：抽查50%，每件各孔检查3处
4		顶、底面平行度（mm）	≤0.4	打表法：抽查50%，每件检查3处
5		板厚（mm）	1.0，0.0	游标卡尺：抽查50%，每件测5处

续表

项次	检查项目		规定值或允许偏差	检查方法和频率
6	连接套筒	轴线与顶、底的垂直度（°）	≤0.3	跳动检测仪：抽查50%，每件检查3处
7		顶、底面平行度（mm）	≤0.25	端面圆跳动：抽查50%，每件检查3处
8		壁厚（mm）	1.0，0.0	游标卡尺：抽查50%，每件测5处
9	拉杆同轴度（mm）		≤0.1	径向圆跳动：抽查50%，每件检查3处
10	拉杆、连接平板、连接筒、螺母探伤		满足设计要求	按设计要求的方法和频率检查，设计未要求时100%超声法探伤和10%射线法探伤

表 6-80　钢架锚固体系制作实测项目

项次	检查项目	规定值或允许偏差	检查方法和频率
1	锚杆、锚梁断面尺寸（mm）	±1.5	钢尺：每件测2处
2	杆件长度（mm）	满足设计要求，设计未要求时±3	钢尺：每杆件测中心线
3	锚杆、锚梁连接部位翼板平面度（mm）	≤0.5	钢尺、塞尺：每件测连接面
4	锚杆、锚梁弯曲（mm）	≤3	拉线测量：每件测
5	锚杆、锚梁扭曲（mm）	满足设计要求，设计未要求时≤3	杆件置于平台上，量悬空角与平台间隙：测每件

续表

项次	检查项目	规定值或允许偏差	检查方法和频率
6	焊缝尺寸	满足设计要求	量规：检查全部，每条焊缝检查 3 处
7	焊缝探伤		超声法：检查全部 射线法：按设计要求；设计未要求时按 10% 抽查，且不少于 3 条

3. 锚碇锚固系统制作的外观质量

拉杆、连接平板、连接筒、锚杆表面应无凹陷、划痕、焊疤、飞边毛刺。焊缝、高强螺栓应符合本章相关内容规定。

6.11.3 锚碇锚固体系安装

1. 锚碇锚固体系安装的基本要求

（1）锚固系统应有合格证书，经验收合格后方可安装。

（2）钢架锚固系统应安装牢固，在浇筑混凝土时不产生扰动、变位。

（3）预应力锚固系统锚垫板与孔道轴线垂直，混凝土达到设计要求的强度方可按规定程序进行张拉。

（4）应按设计要求进行防护处理。

（5）焊接及高强螺栓连接应符合本章相关内容的相关规定。

2. 锚碇锚固体系安装的实测项目（表 6-81 至表 6-82）。

表 6-81 预应力锚固系统安装实测项目

项次	检查项目	规定值或允许偏差	检查方法和频率
1	锚面孔道中心坐标偏差（mm）	±10	全站仪：测每孔道

续表

项次	检查项目	规定值或允许偏差	检查方法和频率
2	前锚面孔道角度（°）	±0.2	全站仪：测每孔道
3	连接平板轴线偏位（mm）	≤5	全站仪、钢尺：测每个连接平板中心线与板边线交点

表 6-82　刚架锚固系统安装实测项目

项次	检查项目		规定值或允许偏差	检查方法和频率
1	刚架中心线偏位（mm）		≤20	全站仪：测前后端
2	安装锚杆之平联高差（mm）		+5，−2	水准仪：测全部
3	锚杆坐标（mm）	纵	±10	全站仪、钢尺：每根测两端
		横	±5	
		竖直	±5	
4	焊缝尺寸（mm）		满足设计要求	量规：检查全部，每条焊缝检查 3 处
5	焊缝探伤（mm）			超声法：检查全部 射线法：按设计要求；设计未要求时按 10% 抽查，且不少于 3 条
6	高强度螺栓扭矩（mm）		±10%	扭矩扳手：检查 5%，且不少于 2 个

3. 锚碇锚固体系安装的外观质量

（1）连接器、锚杆等构件表面防护应无破损。

（2）锚杆线形不得出现弯折。

（3）焊接、高强螺栓应符合本章相关内容的规定。

6.11.4　锚碇混凝土块体

1. 锚碇混凝土块体的基本要求

（1）地基承载力必须满足设计要求。

（2）先后浇筑的混凝土层间预埋钢筋的规格、长度、数量、间距及表面处理应满足设计要求，并符合施工技术规范的规定。

（3）水化热产生的混凝土内最高温度及内外温差应控制在允许范围内。

2. 锚碇混凝土块体的实测项目（表 6-83）

表 6-83　锚碇混凝土块体实测项目

项次	检查项目		规定值或允许偏差	检查方法和频率
1	混凝土强度（MPa）		在合格标准内	按 1.6 节检查
2	轴线偏位（mm）	基础	≤20	全站仪：每个测
		槽口	≤10	
3	平面尺寸（mm）		±30	尺量：测 3 处
4	基底高程（mm）	土质	±50	水准仪：测 10 处
		石质	+50，−200	
5	顶面高程（mm）		±20	水准仪：测 10 处
6	预埋件位置（mm）		满足设计要求，设计未要求时≤5	尺量：测每件
7	平整度（mm）		≤8	2m 直尺：每外露面每 10m² 测 1 处，每处测竖直和水平两方向

3. 锚碇混凝土块体的外观质量

应符合本章相关内容的规定，且锚室不得出现积水、渗水。

6.11.5 预应力锚索的张拉与压浆

（1）预应力锚索的张拉应符合本章相关内容的规定，实测项目表中有关预应力钢筋位置的项次不检查。

（2）预应力锚索的压浆应符合本章相关内容的规定，并应按设计要求进行张拉试验，满足要求后方可正式张拉。

6.11.6 隧道锚的混凝土锚塞体

1. 隧道锚的混凝土锚塞体的基本要求

（1）应对混凝土抗渗性能和微膨胀性能进行检测，结果应满足设计要求。

（2）水化热产生的混凝土内最高温度及内外表温差应控制在允许范围内。

（3）锚塞体混凝土与洞身周边应紧密结合，若出现缝隙，应按设计文件进行处理并符合要求。

2. 隧道锚的混凝土锚塞体实测项目（表 6-84）

表 6-84 隧道锚的混凝土锚塞体实测项目

项次	检查项目	规定值或允许偏差	检查方法和频率
1	混凝土强度（MPa）	在合格范围内	按 1.6 节检查
2	前、后锚面中心纵桥向坐标（mm）	±50	全站仪、钢尺：测前后锚面
3	前、后锚面倾角（°）	±0.5	倾角仪：前后锚面各测 3 处
4	预埋件位置（mm）	满足设计要求，设计未要求时≤5	尺量：测每件

3. 隧道锚的混凝土锚塞体外观质量

应符合第本章相关内容规定。

6.11.7 索鞍制作

1. 索鞍制作的基本要求

（1）鞍槽铸钢件的材料性能、无损检测结果应满足设计要求，具有完整的出厂质量合格证明书。

（2）鞍座钢板应按有关标准逐张进行超声波探伤，成批钢板应按设计和有关规范规定的频率和方法抽样进行化学成分和机械性能试验，探伤和试验结果应合格后方可使用。

（3）施焊前，应对母材、焊条及坡口形式，焊接质量等按焊接规范和设计要求进行焊接工艺评定，采用经焊接工艺评定合格的焊条、焊丝和焊剂。

（4）索鞍焊缝应按设计要求进行无损探伤，探伤结果应合格。

（5）出厂前应先进行试拼装，各零部件应有识别标记和定位标记。搬动、运输和储存过程中零部件和涂装不应损伤和散失。

（6）索鞍防护处理应符合设计要求。

2. 索鞍制作的实测项目（表 6-85 和表 6-86）

表 6-85　主索鞍制作实测项目

项次	检查项目		规定值或允许偏差	检查方法和频率
1	主要平面	平面度	≤0.08mm/1000mm，且≤0.5mm/全平面	平面度测量仪或机床检查：各主要平面测 12 处，应交叉检测
2		两平面的平行度（mm/全平面）	≤0.5	平行度测量仪或机床检查：各主要平面测 6 处
3		鞍体下平面对中心索槽竖直平面的垂直度（mm/全长）	≤2	跳动测量仪或机床检查：测 6 处
4		对合竖直平面对鞍体下平面的垂直度（mm/全长）	≤3	跳动测量仪或机床检查：测 6 处

续表

项次	检查项目		规定值或允许偏差	检查方法和频率
5	高度	鞍座底面对中心索槽底的高度（mm）	±2	跳动测量仪或机床检查：测 6 处
6	圆弧半径	鞍槽的轮廓圆弧半径	±2	跳动测量仪或机床检查：测 6 处
7	鞍槽内各尺寸	各槽宽度、深度（mm）	±1，累积误差±2	样板：测 3 个断面
8		各槽与中心索槽的对称度（mm）	≤0.5	跳动测量仪或机床检查：测 3 个断面
9		加工后鞍槽底部及侧壁厚度（mm）	±10	机床检查或设置基准面测量：测 3 个断面
10		各槽曲线立、平面角度（°）	±0.2	角度传感仪或机床检查：测各曲线
11		鞍槽表面粗糙度 R_a（μm）	满足设计要求	粗糙度仪：各槽表面测 5 处

注：项次 1 主要平面包括：主索鞍的下平面、对合的竖直平面；上、下支承板的上下平面；中心索槽的竖直（基准）平面。

表 6-86　散索鞍制作实测项目

项次	检查项目		规定值或允许偏差	检查方法和频率
1	主要平面	平面度	≤0.08mm/1000mm，且≤0.5mm/全平面	平面度测量仪或机床检查：各主要平面测 9 处，应交叉检测
2		两平面的平行（mm/全平面）	≤0.5	平面度测量仪或机床检查：各主要平面测 6 处
3		摆轴中心线与索槽中心平面的垂直度（mm/全长）	≤3	跳动测量仪或机床检查：测 6 处
4	高度	摆轴对合面到索槽底面的高度（mm）	±2	跳动测量仪或机床检查：测 3 处
5	圆弧半径	鞍槽的轮廓圆弧半径（mm）	±2	跳动测量仪或机床检查：测 3 处
6	鞍槽内各尺寸	各槽宽度、深度（mm）	±1，累积误差±2	样板：测 3 个断面
7		各槽与中心索槽的对称度（mm）	≤0.5	跳动测量仪或机床检查：测 3 处
8		加工后鞍槽底部及侧壁厚度（mm）	±10	机床检查或设置基准面测量：测 3 个断面
9		各槽曲线立面、平面角度（°）	±0.2	角度传感仪或机床检查：测各曲线
10		鞍槽表面粗糙度 R_a（μm）	满足设计要求	粗糙度仪：各槽表面测 3 处

3. 索鞍制作的外观质量

（1）铸钢件加工表面不得有气孔、砂眼、缩松。

（2）焊缝应符合本章相关内容规定。

（3）各孔、平面的加工表面不得漏涂防锈油脂。

6.11.8 索鞍安装

1. 索鞍安装的基本要求

（1）索鞍成品应按设计要求和有关技术规范的规定验收合格后方可安装。

（2）应按设计要求放置底板，其表面应平整，与索鞍支承板密贴。

（3）索鞍安装前应进行全面检查，不得出现损伤。索槽内部应清洁，不应粘有油脂或油漆等材料。

（4）索鞍就位后应锁定牢固。

2. 索鞍安装的实测项目（表 6-87 及表 6-88）

表 6-87 主索鞍安装实测项目

项次	检查项目		规定值或允许偏差	检查方法和频率
1	最终偏位（mm）	顺桥向	满足设计要求	全站仪、尺量：每鞍测纵、横中心线 2 点
		横桥向	≤10	
2	底板高程（mm）		+20，0	全站仪：每鞍测四角
3	四角高差（mm）		≤2	
4	高强螺栓扭矩		±10%	扭矩扳手：检查 5%，且不少于 2 个

表 6-88 散索鞍安装实测项目

项次	检查项目	规定值或允许偏差	检查方法和频率
1	底板轴线纵、横向偏位（mm）	≤5	全站仪、尺量：每鞍测纵、横中心线 2 点

续表

项次	检查项目	规定值或允许偏差	检查方法和频率
2	底板中心高程（mm）	±5	水准仪：测每鞍
3	底板高差（mm）	≤2	水准仪：每鞍测底板四角
4	散索鞍竖向倾斜角	满足设计要求	全站仪：测每鞍

3. 索鞍安装的外观质量

鞍槽内应无污物。表面防护损伤应修复。

6.11.9　主缆索股和锚头的制作

1. 主缆索股和锚头的制作基本要求

（1）锚杯和锚板应逐件进行无损探伤检测，合格后方可使用。

（2）索股在成批生产前，应按设计要求进行拉伸破坏试验，试验后锚头进行剖面检查，合格后方可生产。

（3）索股上的标志点应齐全、准确，锚头涂装防护应符合本章相关内容要求。

（4）运输和存储过程中索股和锚头不应受到损伤、污染和腐蚀。

2. 索股和锚头的制作与防护实测项目（表 6-89）

表 6-89　主缆索股和锚头的制作与防护实测项目

项次	检查项目	规定值或允许偏差	检查方法和频率
1	索股基准丝长度（mm）	$\pm L_z/15000$	专用测量平台：测每丝
2	成品索股长度（mm）	$\pm L_R/10000$	专用测量平台：测每股
3	热铸锚合金灌铸率（%）	>92	量测体积后计算：每锚检查

续表

项次	检查项目	规定值或允许偏差	检查方法和频率
4	锚头顶压索股外移量（按规定顶压力，持荷 5min）（mm）	满足设计要求	百分表：每锚检查
5	索股轴线与锚头端面垂直度（°）	±0.5	角度仪：每锚测 3 处两个相互垂直方向

注：项次 4 外移量允许偏差应在扣除初始外移量之后进行测量。

3. 悬索桥索股和锚头的制作与防护外观质量

（1）索股钢丝无缠绕、鼓丝，不得出现弯折。

（2）索股缠包带不得松散，钢丝、锚头防护应无损伤。

6.11.10　主缆架设

1. 主缆架设的基本要求

（1）索股成品应有合格证，应按设计要求和有关技术规范的规定验收合格后方可架设。

（2）索股入鞍、入锚位置应满足设计要求，架设时索股不得弯折、扭转和散开。

（3）索股锚固应与锚板正交，锚头锁定应牢固。

2. 主缆架设的实测项目（表 6-90）

表 6-90　主缆架设实测项目

项次	检查项目			规定值或允许偏差	检查方法和频率
1	索股高程（mm）	基准	中跨	±L/20000	全站仪：每索股测跨中
			边跨	±L/10000	
			上、下游高差	≤10	
		一般	相对于基准索股	+10，−5	全站仪或专用卡尺：每索股测跨中

续表

项次	检查项目	规定值或允许偏差	检查方法和频率
2	锚跨索股力偏差	满足设计要求，设计未要求时±3%	测力仪：测每索股
3	主缆空隙率（%）	±2	量直径和周长后计算：测索夹处和两索夹间，抽查50%
4	主缆直径不圆度（%）	≤2	卡尺：紧缆后测两索夹间，抽查30%

注：L 为中跨跨径。

3. 主缆架设的外观质量

（1）索股钢丝无鼓丝，不重叠。

（2）索股不得出现交叉、扭转。

（3）索股表面无污染，锚头防护层、钢丝镀锌层损伤应修复。

6.11.11 索夹制作

1. 悬索桥索夹制作与防护的基本要求

（1）分批热处理的铸钢件和合金结构钢均应按设计要求和有关技术规范要求进行验收，验收结果必须合格。

（2）每一件加工成品（索夹和螺杆）都必须按设计要求和有关技术规范的规定进行无损探伤，结果应合格。每对索夹两半部分应先进行编号和试拼装，并验收合格。

（3）每一半索夹超标缺陷修补点不应超过2个，同一修补点不应修补2次，并做好修补记录备查。

（4）铸钢件加工面不得有气孔、砂眼、缩松等可见缺陷，如检查发现，必须按设计要求修补。

2. 悬索桥索夹制作与防护的实测项目（表 6-91）

表 6-91　索夹制作与防护实测项目

项次	检查项目		规定值或允许偏差	检查方法和频率
1	索夹内径及长度（mm）		±2	尺量：每组件测中部、端部断面相互垂直两个方向的内径，长度测 2 处
2	壁厚（mm）		+5，0	卡尺：每组件测 10 处
3	圆度（mm）		≤2	电动轮廓仪或机床检查：每组件检查 5 处
4	平直度（mm）		≤1	平直度测量仪或激光准直仪：每组件测 5 处
5	索夹内壁粗糙度 R_a（μm）		满足设计要求，设计未要求时 12.5～25	粗糙度仪：每组件测 10 处
6	耳板	销孔中心偏位（mm）	±1	卡尺：抽查 50%，每组件测 2 处
		销孔内径（mm）	+1，0	
7	螺孔	螺孔中心偏位（mm）	±1.5	卡尺：抽查 50%，每组件测 2 处
		螺孔直径（mm）	±2	
		直线度（mm）	≤L/500	传感仪：抽查 50%，每组件测 3 处

注：L 为螺杆孔深度。

3. 悬索桥索夹制作与防护的外观质量

（1）索夹表面不得存在超过设计要求的凹坑、气孔、砂眼，无飞边毛刺。

（2）索夹螺杆、螺母、垫圈等表面不应欠涂防护油脂，不应出现锈迹、污物和螺纹损伤。

6.11.12 吊索和锚头的制作

1. 吊索和锚头的制作的基本要求

锚杯、耳板和销轴应逐件按设计要求进行无损探伤检测，结果应合格。

应按设计要求进行吊索和锚头组装件拉伸破坏试验，试验结果应满足要求。

吊索应在设计要求的拉力下进行下料及长度标记，在锚头附近应同时设置长度标志点和方向标志点。

锚头涂装防护应符合标准规定，吊索的防护应满足设计要求。

搬动、运输和储存过程中不应出现零部件散失及吊索和锚头受到损伤现象。

2. 悬索桥吊索和锚头的制作与防护的实测项目(表6-92)

表6-92 吊索和锚头制作与防护实测项目

项次	检查项目		规定值或允许偏差	检查方法和频率
1	吊索调整后长度（销孔之间）（mm）	≤5m	±1	尺量或专用测量平台：测每索
		>5m	±L/5000，且不超过±30	
2	销轴直径（mm）		0，−0.15	卡尺：测每个端部断面相互垂直两个方向直径
3	叉形耳板销孔中心偏位（mm）		±2	钢尺：检查每叉形耳板两面，由水平孔中心线与边线交点坐标推算

续表

项次	检查项目	规定值或允许偏差	检查方法和频率
4	热铸锚合金灌铸率（%）	>92	量测体积后计算：每个检查
5	锚头顶压后吊索外移量（按规定的顶压力，持荷5分钟）（mm）	满足设计要求	百分表：测每锚
6	吊索轴线与锚头端面垂直度（°）	≤0.5	角度仪：每锚测3处，每处测两个相互垂直方向

注：① 项次5顶压外移量允许偏差应在扣除初始外移量之后进行量测。
② L 为吊索长度。

3. 悬索桥吊索和锚头的制作与防护的外观质量

（1）吊索和锚头表面不得出现锈迹，防护应无破损。

（2）吊索不得弯折，护套应无气泡、划痕、开裂、畸形。

6.11.13 索夹和吊索安装

1. 索夹和吊索安装的基本要求

（1）螺栓紧固设备应标定，按设计要求和有关技术规范的规定分阶段检测螺杆中的拉力。

（2）索夹内表面和索夹处主缆表面应按设计要求进行处理，安装时应清洁、干燥。

（3）锚头应锁定牢固。

2. 索夹和吊索安装的实测项目（表6-93）

表6-93 索夹和吊索安装实测项目

项次	检查项目		规定值或允许偏差	检查方法和频率
1	索夹偏位（mm）	顺缆向（mm）	≤10	全站仪和钢尺：测每个
		偏转角（°）	≤0.5	角度仪：测每个

续表

项次	检查项目	规定值或允许偏差	检查方法和频率
2	螺杆紧固力(kN)	满足设计要求	张拉压力表读数：检查每个

3. 索夹和吊索安装的外观质量

（1）吊索应无扭结。

（2）索夹、吊索的防护应无划伤、裂纹、断裂。

6.11.14 主缆防护

1. 主缆防护的基本要求

（1）防护前应清除主缆钢丝表面的灰尘、油污和水分，保持干燥、干净。密封膏应均匀地填满主缆外侧钢丝与缠丝之间的间隙。

（2）缠丝前应对缠丝机进行标定。

（3）缠绕钢丝应嵌进索夹端部留出的凹槽内不少于3圈，绕丝端部必须牢固地嵌入索夹端部槽内并应焊接固定，不得松动。

（4）索夹缝隙、螺杆孔、端部应采用满足设计要求的密封材料填充密实。

（5）防护层表面应平整。

（6）主缆缆套的各处密封性能应满足设计要求。

2. 主缆防护的实测项目（表6-94）

表6-94 主缆防护实测项目

项次	检查项目	规定值或允许偏差	检查方法和频率
1	缠丝间距(mm)	≤1	插板：每两索夹间随机量测1m内最大间距处
2	缠丝张力(kN)	±0.3	标定检测：每盘测1次

续表

项次	检查项目	规定值或允许偏差	检查方法和频率
3	防护层厚度(μm)	满足设计要求	涂层采用贴片法，密封剂采用切片法：每缆每100m测1处，每缆每跨不少于3处

3. 主缆防护的外观质量

（1）钢丝缝隙不得欠填缠丝腻子，裹覆层处无残留腻子。

（2）缠丝不得出现重叠、交叉。

（3）防护层表面涂装应无针孔、裂纹、脱落、漏涂。

（4）索夹密封应无开裂、气泡、缝隙。

（5）主缆内不得出现积水。

6.11.15 悬索桥钢加劲梁梁段制作

1. 悬索桥钢加劲梁梁段制作的基本要求

同本章钢梁制作相关规定，并应按设计要求的阶段，将主索鞍顶推至规定位置。

2. 悬索桥钢加劲梁梁段安装的实测项目

钢箱梁段，见表6-95。

表 6-95 钢加劲梁安装实测项目

项次	检查项目	规定值或允许偏差	检查方法和频率
1	吊点偏位（mm）	≤30	全站仪：测每吊点
2	同一梁段两侧对称吊点处梁顶高差(mm)	≤20	水准仪：测每吊点处
3	相邻节段匹配高差(mm)	≤2	尺量：测每段接缝最大处

续表

<table>
<tr><th>项次</th><th>检查项目</th><th>规定值或允许偏差</th><th>检查方法和频率</th></tr>
<tr><td>4</td><td>焊缝尺寸</td><td rowspan="2">满足设计要求</td><td>量规：检查全部，每条焊缝检查 2 处</td></tr>
<tr><td>5</td><td>焊缝探伤</td><td>超声法：检查全部
射线法：按设计要求，设计未要求时按 10%抽查，且不少于 3 条</td></tr>
<tr><td>6</td><td>高强螺栓扭矩</td><td>±10%</td><td>扭矩扳手：检查 5%，且不少于 2 个</td></tr>
</table>

3. 悬索桥钢加劲梁安装外观质量

（1）加劲梁线形应无异常折变。

（2）焊缝、高强螺栓应符合本章相关内容规定。

6.11.16 自锚式悬索桥主缆索股的锚固系统制作

1. 自锚式悬索桥主缆索股的锚固系统制作的基本要求

（1）组成锚固系统的锚垫板、导管等零件加工尺寸应满足设计要求，并应验收合格。

（2）导管与锚垫板的连接及防护应满足设计要求。

2. 自锚式悬索桥主缆索股的锚固系统制作的实测项目(表 6-96)

表 6-96 自锚式悬索桥主缆索股的锚固系统制作实测项目

<table>
<tr><th>项次</th><th>检查项目</th><th>规定值或允许偏差</th><th colspan="2">检查方法和频率</th></tr>
<tr><td>1</td><td>导管长度(mm)</td><td>±5</td><td>尺量：测 2 处</td><td rowspan="2">抽查 50%</td></tr>
<tr><td>2</td><td>锚垫板与导管角度(°)</td><td>≤0.5</td><td>角度仪：每锚垫板测两轴线方向</td></tr>
</table>

3. 自锚式悬索桥主缆索股的锚固系统制作的外观质量

（1）导管、锚垫板不得有划伤索股的突出物、毛刺及深度超过其板厚度负偏差50%的擦伤、划痕。

（2）导管表面应无凹陷。

6.11.17 自锚式悬索桥主缆索股的锚固系统安装

1. 自锚式悬索桥主缆索股的锚固系统安装的基本要求

（1）组成锚固系统应验收合格后方可安装。

（2）锚固系统应安装牢固，在浇筑混凝土时不产生扰动、变位。

2. 自锚式悬索桥主缆索股的锚固系统安装的实测项目(表6-97)

表6-97 自锚式悬索桥主缆索股的锚固系统安装实测项目

项次	检查项目	规定值或允许偏差	检查方法和频率
1	预埋导管前端孔道中心坐标（mm）	±5	全站仪：测每孔道
2	预埋导管后端孔道中心坐标（mm）	与前端同向，±5	全站仪：测每孔道

3. 自锚式悬索桥主缆索股的锚固系统制作的外观质量

（1）锚固系统表面防护应无破损。

（2）锚固系统内外应无建筑垃圾、杂物。

6.11.18 自锚式悬索桥吊索张拉和体系转换

1. 自锚式悬索桥吊索张拉和体系转换的基本要求

（1）所使用的千斤顶及油压表等张拉工具应配套标定和使用，并不得超过标定期限使用。

（2）体系转换过程中应对吊索力，塔柱变位、主索位置的偏移量、钢加劲梁的线形和上、下缘的应力、应变等进行监控和记录。

（3）体系转换应按使用控制要求进行操作，索力、施加顺序、索鞍的预偏量、顶推力及顶推时间应符合使用控制要求。

（4）索塔偏移、钢箱梁高程、吊索索力等超过设计允许范围时，应进行吊索力的调整。

2. 自锚式悬索桥吊索张拉和体系转换的实测项目(表 6-98)

表 6-98　自锚式悬索桥吊索张拉和体系转换实测项目

项次	检查项目	规定值或允许偏差	检查方法和频率
1	钢加劲梁高程（mm）	±30	水准仪：测中跨5处，每边跨3处
2	钢加劲梁横向高差（mm）	≤20	
3	吊索索力（kN）	满足设计和施工控制规定，未规定时±10%	测力仪：测全部吊索

3. 自锚式悬索桥吊索张拉和体系转换的外观质量

（1）主缆及加劲梁的线形应无异常弯折。

（2）吊索应无扭结。

（3）吊索的防护不应出现破损、裂纹。

6.12　桥面系和附属工程

6.12.1　混凝土桥面板桥面防水层

1. 混凝土桥面板桥面防水层的基本要求

（1）防水层材料之间应具有相容性，并应至少有不低于桥面沥青混凝土铺装层使用年限的寿命，具有适应动荷载及混凝土桥面开裂时不损坏的性能。

（2）混凝土与防水层的粘结面应坚实、平整、清洁、干燥，无垃圾、尘土、油污与浮浆，表面处理应满足设计要求。

（3）应按设计要求的工艺施工，施工环境条件应满足防水材料的要求。预计涂料表面在干燥前会下雨，则不应施工。施工过程中，严禁踩踏未干的防水层。防水层养护结束后、桥面铺装完成前，行驶车辆不得在其上急转弯或紧急制动。

（4）防水层与泄水孔、护栏、路缘石等衔接处的防水构造应满足设计要求。

（5）卷材、胎体长度及宽度方向的搭接宽度应满足设计要求，不得出现横向通缝。

2. 混凝土桥面板桥面防水层的实测项目（表 6-99）

表 6-99　防水层实测项目

项次	检查项目		规定值或允许偏差	检查方法和频率
1	防水涂层	厚度（mm）	满足设计要求，设计未要求时，平均厚度≥设计厚度，85%检查点的厚度≥设计厚度，最小厚度≥80%设计厚度	测厚仪：每施工段测10处，每处测3点
		用量（kg/m^2）	满足设计要求	按施工段涂敷面积计算
2	防水粘结强度（MPa）		在合格标准内	按 JTG F80/1—2017 附录 N 检查
3	混凝土粘结面含水率		满足设计要求	含水率测定仪：当施工段不大于 $1000m^2$ 时，每施工段测 5 处，每处测 3 次，取均值；超过 $1000m^2$ 时，每增加 $1000m^2$ 增加 1 处

注：对防水层厚度、用量，仅需检查其中之一，渗透性防水涂料检查用量，其他涂料在用测厚仪困难时，检查用量。

3. 混凝土桥面板桥面防水层的外观质量

(1) 涂层防水应无漏涂、气泡、脱皮、胎体外露。

(2) 卷材防水应无空鼓、翘边、褶皱。

(3) 防水层与泄水孔进水口、伸缩装置、护栏、路缘石衔接处应无渗漏。

6.12.2 混凝土桥面板桥面铺装

1. 混凝土桥面板桥面铺装的基本要求

(1) 水泥混凝土桥面的基本要求同水泥混凝土路面，沥青混凝土桥面的基本要求同沥青混凝土路面。

(2) 桥面泄水孔进水口附近的铺装应有利于桥面积水和渗入水的排除，泄水孔数量不得少于设计要求。

2. 混凝土桥面板桥面铺装的实测项目（表 6-100～表 6-102）

表 6-100 水泥混凝土桥面铺装实测项目

项次	检查项目	规定值或允许偏差		检查方法和频率
		高速公路 一级公路	其他公路	
1	混凝土强度（MPa）	在合格标准内		按 1.6 节检查
2	厚度（mm）	+10，−5		水准仪：以同桥面板产生相同挠度变形的点为基准点，测量桥面铺装施工前后相对高差：长度不大于 100m 每车道测 3 处，每增加 100m 每车道增加 2 处

续表

项次	检查项目		规定值或允许偏差		检查方法和频率
			高速公路一级公路	其他公路	
3	平整度	σ（mm）	≤1.32	≤2.0	平整度仪：全桥每车道连续检测，每 100m 计算σ、IRI
		IRI（m/km）	≤22	≤3.3	
		最大间隙 *h*（mm）	≤3	≤5	3m 直尺：半幅车道板带每 200m 测 2 处×5 尺
4	横坡（%）		±0.15	±0.25	水准仪：长度不大于 200m 时测 5 个断面，每增加 100m 增加 1 个断面
5	抗滑构造深度（mm）		0.7～1.1	0.5～0.9	铺砂法：长度不大于 200m 时测 5 处，每增加 100m 增加 1 处

注：① 表中σ为平整度仪测定的标准差；IRI 为国际平整度指数；*h* 为 3m 直尺与面层的最大间隙。

② 小桥（中桥视情况）可并入路面进行检验。

表 6-101　沥青混凝土桥面铺装实测项目

项次	检查项目	规定值或允许偏差		检查方法和频率
		高速公路一级公路	其他公路	
1	压实度（%）	≥试验室标准密度的 96%（*98%） ≥最大理论密度的 92%（*94%） ≥试验段密度的 98%（*99%）		按 1.4 节检查，长度不大于 200m 时测 5 点，每增加 100m 增加 2 点

续表

<table>
<tr><th rowspan="2">项次</th><th rowspan="2" colspan="2">检查项目</th><th colspan="2">规定值或允许偏差</th><th rowspan="2">检查方法和频率</th></tr>
<tr><th>高速公路
一级公路</th><th>其他公路</th></tr>
<tr><td>2</td><td colspan="2">厚度（mm）</td><td colspan="2">＋10，－5，</td><td>水准仪：以同桥面板产生相同挠度变形的点为基准点，测量桥面铺装施工前后相对高差；长度不大于 100m 每车道测 3 处，每增加 100m 每车道增加 2 处</td></tr>
<tr><td rowspan="3">3</td><td rowspan="3">平整度</td><td>σ（mm）</td><td>≤1.2</td><td>≤2.5</td><td rowspan="2">平整度仪：全线每车道连续检测，每 100m 计算 σ、IRI</td></tr>
<tr><td>IRI（m/km）</td><td>≤2.0</td><td>≤4.2</td></tr>
<tr><td>最大间隙 h（mm）</td><td>—</td><td>≤5</td><td>3m 直尺：半幅车道板带每 200m 测 2 处×5 尺</td></tr>
<tr><td rowspan="2">4</td><td rowspan="2">渗水系数
(mL/mAn)</td><td>SMA</td><td>≤80</td><td rowspan="2">—</td><td rowspan="2">渗水试验仪：每 500m² 测 1 处</td></tr>
<tr><td>其他</td><td>≤100</td></tr>
<tr><td>5</td><td colspan="2">横坡（%）</td><td>±0.3</td><td>±0.5</td><td>水准仪：长度不大于 200m 时测 5 个断面，每增加 100m 增加 1 个断面</td></tr>
</table>

续表

项次	检查项目	规定值或允许偏差		检查方法和频率
		高速公路 一级公路	其他公路	
6	构造深度	满足设计要求	—	铺砂法：长度不大于 200m 测 5 处，每增加 100m 增加 1 处

注：① 表内压实度，高速公路、一级公路应选用 2 个标准评定，以合格率低的作为评定结果；其他等级公路选用 1 个标准进行评定。带 * 号者是指 SMA 路面。

② 表中 σ 为平整度仪测定的标准差；IRI 为国际平整度指数；h 为 3m 直尺与面层的最大间隙。

③ 小桥（中桥视情况）可并入路面进行检验。

④ 当沥青混合料、施工工艺与路面相同时，压实度、渗水系数可并入路面进行检验，压实度可在路面上取芯。

表 6-102　复合桥面水泥混凝土铺装实测项目

项次	检查项目	规定值或允许偏差	检查方法和频率
1	混凝土强度（MPa）	在合格标准内	按 1.6 节检查
2	厚度（mm）	+10，−5	水准仪：以同桥面板产生相同挠度变形的点为基准点，测量桥面铺装施工前后相对高差：长度 100m 以内每车道测 3 处，每增加 100m 每车道增加 2 处

续表

项次	检查项目	规定值或允许偏差	检查方法和频率
3	平整度（mm）	≤5	3m 直尺：半幅车道板每 200m 测 2 处×5 尺
4	横坡（%）	±0.15	水准仪：长度不大于 200m 时测 5 个断面，每增加 100m 增加 1 个断面

注：复合桥面的沥青混凝土面层按表 6-101 评定。

3. 桥面铺装的外观质量

与路缘石、护栏等结构构件衔接处，水泥混凝土铺装应无宽度超过 0.3mm 的裂缝，沥青混凝土铺装应无开裂、松散。

6.12.3　钢桥面板上防水粘结层

1. 钢桥面板上防水粘结层的基本要求

（1）钢桥面板应去除锈迹、灰尘、油污和其他污物，无焊瘤、飞溅物和毛刺等，表面清洁、干燥，并在设计要求时间内进行防水粘结层的涂敷施工。

（2）作业环境温度和湿度等条件应符合粘结层施工的要求。

（3）防水层与泄水孔、护栏、路缘石等衔接处的防水构造应满足设计要求。

（4）防水粘结层材料的加热温度和洒布温度应满足设计要求。

2. 钢桥面板上防水粘结层的实测项目（表 6-103）

表 6-103　钢桥面板上防水粘结层实测项目

项次	检查项目		规定值或允许偏差	检查方法和频率
1	钢桥面板清洁度		满足设计要求	样板对比：每 $1000m^2$ 检查 9 处
2	粗糙度（μm）		满足设计要求，设计未要求时 $60\sim100\mu m$	按设计要求检查；设计未要求时，用对比样快检查：每 $1000m^2$ 检查 9 处
3	防水粘结层	厚度（mm）	满足设计要求；设计未要求时，平均厚度≥设计厚度，85%检查点的厚度≥设计厚度，最小厚度≥80%设计厚度	按设计要求检查；设计未要求时用测厚仪检查：每洒布段检查10处，每处测 3 点
		用量（kg/m^2）	满足设计要求	按施工段洒布面积计算
4	粘结层与钢桥板底漆间结合力（MPa）		≥设计值	按设计要求检查；设计未要求时用拉拔仪检查：每 $1000m^2$ 检查 3 点，且每洒布段不少于 3 点

3. 钢桥面板上防水粘结层的外观质量

（1）应无漏涂防水黏结层的桥面板。

（2）防水粘结层无堆积、鼓泡和起皱，表面不得沾染油污或其他污物。

6.12.4　钢桥面板上沥青混凝土铺装

1. 钢桥面板上沥青混凝土铺装的基本要求

（1）各种矿料和沥青用量及各种材料和沥青混合料的加

热温度、碾压温度应满足设计要求，并符合施工技术规范的规定。

（2）拌和后的沥青混合料应均匀一致，无花白、粗细料分离和结团成块现象。

（3）桥面泄水孔进水口附近的铺装应有利于桥面积水和渗入水的排除，进水口数量不得少于设计要求。

（4）应在粘结层洒布完成后设计要求的时间内完成沥青混凝土铺装，粘结层表面应干净、干燥。

2. 钢桥面板上摊铺式沥青混凝土铺装的实测项目（表 6-104）

表 6-104　钢桥面板上摊铺式沥青混凝土铺装实测项目

<table>
<tr><th>项次</th><th colspan="3">检查项目</th><th>规定值或允许偏差</th><th>检查方法和频率</th></tr>
<tr><td>1</td><td colspan="3">压实度</td><td>满足设计要求</td><td>按碾压吨位与遍数检查</td></tr>
<tr><td>2</td><td colspan="3">厚度（mm）</td><td>+5，−2</td><td>水准仪：以同桥面板产生相同挠度变形的点为基准点，测量桥面铺装施工前后相对高差，或采用工程雷达：长度 100m 以内每车道测 3 处，每增加 100m 每车道增加 2 处</td></tr>
<tr><td rowspan="5">3</td><td rowspan="5">平整度</td><td rowspan="2">高速公路
一级公路</td><td>IRI（m/km）</td><td>≤2.0</td><td rowspan="4">平整度仪：全桥每车道连续检测，每 100m 计算 IRI 或 σ</td></tr>
<tr><td>σ（mm）</td><td>≤1.2</td></tr>
<tr><td rowspan="3">其他公路</td><td>IRI（m/km）</td><td>≤4.2</td></tr>
<tr><td>σ（mm）</td><td>≤2.5</td></tr>
<tr><td>最大间隙 h（mm）</td><td>≤5</td><td>3m 直尺：每 200m 测 2 处×5 尺</td></tr>
</table>

续表

项次	检查项目	规定值或允许偏差	检查方法和频率
4	横坡（%）	±3	水准仪：长度不大于200m时测5个断面，每增加100m增加1个断面
5	渗水系数（mL/min）	≤80	渗水试验仪：长度不大于200m时测5处，每增加100m增加1处
6	摩擦系数	满足设计要求	摆式仪：每200m测5处；超过200m时，每增加100m增加1处 横向力系数测定车：全线连续，按1.12节评定
7	抗滑构造深度	满足设计要求	铺砂法：长度不大于200m时测5处，每增加100m增加1处

注：① 表中σ为平整度仪测定的标准差；IRI为国际平整度指数；h为3m直尺与面层的最大间隙。
② 环氧沥青混凝土面层不检查项次5。
③ 当采用探地雷达检查时，应钻孔验证。

3. 钢桥面板上沥青混凝土铺装的外观质量

应与路缘石、护栏等结构构件衔接处无开裂、松散。

6.12.5 支座垫石和挡块

1. 支座垫石和挡块的基本要求

（1）施工缝处理应符合施工技术规范的规定。

（2）支座垫石和挡块与墩台帽或盖梁的连接处混凝土应密实、无裂缝。

2. 支座垫石和挡块的实测项目（表6-105和表6-106）

表6-105　支座垫石实测项目

<table>
<tr><th>项次</th><th colspan="2">检查项目</th><th>规定值或允许偏差</th><th>检查方法和频率</th></tr>
<tr><td>1</td><td colspan="2">混凝土强度（MPa）</td><td>在合格标准内</td><td>按1.6节检查</td></tr>
<tr><td>2</td><td colspan="2">轴线偏位（mm）</td><td>≤5</td><td>全站仪、尺量：测支座垫石纵、横方向，抽查50%</td></tr>
<tr><td>3</td><td colspan="2">断面尺寸（mm）</td><td>±5</td><td>尺量：测1个断面，检查50%</td></tr>
<tr><td rowspan="3">4</td><td colspan="2">顶面高程（mm）</td><td>±2</td><td rowspan="3">水准仪：测中心及四角</td></tr>
<tr><td rowspan="2">顶面高差（mm）</td><td>垫石边长≤500mm</td><td>≤1</td></tr>
<tr><td>其他</td><td>≤2</td></tr>
<tr><td>5</td><td colspan="2">预埋件位置（mm）</td><td>≤5</td><td>尺量：测每件</td></tr>
</table>

注：表中顶面高差允许偏差仅适用于直接安放支座的垫石。

表6-106　挡块实测项目

项次	检查项目	规定值或允许偏差	检查方法和频率
1	混凝土强度（MPa）	在合格标准内	按1.6节检查
2	平面位置（mm）	≤5	全站仪：抽查30%，测中心线2端
3	断面尺寸及高度（mm）	±10	尺量：抽查30%。每块测1个断面尺寸，2处高度
4	与梁体间隙（mm）	±5	尺量：抽查30%，每块测两侧各1处

3. 外观质量

（1）混凝土表面不应存在《公路工程质量检验评定标准》（JTG F80/1—2017）中附录P中所列限制缺陷。

（2）挡块应无大于3mm的连接错台。

6.12.6 支座安装

1. 支座安装的基本要求

（1）支座的类型、规格和技术性能应满足设计要求和有关规范的规定，具有产品合格证，经验收合格后方可安装。

（2）对先安装后灌浆的支座，灌浆材料性能应满足设计要求，灌注密实，不得出现空洞、缝隙。

（3）支座上下各部件纵轴线应对正。当安装时温度与设计要求不同时，应通过计算设置支座顺桥向预偏量。

（4）支座不得发生偏歪、不均匀受力和脱空现象。滑动面上的四氟滑板和不锈钢板不得有划痕、碰伤等，位置正确，安装前应涂上硅脂油。

（5）支座与桥梁上、下部的连接应满足设计要求并符合施工技术规范的规定。

（6）支座钢构件及连接件表面应按设计要求进行防护处理。

2. 支座安装的实测项目（表6-107和表6-108）

表6-107　支座安装实测项目

项次	检查项目	规定值或允许偏差	检查方法和频率
1	支座中心横桥向偏位（mm）	≤2	尺量：测每支座
2	支座中心顺桥向偏位（mm）	≤5	尺量：测每支座

续表

项次	检查项目		规定值或允许偏差	检查方法和频率
3	支座高程（mm）		满足设计要求； 设计未要求时±5	水准仪：测每支座中心线
4	支座四角高差（mm）	承压力≤5000kN	≤1	水准仪：测每支座
		承压力>5000kN	≤2	

注：对直接安放于垫石上的支座，表中项次 4 不检查。

表 6-108　斜拉桥、悬索桥的支座安装实测项目

项次	检查项目	规定值或允许偏差	检查方法和频率
1	竖向支座的纵、横向偏位（mm）	≤5	全站仪、钢尺：每支座纵、横向各测 2 点
2	支座高程（mm）	±10	水准仪：每支座测 5 处
3	竖向支座垫石钢板水平度（mm）	≤2	水平仪、钢尺：每支座测 5 处
4	竖向支座滑板中线与桥轴线平行度（mm）	1/1000 滑板长度	全站仪、钢尺：每支座测滑板中线两端
5	横向抗风支座支挡竖直度（mm）	≤1	角度仪：每支座测 5 处
6	横向抗风支座与支挡表面平行度（mm）	≤1	卡尺：每支座测 5 处
7	支挡表面与横向抗风支座表面间距（mm）	± 2	卡尺：每支座测 5 处

3. 支座安装的外观质量

（1）支座表面应无污损及灰尘，支座附近无建筑垃圾和其他杂物。

（2）支座防护层应无划伤、剥落。

（3）防尘罩应无缺失、损坏。

6.12.7 伸缩装置安装

1. 伸缩装置安装的基本要求

（1）伸缩装置种类、规格及技术性能应满足设计要求并符合有关规范的规定，具有产品合格证，并经验收合格后方可安装。

（2）伸缩装置两侧混凝土的类型和强度应满足设计要求，预埋锚固钢筋定位准确，无缺失。

（3）伸缩装置处不得积水。

2. 伸缩装置安装实测项目（表 6-109）

表 6-109 伸缩装置安装实测项目

项次	检查项目		规定值或允许偏差	检查方法和频率
1	长度（mm）		满足设计要求	尺量：测每道
2	缝宽（mm）		满足设计要求	尺量：每道每 2m 测 1 处
3	与桥面高差（mm）		≤2	尺量：伸缩装置两侧各测 5 处
4	纵坡（%）	一般	±0.5	水准仪：每道测 5 处
		大型	±0.2	
5	横向平整度（mm）		≤3	3m 直尺：每道顺长度方向检查伸缩装置及锚固混凝土各 2 尺
6	焊缝尺寸		满足设计要求；设计未要求时，按焊缝质量二级	量规：检查全部，每条焊缝检查 2 处
7	焊缝探伤			超声法：检查全部

注：1. 项次 2 应按安装时气温折算。

2. 项次 6、7 应为工地焊缝。

3. 伸缩缝安装的外观质量

（1）伸缩装置无渗漏、变形、开裂。

（2）伸缩缝及伸缩装置中无阻塞活动的杂物。

（3）焊缝无裂纹、焊瘤、夹渣、未焊透、电弧擦伤。

（4）锚固混凝土表面不应存在《公路工程质量检验评定标准》（JTG F 80/1—2017）中附录 P 中所列限制缺陷。

6.12.8 混凝土小型构件预制

1. 混凝土小型构件预制的基本要求

（1）连接粗糙面的质量和键槽的数量、质量应满足设计要求。

（2）构件上的预埋件、预留孔洞的规格、位置、数量应满足设计要求。

2. 混凝土小型构件预制的实测项目（表 6-110）

表 6-110 混凝土小型构件预制实测项目

项次	检查项目	规定值或允许偏差	检查方法和频率	
1	混凝土强度（MPa）	在合格标准内	按 1.6 节检查	
2	断面尺寸（mm）	±5	尺量：测 2 个断面	抽查构件总数的 30%
3	长度（mm）	+5，−10	尺量：测中线处	

3. 混凝土小型构件预制的外观质量

应符合本章相关规定。

6.12.9 人行道铺设

1. 人行道铺设的基本要求

（1）人行道各构件应连接牢固。

（2）人行道板应在人行道梁锚固后方可铺设，并应坐浆密实。

（3）地砖应粘贴牢固，无空鼓、裂缝。

2. 人行道铺设的实测项目（表 6-111）

表 6-111　人行道铺设实测项目

项次	检查项目	规定值或允许偏差	检查方法和频率
1	人行道边缘平面偏位（mm）	≤5	全站仪、钢尺：每 200m 测 5 处
2	纵向高程（mm）	+10，−0	水准仪：每 200m 测 5 处
3	接缝两侧高差（mm）	≤2	尺量：抽查 10%接缝，测接缝高差最大处
4	横坡（%）	±0.3	水准仪：每 200m 测 5 处
5	平整度（mm）	≤5	3m 直尺：每 200m 测 5 处

注：桥长不满 200m 者，按 200m 处理。

3. 外观质量

（1）不得出现断裂构件。

（2）应无长度超过 20mm 或深度超过 10mm 的缺棱掉角。

（3）地砖应无开裂，嵌缝无空洞、间断。

6.12.10　栏杆安装

1. 栏杆安装的基本要求

（1）应采用验收合格的栏杆及其他构件。

（2）栏杆应在人行道板铺完后方可安装。

（3）栏杆安装应牢固，其杆件连接处的填缝料应饱满平整，强度应满足设计要求。

2. 栏杆安装的实测项目（表 6-112）

表 6-112 栏杆安装实测项目

项次	检查项目	规定值或允许偏差	检查方法和频率
1	栏杆平面偏位（mm）	≤4	全站仪、钢尺：每 200m 测 5 处
2	扶手高度（mm）	±10	水准仪、尺量：抽查 20%
	柱顶高差（mm）	≤4	
3	接缝两侧扶手高差（mm）	≤3	尺量：抽查 20%
4	竖杆或柱纵、横向竖直度（mm）	≤4	铅锤法：抽查 20%，每处纵横向各测 1 处

3. 栏杆安装的外观质量

（1）杆件接缝处应无开裂。

（2）栏杆线形应无异常突变。

6.12.11 混凝土护栏

1. 混凝土护栏的基本要求

（1）护栏上的钢构件应焊接牢固，并按设计要求进行防护。

（2）护栏的断缝、假缝的设置所满足设计要求。

（3）应按设计要求的施工阶段安装护栏。

2. 混凝土防撞护栏的实测项目（表 6-113）

表 6-113 混凝土防撞护栏实测项目

项次	检查项目	规定值或允许偏差	检查方法和频率
1	混凝土强度（MPa）	在合格标准内	按 1.6 节检查

续表

项次	检查项目	规定值或允许偏差	检查方法和频率
2	平面偏位（mm）	≤4	全站仪、钢尺：每道护栏每200m测5处
3	断面尺寸（mm）	±5	尺量：每道护栏每200m测5处
4	竖直度（mm）	≤4	铅锤法：每道护栏每200m测5处
5	预埋件位置（mm）	≤5	尺量：测每件

3. 混凝土防撞护栏的外观质量

（1）防撞护栏线形应无异常弯折、突变。

（2）混凝土不应存在缺陷。

（3）焊缝表面不得有裂纹、焊瘤、夹渣。

6.12.12 钢桥上钢护栏安装

1. 钢桥上钢护栏安装

（1）钢护栏各构件、零件应经验收合格后方可安装。

（2）应按设计要求的施工阶段安装护栏。

（3）护栏防护及端头、断缝处理应满足设计要求。

2. 钢桥上钢护栏安装实测项目（表6-114）

表6-114 钢护栏安装实测项目

项次	检查项目	规定值或允许偏差	检查方法和频率
1	平面偏位（mm）	≤4	全站仪、钢尺：每200m测5处
2	立柱中距（mm）	±10	尺量：抽检10%
3	立柱纵、横桥向竖直度（mm）	≤2	铅锤法：抽检10%

续表

项次	检查项目	规定值或允许偏差	检查方法和频率
4	横梁高度（mm）	±5	尺量：抽检 10%
5	与底座连接焊缝探伤	满足设计要求	按设计要求的方法检查，设计未要求时采用超声法探伤：抽检 20%，且不少于 3 条

注：护栏长度不满 200m 者，按 200m 处理。

3. 钢桥上钢护栏安装外观质量

（1）焊缝应无裂纹、焊瘤、夹渣、电弧擦伤及设计不允许出现的外观缺陷。

（2）防护层损伤应修复。

6.12.13 桥头搭板

1. 桥头搭板的基本要求

（1）桥头搭板下的地基及垫层或路面基层强度和压实度必须满足设计要求。

（2）桥头搭板与桥台的连接应满足设计要求。

2. 桥头搭板的实测项目（表 6-115）

表 6-115 桥头搭板实测项目

项次	检查项目		规定值或允许偏差	检查方法和频率
1	混凝土强度（MPa）		在合格标准内	按 1.6 节检查
2	枕梁尺寸（mm）	宽、高	±20	尺量：每梁测 2 个断面
		长	±30	尺量：测每梁中心线处
3	板尺寸（mm）	长、宽	±30	尺量：各测 2 处
		厚	±10	尺量：测 4 处
4	顶面高程（mm）		±5	水准仪：测四角及中心附近 5 处

3. 桥头搭板的外观质量

（1）混凝土表面不应存在《公路工程质量检验评定标准》（JTG F 80/1—2017）中附录P中所列限制缺陷。

（2）搭板接缝充填应无空洞、虚填。

6.12.14 混凝土构件表面防护

1. 混凝土构件表面防护的基本要求

（1）防护涂层应与浇筑混凝土时所用的脱模剂相容，表面防护施工应在验收合格、龄期28d或设计要求的龄期进行。

（2）混凝土构件表层应坚固、清洁，无灰尘、油剂、霉点、盐类析出物和松散附着物，含水率应满足涂层材料的要求。

（3）施工环境条件应满足涂层材料的要求，按设计要求的涂装道数和涂膜厚度进行施工，上道涂层检查合格后方可进行下道涂层施工。

2. 混凝土构件表面防护实测项目（表6-116）

表6-116 混凝土构件表面防护实测项目

项次	检查项目	规定值或允许偏差	检查方法和频率
1	涂层干膜厚度（μm）	平均厚度≥设计厚度，80%点的厚度≥设计厚度，最小厚度≥80%设计厚度	测厚仪：每100m^2测10点，且不少于10点，7d后检查
2	涂层附着力（MPa）	设计要求满足，设计未要求时≥1.5	附着力测试仪：每200m^2抽检3处，且不少于3处

3. 桥头搭板的外观质量

（1）构件表面应无漏涂、剥落、气泡和裂纹。

（2）针孔、流挂、橘皮、起皱的最大面积应不大于 $2500mm^2$，在任何 $1m^2$ 范围内不得多于 2 块。

7 涵洞工程

7.1 一般规定

（1）每道涵洞为一个分部工程，包含洞身各部分构件和洞口、填土等分项工程。

（2）跨径或全长符合涵洞标准的通道，按本章的规定进行评定。

（3）钢筋混凝土涵洞除按本章规定评定外，还应包括钢筋加工及安装分项工程。

（4）除设置在岩石地基上的涵洞外，涵洞的洞身及基础宜根据地基土的情况，每隔 4～6m 设置一道沉降缝。高路堤下的涵洞，在路基边缘对应的洞身及基础应每隔适当距离设置沉降缝。

（5）涵洞（基础和墙身）沉降缝处两端面应竖直、平整，上下不得交错。填缝料应具有弹性和不透水性，并应填塞紧密。沉降缝宽度应按设计要求设置，设计无具体宽度数值时，可按 10～20mm 设置。预制圆管涵的沉降缝应设在管节接缝处，预制盖板涵的沉降缝应设在盖板的接缝处，沉降缝贯穿整个断面。

（6）防水层的设置应按设计要求进行。防水层的材料可用沥青、油毛毡、防水布、水泥砂浆、三合土、掺入麻刀的塑性黏土等，应按设计要求和工地现场具体情况选用。

（7）涵洞完成后，当涵洞砌体砂浆或混凝土强度达到设计强度的85％时，方可进行涵洞洞身两侧的回填。涵洞洞身填土每侧长度不应小于洞身填土高度的一倍，亦不应小于设计值，应同时、水平、分层、对称地进行填筑，压实度不应小于96％。填土的具体方法应按照现行的《公路路基施工技术规范》（JTG/T 3610—2019）相关规定办理。

（8）涵洞两侧紧靠涵台部分的回填土不得用大型机械施工，宜采用人工配合小型机械的方法夯填密实。

（9）用机械填土时，除应按照上述规定办理外，应视通过涵顶筑路机械重力的大小确定涵顶最小的填土厚度，一般情况下，涵顶填土厚度必须大于0.5～1.0m时，方允许机械通过。

（10）涵洞进出水口的沟床应整理顺直，与上下游导流、排水设施的连接应圆顺、稳固，保证流水顺畅，避免水流损害路堤、村舍、农田、道路等。

7.2　涵洞总体

1. 涵台的施工要点

（1）涵洞在开工前进行施工放样时，应根据设计文件进行现场核对，设计文件与现场涵洞所处的地形、地质、地面标高、涵底坡度、斜交角度及桩号是否相符。同时应特别注意满足农田排灌的要求。若确实需要变更设计时，可按相关变更设计程序办理。

（2）涵洞沉降缝处两端面应竖直、平整，上下不得交错。填缝料应具有弹性和不透水性，并应填塞紧密。沉降缝宽度应按设计要求设置，设计无具体宽度数值时，可按10～20mm

设置。

2. 涵洞总体的质量要点

（1）应按设计文件的要求完成全部施工项目。

（2）各结构构件应无异常变形。

（3）各接缝、沉降缝位置应正确，填缝应无空鼓、裂缝、漏水现象。对预制构件，其接缝应与沉降缝在同一平面内。

3. 涵洞总体的质量标准

（1）涵洞总体的实测项目（表 7-1）

表 7-1　涵洞总体实测项目

项次	检查项目		规定值或允许偏差	检查方法和频率
1	轴线偏位（mm）	明涵	≤20	全站仪：测中心线 5 处
		暗涵	≤50	
2	流水面高程（mm）		±20	水准仪：测洞口、中点和其他四分点附近 5 处
3	涵底铺砌厚度（mm）		+40，−10	尺量：测 5 处
4	长度（mm）		+100，−50	尺量：测中心线
5	跨径或内径（mm）	波形钢管涵	±2%D	尺量：每 5m 测 1 处，且不少于 3 处，测相互垂直两个方向
		其他	±30	尺量：测 5 处
6	净高（mm）	明涵	≥设计值−20	尺量：测洞口及中心线共 3 处
		暗涵	≥设计值−50	

注：1. D 为管涵直径，计算规定值或允许偏差时以 mm 计。

2. 实际工程未涉及的项目不检查。

（2）涵洞总体的外观质量

① 涵洞内不得遗留建筑垃圾、杂物，进出口、洞身、与沟槽衔接处无阻水现象。

② 锥坡不得出现塌陷和亏坡。

4. 安全环保措施

（1）安全施工

① 结构物基坑开挖，应根据土质、水文和开挖深度等选择安全的边坡坡度或支撑防护，在施工过程中进行监测，并及时采取相应的处理措施。开挖弃土或坑边的材料堆放不得影响基坑的稳定。沟槽开挖深度超过 2m 时，其边缘上面作业应按高处作业要求进行安全防护并设置警告标志。开挖沟槽位于现场通道或居民区附近时，应设置安全护栏。

② 作业高度超过 1.2m 时，应设置脚手架，脚手架应通过专业设计，必须进行强度、刚度及稳定性等方面的验算。施工过程中，对脚手架应经常检查，发现松动、变形或沉陷应及时加固。

③ 砌筑作业时，脚手架下不得有人操作及停留，不得重叠作业。砌筑护坡时，严禁在坡面上行走，不得采用从上到下自由滚落的方式运输材料。

④ 预制构件安装前，应根据现场条件制订详细的吊装方案，所有起重设备必须符合国家关于特种设备的安全管理规定。

⑤ 拆除作业应制订安全可靠的拆除方案。拆除的废弃物应运到指定地点。

（2）环境保护

① 防止水土污染和流失

a. 施工前，应制订相应的预防水土污染和水土流失措施，考虑土地资源的合理利用，缩短临时占地使用时间。

b. 施工便道路面进行硬化，保证通车，设专人进行养护，确保路面平整，防止扬尘和积水。

c. 施工过程中各种排水沟渠的水流不得直接排放到引用水源、农田、鱼塘中。

d. 不得随意丢弃生产及生活垃圾，垃圾的掩埋或处理应按当地环保部门的要求进行。不得随意排放含油废水及生活污水。

e. 废料、废渣中含有可溶性有害物质，可能造成土质、水污染时，应采取措施，予以处理。

f. 在自然保护区、森林、草原、湿地及风景名胜区进行施工时，应遵守国家环境保护的相关规定。

② 噪声、空气污染的防治

a. 在居民聚居区或其他噪声敏感建筑物附近施工时，当噪声超过规定时，应及时采取措施，减少施工活动对沿线居民的干扰。

b. 对施工作业人员，在噪声较大的现场作业时，应采取有效的防护措施。

c. 施工过程中应采取措施控制扬尘、废气排放等。

d. 施工堆料场、拌和站、材料加工厂等宜设于主要风向的下风处的空旷地区。当无法满足时，应采取必要的环保措施。

e. 粉状材料运输应采取措施防止材料散落。

7.3 涵　台

1. 涵台的施工要点

（1）地基承载力及基础埋置深度须满足设计要求。

（2）砌块应错缝、坐浆挤紧，嵌缝料和砂浆饱满，无空洞、宽缝、大堆砂浆填隙和假缝。

2. 涵台的质量要点

（1）地基承载力及基础埋深深度应满足要求。

（2）沉降缝应竖直、贯通，填缝密实、饱满。

（3）砌块应错缝、坐浆挤紧，砌块间嵌缝料和砂浆饱满。

（4）勾缝砂浆强度不得小于砌筑砂浆强度。

3. 涵台的质量标准

（1）涵台的实测项目（表 7-2）

表 7-2　涵台实测项目

项次	检查项目		规定值或允许偏差	检查方法和频率
1	混凝土或砂浆强度（MPa）		在合格标准内	按 1.6 节或 1.8 节检查
2	断面尺寸（mm）	片石砌体	±20	尺量：检查 3 个断面
		混凝土	±15	
3	竖直度（mm）		≤0.3H%	铅锤法：测 3 个断面
4	顶面高程（mm）		±10	水准仪：测 5 处

注：H 为台高，计算规定值或允许偏差时以 mm 计。

（2）涵台的外观鉴定

① 混凝土表面不应存在《公路工程质量检验评定标准》（JTG F80/1—2017）中附录 P 中所列限制缺陷。

② 砌缝开裂、勾缝不密实和脱落的累计换算面积不得超过该面面积的 1.5%，单个换算面积不应大于 0.04m²，且不应存在宽度超过 0.5mm、长度大于砌块尺寸的非受力砌缝裂隙。换算面积应按缺陷缝长度乘以 0.1m 计算。

③ 砌缝应无空洞、宽缝、大堆砂浆填隙和假缝。

4. 安全环保措施

同上。

7.4 混凝土涵管安装

1. 涵管安装的施工要点

（1）管节安装前应进行外观检查，发现裂缝、保护层脱落、空鼓、缺棱掉角等缺陷，使用前应修补并经鉴定合格后，方可使用。

（2）管座分层浇筑时，管座平基混凝土抗压强度大于 50MPa 时，方可进行安装。

（3）管节安装前应将管内外清扫干净，安装时应使管节内底高程符合设计规定。调整管节中心及高程时，必须垫稳，两侧设撑杠，不得发生滚动。

（4）采用混凝土管座基础时，管节中心、高程复验合格后，应及时浇筑管座混凝土。

（5）砂及砂石基础材料应振实，并应与管身和承口外壁均匀接触。

（6）管道暂时不接支线的预留孔应封堵。

（7）混凝土管座的模板，可一次或两次支设，每次支设高度宜略高于混凝土的浇筑高度。

（8）浇筑混凝土管座，应符合下列规定：

① 清除模板中的异物，核实模板尺寸。

② 管座分层浇筑时，应先将管座平基凿毛冲净，并将管座平基与管材相接触的三角部位，用同强度等级的水泥砂浆填满、捣实后，再浇混凝土。

③ 采用垫块法一次浇筑管座时，必须先从一侧灌注混凝土，当对侧的混凝土与灌注一侧混凝土高度相同时，两侧再同时浇筑，并保持两侧混凝土高度一致。以防止管节向一侧位移。

④ 管座基础留变形缝时，缝的位置应与柔性接口相一致。

⑤ 浇筑混凝土管座时，应留混凝土抗压强度试块，留置数量及强度评定方法应按规范有关规定进行。

（9）当采用水泥砂浆填缝及抹带接口时，落入管道内的接口材料应清除。管径大于或等于700mm时，应采用水泥砂浆将管道内接口纵向间隙部位抹平、压光；当管径小于700mm时，填缝后应立即拖平。

（10）钢丝网水泥砂浆及水泥砂浆抹带接口施工应符合下列规定：

① 抹带前应将管口的外壁凿毛、洗净，当管径小于或等于400mm时，水泥砂浆抹带可一次抹成；当管径大于400mm时，应分两层抹成。

② 钢丝网端头应在浇筑混凝土管座时插入混凝土内，在混凝土初凝前，分层抹压钢丝网水泥砂浆抹带。

③ 抹带完成后，应立即用平软材料覆盖，3～4h后洒水养护。

（11）承插式甲型接口，采用水泥砂浆填缝时，安装前应将接口部位清洗干净。插口进入承口后，应将管节接口环向间隙调整均匀，再用水泥砂浆填满、捣实、表面抹平。

（12）水泥砂浆抹带及接口填缝时，水泥砂浆配合比应符合设计规定。

2. 涵管安装的质量要点

（1）地基承载力须满足设计要求，涵管与管座、垫层或地基紧密贴合，垫稳坐实。

（2）接缝、沉降缝填料应嵌填密实，表面平整。

（3）不得安装破损的涵管。

（4）管座沉降缝应与涵管接头平齐，无错位现象。

（5）每节涵管底坡度均不得出现反坡。

（6）防渗漏的倒虹吸涵管应做渗漏试验，渗漏量应满足相关技术规范的规定。

3. 涵管安装的质量标准

（1）管座及涵管安装的实测项目（表 7-3）

表 7-3　管座涵管安装实测项目

<table>
<tr><th>项次</th><th colspan="2">检查项目</th><th>规定值或允许偏差</th><th>检查方法和频率</th></tr>
<tr><td>1</td><td colspan="2">管座或垫层
混凝土强度</td><td>在合格标准内</td><td>按 1.6 节检查</td></tr>
<tr><td>2</td><td colspan="2">管座或垫层宽度、
厚度</td><td>≥设计值</td><td>尺量：测 5 个断面</td></tr>
<tr><td rowspan="2">3</td><td rowspan="2">相邻管节
底面错台
（mm）</td><td>管径≤1m</td><td>≤3</td><td rowspan="2">尺量：测 5 个
接头最大值</td></tr>
<tr><td>管径>1m</td><td>≤5</td></tr>
</table>

（2）涵管安装的外观质量

① 涵管线形不应出现反复弯折。

② 接缝不得出现脱落、间断、空鼓及宽度超过 0.5mm 的裂缝。

4. 安全环保措施

同上。

7.5 盖板安装

1. 盖板安装的施工要点

（1）预制钢筋混凝土涵洞的盖板，在堆放时应在块件端部用两点支撑且支点上、下对齐，不得将上下面倒置。斜交涵洞还应注意斜交角的方向，避免发生反向错误。

（2）设计无具体要求的，成品混凝土强度达到设计强度的 70%时，方可搬运、安装。

（3）成品安装前，应检查成品及涵墩、涵台的尺寸。

（4）安装后，成品盖板上的吊装孔，应以砂浆填塞。

2. 盖板安装的质量要点

（1）盖板、涵台及支承面应检验合格。

（2）盖板与支承面应密贴。

（3）板与板之间接缝填充材料的品种和性能应满足设计要求，并应填充密实。

（4）接缝应与沉降缝在同一平面内。

3. 盖板安装的质量标准

（1）盖板安装的实测项目（表 7-4）

表 7-4 盖板安装实测项目

项次	检查项目	规定值或允许偏差	检查方法和频率
1	支承中心偏位（mm）	≤10	尺量：每孔抽查 3 块板

续表

项次	检查项目	规定值或允许偏差	检查方法和频率
2	相邻板最大高差（mm）	≤10	尺量：抽查20%，且不少于6块板，测相邻板高差最大处

（2）盖板安装的外观质量

① 填缝不得出现脱落及超过0.5mm的裂缝。

② 吊装孔应填塞密实。

4. 安全环保措施

同上。

7.6 波形钢管涵安装

1. 波形钢管涵安装的施工要点

（1）管节的地基应予以压实。

（2）管节的形式、规格、直径和管壁厚度应符合设计规定。

（3）拼装管节时，上游管节的端头应置于下游管节的内侧，不得反置；采用法兰盘或管箍环向拼接时，应将螺栓孔的位置对准，并应按产品设计规定的扭矩值进行施拧。

（4）波形钢管涵宜设置预拱度。

2. 波形钢管涵安装的质量要点

（1）不得使用变形的管节或板件。

（2）地基处理及承载力应满足设计要求，管节与地基紧密贴合，垫稳坐实。

（3）接缝应嵌填密实，填充深度满足设计要求，不得出现渗漏水现象。

（4）应对管节或管片、连接件的受损防护镀层进行修复。

（5）每节涵管底坡度均不得出现反坡。

3. 波形钢管涵安装的质量标准

（1）波形钢管涵安装实测项目（表 7-5）

表 7-5 波形钢管涵实测项目

项次	检查项目	规定值或偏差	检查方法和频率
1	地基压实度	满足设计要求	按“1.4”方法检查，每 5m 测 1 处，且不少于 3 处
2	管涵内径（mm）	±1*D*%	尺量：每 5m 测 1 处，且不少于 3 处，测相互垂直两个方向
3	地面高程（mm）	±10	水准仪：测洞口、中点和其他四分点附件 5 处
4	高强螺栓扭矩（N·m）	±10%	扭矩扳手：检查 5%，且不少于 2 个
5	工地防腐涂层	满足设计要求	按涂刷遍数检查，全部

注：*D* 为管涵直经。

（2）波形钢管涵安装外观鉴定

① 涵管线形不应出现反复弯折。

② 工地防腐涂层不得出现漏涂、气泡、剥离。

7.7 箱涵浇筑

1. 箱涵浇筑的施工要点

（1）预制钢筋混凝土箱涵节段宜采用钢模板。受条件限制时，可采用木模板，但应保证足够的刚度。

（2）预制钢筋混凝土箱涵节段拼装时，接缝两侧的混凝土表面应用清水冲洗干净，再按设计要求进行拼接施工。

（3）预制钢筋混凝土箱涵节段的安装应注意下列事项：

① 设计无具体要求的，成品混凝土强度达到设计强度的75%时，方可搬运、安装。

② 成品安装前，应完成成品、地基、定位测量等的验收工作。

（4）涵身混凝土现场浇筑可视具体情况分为两阶段施工。先进行底板和梗肋的混凝土浇筑，然后完成剩余部分的混凝土浇筑。当混凝土浇筑量较大、两阶段施工有困难时，也可分为三个阶段进行施工。

（5）设计无具体要求的，混凝土强度达到设计强度的75%时，方可拆除支架，达到设计强度的100%后，方可进行涵顶回填。

2. 箱涵浇筑的质量要点

（1）混凝土所用的水泥、砂、石、水、外掺剂及混合材料的质量及规格必须符合有关技术规范的要求，按规定的配合比施工。

（2）地基承载力及基础埋置深度须满足设计要求。

（3）箱体不得出现露筋和空洞现象。

3. 箱涵浇筑的质量标准

（1）箱涵浇筑的实测项目（表7-6）

（2）箱涵浇筑的外观鉴定

① 混凝土表面平整，棱线顺直，无严重啃边、掉角。

不符合要求时每处减 0.5～2 分。

表 7-6　箱涵浇筑实测项目

项次	检查项目		规定值或偏差	检查方法和频率
1	混凝土强度(MPa)		在合格标准内	按 1.6 节检查
2	净高、宽(mm)	高度(mm)	+5，−10	尺量：测 3 个断面
3		宽度(mm)	±30	
4	顶板厚(mm)	明涵	+10，0	尺量：测 5 处
		暗涵	≥设计值	
5	侧墙和底板厚(mm)		≥设计值	尺量：各墙、板 5 处
6	平整度(mm)		≤8	2m 直尺：每侧面每 10m 测 2 处，每处测竖直及水平 2 个方向

② 蜂窝、麻面面积不得超过该面面积的 0.5%，不符合要求时，每超过 0.5%减 3 分：深度超过 1cm 者必须处理。

③ 混凝土表面出现非受力裂缝，减 1～3 分，裂缝宽度超过设计规定或设计未规定时超过 0.15mm 必须处理。

4. 安全环保措施

同上。

7.8　拱涵浇（砌）筑

1. 拱涵浇（砌）筑的施工要点

（1）拱券和出入口拱上端墙的施工，应由两侧向中间同时对称进行。

（2）混凝土、钢筋混凝土拱券的现场浇筑施工在涵长方向宜连续进行。当涵身较长、不能一次连续完成时，可沿长度方向分段进行浇筑。施工缝应设在涵身沉降缝处。现浇混凝土拱涵时，应沿拱轴线对称浇筑，最后浇筑拱顶，或在拱顶预留合龙段最后浇筑。

（3）采用土胎进行混凝土现场浇筑拱券时，应注意下列事项：

① 当用松散砂石料堆筑土胎时，表面应包 300mm 厚黏土层。

② 土胎填土应在涵台砌筑砂浆或现浇混凝土强度达到设计强度的 75%以后进行，应分层夯填，每层厚度宜为0.2～0.3m，土的压实度应在 90%以上。有条件时，涵台外侧的填土可与土胎填土同时进行。涵台高度较高、采取土胎单侧填土时，应对涵台进行验算。

③ 填土宽度应伸出端墙外 0.5～1.0m，并保持1∶1.5 的边坡。土胎顶部应用样板拉线进行检查校正。

④ 土胎表面应设硬化层，硬化层表面应具有一定的强度和适当的光滑度，并易于脱模。

⑤ 施工时应防止土胎被水浸泡。

（4）当河沟中有少量流水而采用土胎施工时，除采用木排架土胎外，亦可根据水流大小，在全填土胎下设渗水沟，埋设钢筋混凝土管、瓦管或用木料做成三角形泄水孔。

（5）预制钢筋混凝土拱券的施工，应注意检查斜交涵洞斜交角的方向，避免发生反向错误。

（6）预制拱券的安装应注意下列事项：

① 设计无具体要求的，成品混凝土强度达到设计强度的 70%时，方可搬运安装。

② 成品安装前，应检查成品及拱座、涵墩、涵台的尺寸。

③ 安装后，成品拱券上的吊装孔，应以砂浆填塞。

④ 拱座与拱券、拱券与拱券的拼装接触面，应先拉毛或凿毛（沉降缝处除外）安装前应浇水湿润，再以 M10 水泥砂浆砌筑。

（7）拱架拆除和拱顶填土应符合下列规定：

① 在拱架拆除前应完成拱脚以下部分的回填土。

② 设计无具体要求的，拱券和护拱砌筑砂浆或混凝土强度达到设计强度的 75％时，方可拆除拱架，达到设计强度的 100％后，方可进行涵顶回填土。

③ 在拱架未拆除的情况下，设计无具体要求的，拱券和护拱砌筑砂浆或混凝土强度达到设计强度的 75％时，可进行拱顶填土，但在拱券强度达到设计强度 100％后，方可拆除拱架。

2. 拱涵浇（砌）筑的质量要点

（1）所用的水泥、砂、石、水、外掺剂、混合材料及石料的强度、质量和规格必须符合有关技术规范的要求，按规定的配合比施工。

（2）地基承载力及基础埋置深度须满足设计要求。

（3）混凝土不得出现露筋和空洞现象。

（4）砌块应错缝、坐浆挤紧，嵌缝料和砂浆饱满，无空洞、宽缝、大堆砂浆填隙和假缝。

3. 拱涵浇（砌）筑的质量标准

（1）拱涵浇（砌）筑的实测项目（表 7-7）

（2）拱涵浇（砌）筑的外观鉴定

① 线形圆顺，表面平整，不符合要求时减 1～3 分。

② 混凝土蜂窝、麻面面积不得超过该面面积的 0.5%，不符合要求时，每超过 0.5%减 3 分；深度超过 1cm 者必须处理。

表 7-7　拱涵浇（砌）筑实测项目

项次	检查项目		规定值或允许偏差	检查方法和频率
1	混凝土或砂浆强度（MPa）		在合格标准内	按 1.6 节或 1.8 节检查
2	拱券厚度（mm）	砌体	+50，-20	尺量：测拱脚、1/4 跨、3/4 跨、拱顶 5 处两侧
		混凝土	+30，-15	
3	内弧线偏离设计弧线（mm）		±20	样板：测拱券 1/4 跨、3/4 跨、拱顶 3 处两侧

③ 砌缝匀称，勾缝平顺，无开裂和脱落现象，不符合要求时减 1～3 分。

4. 安全环保措施

同上。

7.9　倒虹吸竖井、集水井砌筑

1. 倒虹吸竖井、集水井的施工要点

（1）倒虹吸管宜采用钢筋混凝土或混凝土圆管，进出水口必须设置竖井，包括防淤沉淀井。施工时管节接头及竖井须采取防渗漏、防堵塞措施。填土覆盖前应做灌水试验，符合要求后，方可填土。

（2）倒虹吸管如须在冰冻期施工时，除应按照冬期施工的规定办理外，还应在冰冻前将管内积水排出，以防冻裂。

（3）倒虹吸管的进出水口应在完工后及时上盖，并及时安装水箅子，以防竖井堵塞影响使用。

2. 倒虹吸竖井、集水井的质量要点

（1）砌块的质量和规格符合设计要求，砌筑砂浆所用材料符合规范要求。

（2）井基符合设计要求后方可砌筑井体。

（3）应分层错缝砌筑，砌缝砂浆应饱满。抹面时应压光，不得有空鼓现象。

（4）接头填缝平整密实、不漏水。

（5）井内不得遗留建筑垃圾等杂物。

（6）按设计规定做灌水试验，试验结果应满足要求。

3. 倒虹吸竖井、集水井的质量标准

（1）倒虹吸竖井、集水井的砌筑实测项目（表 7-8）

表 7-8　倒虹吸竖井、集水井砌筑实测项目

项次	检查项目		规定值或允许偏差	检查方法和频率
1	砂浆强度（MPa）		在合格标准内	按 1.8 节检查
2	高程（mm）	井底	±15	水准仪：各测 3 点
3		井口	±20	
4	圆井直径或方井边长（mm）		±20	尺量：测 2 个断面，直径测相互垂直两个方向
5	井壁、井底厚（mm）		+20，−5	尺量：测井壁 8 处，井底 3 处

（2）倒虹吸竖井、集水井的外观鉴定

井壁平整、圆滑，抹面无麻面、裂缝。

4. 安全环保措施

同上。

7.10 一字墙和八字墙

1. 一字墙和八字墙的施工要点

（1）地基承载力及基础埋置深度必须满足设计要求。

（2）砌块应分层错缝砌筑，坐浆挤紧，嵌填饱满密实，不得有空洞。

（3）抹面应压光、无空鼓现象。

2. 一字墙和八字墙的质量要点

（1）砂浆所用的水泥砂、水的质量应符合有关规范的要求，按规定的配合比施工。

（2）砌块的强度、规格和质量应符合有关规定。

3. 一字墙和八字墙的质量标准

（1）一字墙和八字墙的实测项目（表 7-9）

表 7-9 一字墙和八字墙实测项目

项次	检查项目	规定值或允许偏差	检查方式和频率
1	混凝土或砂浆强度（MPa）	在合格标准内	按 1.6 节或 1.8 节检查
2	平面位置（mm）	≤50	全站仪：测墙顶内边线 3 点
3	顶面高程（mm）	±20	水准仪：测 3 处
4	坡度（%）	≤0.5	铅锤法：长度方向测 3 处
5	断面尺寸（mm）	≥设计值	尺量：测 2 个断面

（2）一字墙和八字墙的外观质量

① 砌缝完好，无开裂现象；勾缝平顺，无脱落现象。

② 砂浆抹面平整、直顺，无麻面、裂缝，色泽均匀。

4. 安全环保措施

同上。

7.11 顶进施工的桥涵

1. 顶入法施工的桥涵的施工要点

(1) 桥涵顶进前应检查验收桥涵主体结构的混凝土强度、后背墙，应符合设计要求，应检查顶进设备并做预顶试验。

(2) 千斤顶应按桥涵的中轴线对称布置。顶进法的传力设备安装时应与顶力线一致，并与横梁垂直。顶程较长时，顶柱与横梁应用螺栓固定。

(3) 桥涵顶进挖土时保持刃角有足够的吃土量，挖掘进尺及坡度应视土质情况确定。挖土必须与观测紧密配合，根据偏差随时改变挖土方法。铁路列车通过时不得挖土，施工人员应离开土坡 1m 以外，发现有危险的塌方影响行车安全时，应迅速组织抢修加固。

(4) 涵管顶进施工应在工作坑内安装导轨，导轨高程允许偏差为±2mm，中心线允许偏差为 3mm。首节涵管安放在导轨上，应测量其中线和前后两端高程，合格后方可顶进。

(5) 涵管顶进施工时，可在涵管前端先挖土，后顶进，一般轴向超挖量在铁路道砟下不得大于 100mm，其余情况不得大于 300mm，涵管上部超挖量不得大于 15mm，下部 135°范围内不应超挖。

(6) 顶进作业应连续进行，不得长期停顿，以防地下水渗出，造成坍塌。出现事故时应立即停止顶进。

(7) 桥涵顶进时，对节间接缝及结构物应按设计要求进行防水处理。

2. 顶入法施工的桥涵的质量要点

(1) 桥涵主体结构的强度符合设计规定后方可进行顶进施工。

(2) 基底应密实，并具有足够承载力。

(3) 工作坑的后背墙承载力符合要求，顶力轴线必须与桥涵中心线一致。

(4) 节间接缝应按设计要求进行防水处理。

(5) 严禁带水作业。

3. 顶进施工的涵洞的质量标准

(1) 顶进施工的涵洞实测项目（表 7-10）

表 7-10 顶进施工的涵洞实测项目

项次	检查项目			规定值或允许偏差	检查方法和频率
1	轴线偏位（mm）	涵长＜15m	箱涵	≤100	全站仪：每段测 2 端
			管涵	≤50	
		涵长 15～30m	箱涵	≤150	
			管涵	≤100	
		涵长＞30m	箱涵	≤300	
			管涵	≤200	
2	高程（mm）	涵长＜15m	箱涵	+30，−100	水准仪：每段测涵底 5 处
			管涵	±20	
		涵长 15～30m	箱涵	+40，−150	
			管涵	±40	
		涵长＞30m	箱涵	+50，−200	
			管涵	+50，−100	
3	相邻两节高差（mm）		箱涵	≤30	尺量：每接缝测最大值
			管涵	≤20	

（2）顶进施工的桥涵的外观鉴定

① 顶入的桥、涵身直顺，表面平整，无翘曲现象。

② 进出口与上下游沟槽或引道连接顺直平整，水流或车流畅通。

4. 安全措施

（1）施工作业人员，必须遵守本工种的各项安全技术操作规程。作业人员、进入现场人员必须按规定使用劳动防护用品。由人工配合机械进行辅助作业时，作业人员应注意观察，严禁在机械正在作业的范围内进行辅助作业。

（2）顶进作业时，地下水位应降至涵洞或通道桥涵基础底面 1m 以下，且降水作业应控制土体沉降。

（3）顶进前，应注浆加固易坍塌土体，并应通过现场试验确定注浆参数，注浆时土体不得隆起。

（4）传力柱支承面应密贴，方向应与顶力轴线一致。宜4～8m 加一道横梁，应采用填土压重等防止传力柱崩出伤人的措施，传力柱上方不得站人。顶进时应安排专人进行调整，密切观察传力柱的变化，有拱起、弯曲等变形时，应立即停止顶进。

（5）顶入路基后，宜连续顶进。

（6）顶进挖土时，应派专人监护。发现异常情况时，作业人员及机械应立即撤离危险区域，并应视情况采取交通安全保障措施。顶进挖土作业应坚持“勤挖快顶”的原则。不得掏洞取土、逆坡挖土。顶进暂停期内不得挖土。

（7）挖土机械不得碰撞加固设施和桥涵主体结构。人工清理开挖工作面时，挖土机械应退出开挖面。支点桩不得爆破拆除。

8 隧 道 工 程

8.1 一般规定

（1）本标准适用于采用钻爆法施工的隧道工程。

（2）采用喷锚衬砌或复合式衬砌的隧道，施工单位应有系统、完整、真实的监控量测数据和图表。

（3）隧道洞口开挖应符合施工技术规范规定。隧道洞门、翼墙和洞口边仰坡防护的检验，应按防护支挡的有关规定执行。

（4）隧道路面基层、面层的检验，应按路面工程的有关规定执行。

（5）隧道装饰装修工程应符合《建筑装饰装修工程质量验收规范》（GB 50210—2018）。

8.2 隧道总体

1. 隧道总体的施工要点

管超前、严注浆、短进尺、弱爆破、强支护、勤量测。

2. 隧道总体的质量要点

（1）隧道衬砌内轮廓及所有运营设施均不得侵入建筑限界。

（2）洞口设置应满足设计要求。

（3）洞内外的排水系统设置应满足设计要求。

（4）高速公路、一级公路和二级公路隧道拱部、边墙、路面、设备箱洞应不渗水，有冻害地段的隧道衬砌背后不积水、排水沟不冻结，车行横通道、人行横通道等服务通道拱部不滴水，边墙不淌水。

（5）三级、四级公路隧道拱部、边墙应不滴水，设备箱洞不渗水，路面不积水，有冻害地段的隧道衬砌背后不积水、排水沟不冻结。

3. 隧道总体的质量标准

（1）隧道总体的实测项目见表8-1。

表8-1 隧道总体实测项目

项次	检查项目	规定值或允许偏差	检查方法和频率
1	行车道宽度（mm）	±10	尺量或按JTG F80/1—2017附录Q检查：曲线每20m、直线40m检查一个断面
2	内轮廓宽度（mm）	不小于设计值	
3	内轮廓高度（mm）	不小于设计值	激光测距仪或按JTG F80/1—2017附录Q检查：曲线每20m、直线每40m检查1个断面，每个断面测拱顶和两侧拱腰共3点
4	隧道偏位（mm）	20	全站仪：曲线每20m、直线每40m测1处
5	边坡或仰坡坡度	不大于设计值	尺量：每洞口检查10处

（2）隧道总体外观质量应符合下列规定：

① 洞口边坡、仰坡应无落石。

② 排水系统应不淤积、不堵塞。

4. 安全环保措施

（1）施工前对全体员工进行环境保护法学习，建立健全环境保护管理机构，成立领导小组专人负责计划的落实。

（2）保护原有植被。对合同规定的施工界限内、外的植物、树林等尽力维持原状；砍伐树林和其他经济植物时，要事先征得所有者和业主的同意，严禁超范围砍伐。

（3）临时用地范围内的耕地采取措施进行复耕，其他裸露地表植草或种树进行绿化。

（4）对隧道工程的弃土场，按设计实施工程防护，并尽量平整造田，不得向河流和用地范围外的场地弃土。

（5）石方爆破作业应采取控制爆破，防止飞石对附近林木、植物造成损害。

（6）工程完工后，及时对现场彻底清理，并按设计要求采用植被覆盖。

8.3 明洞浇筑

1. 明洞浇筑的施工和质量要点

（1）基础的地基承载力应满足设计要求并符合施工技术规范规定，严禁超挖后回填虚土。

（2）钢筋的加工及安装应满足设计要求。

（3）明洞与暗洞连接应满足设计要求。

（4）明洞与暗洞之间的沉降缝应满足设计要求。

2. 明洞浇筑的质量标准

（1）明洞浇筑的实测项目见表 8-2。

表 8-2 明洞浇筑实测项目

项次	检查项目	规定值或允许偏差	检查方法和频率
1	混凝土强度（MPa）	在合格标准内	按 1.6 节检查
2	混凝土厚度（mm）	不小于设计值	尺量检查：每 10m 检查 1 个断面，每个断面测拱顶、两侧拱腰和两侧边墙共 5 点
3	墙面平整度（mm）	施工缝、变形缝处：20	2m 直尺：每 10m 每侧连续检查 2 尺，测最大间隙
		其他部位：5	

（2）明洞浇筑外观质量应符合下列规定：

① 蜂窝麻面面积不得超过该面总面积的 0.5%，深度不得超过 10mm。

② 隧道衬砌钢筋混凝土结构裂缝宽度不得超过 0.2mm。

3. 安全环保措施

（1）施工废水，生活污水按照有关要求进行处理，不得直接排入农田、河流和渠道。

（2）施工机械排放的废油废水，采用隔油池等有效措施加以处理，不得超标排放。

8.4 明洞防水层

1. 明洞防水层的施工和质量要点

防水层施工前，明洞混凝土外部应平整圆顺，不得有钢筋露出和其他尖锐物。

2. 明洞防水层的质量标准

（1）明洞防水层实测项目见表8-3。

表8-3 明洞防水层实测项目

项次	检查项目		规定值或允许偏差	检查方法和频率
1	搭接长度（mm）		≥100	尺量：每环搭接测3点
2	卷材向隧道暗洞延伸长度（mm）		≥500	尺量：测3点
3	卷材向基底的横向延伸长度（mm）		≥500	尺量：测3点
4	缝宽（mm）	焊接	焊缝宽≥10	尺量：每衬砌台车抽查1环，每环搭接测5点
		粘接	粘接宽≥50	
5	焊缝密实性		满足设计要求	按JTG F80/1—2017附录S检查：每10m检查1处焊缝

（2）明洞防水层外观质量应符合下列规定：

① 防水材料应无破损、褶皱。

② 焊接应无脱焊、漏焊、假焊、焊焦、焊穿，粘接应无脱粘、漏粘。

8.5 明洞回填

1. 明洞回填的施工要点

（1）墙背回填应两侧对称进行。底部应铺填0.5～1.0m厚碎石并夯实，然后向上回填。石质地层中墙背与岩壁空隙不大时，可采用与墙身同级混凝土回填；空隙较大时，可采用片石混凝土或浆砌片石回填密实。土质地层，应将墙背坡面开凿成台阶状，用干砌片石分层码砌，缝隙用碎石填塞紧密，不得任意抛填土石。

（2）墙后有排水设施时，应与回填同时施工。

（3）拱背回填应对称分层夯实，每层厚度不得大于0.3m，两侧回填高差不得大于0.5m，回填至拱顶齐平后应分层满铺填筑。

2. 明洞回填的质量要点

（1）人工回填时拱券混凝土强度应不低于设计强度的75％。机械回填应在拱券混凝土强度达到设计强度且拱券外人工夯填厚度不于1.0m后进行。

（2）墙背回填应两侧同时进行。

（3）明洞黏土隔水层应与边坡、仰坡搭接良好，封闭紧密。

3. 明洞回填的质量标准

（1）明洞回填的实测项目见表8-4。

表8-4 明洞回填实测项目

项次	检查项目	规定值或允许偏差	检查方法和频率
1	回填压实	符合设计要求	尺量：厚度及碾压遍数
2	每层回填层厚（mm）	≤300	尺量：每层每侧测5点
3	两侧回填高差（mm）	≤500	水准仪：每层每侧测3处
4	坡度	满足设计要求	尺量：检查3处
5	回填厚度（mm）	不小于设计值	水准仪：拱顶测5处

（2）明洞回填外观质量应符合下列规定：

回填坡面应不积水。

8.6 洞身开挖

1. 洞身开挖的施工要点

（1）确定合理开挖步骤和循环进尺，保持各开挖工序相互衔接，均衡施工。

（2）应采用有效的测量手段控制开挖轮廓线，开挖宜预留变形量。

（3）监控量测应及时进行，地质变化处和重要地段，应有相应照片或文字描述记载。

（4）开挖作业必须保证安全，宜减少对围岩的扰动。

（5）隧道爆破，必要时可采用预裂爆破技术。施工中应提高钻眼效率和爆破效果，降低工料消耗。

（6）开挖爆破应选用适当的炸药品种和型号，在漏水和涌水地段应采用非电导爆管起爆。

（7）双洞开挖时，应根据两洞的轴线间距、洞口里程距离、地质条件及其他自然条件，选择适宜的开挖方法，确定好两洞开挖的时间差和距离差，并采取措施防止后行洞开挖对先行洞周壁产生不良影响。

2. 洞身开挖的质量要点

（1）当围岩自稳能力差时，开挖前应做好预加固、预支护。

（2）当隧洞地质出现变化或接近围岩分界线时，应采用地质雷达、超前小导坑、超前探孔等方法探明工程地质和水文地质状况，方可进行开挖。

（3）开挖轮廓应预留支撑沉落量及变形量，并根据量测反馈信息及时调整。

(4) 应采用控制爆破技术减少开挖对围岩的扰动。

(5) 应严格控制开挖，拱脚、墙脚以上 1m 范围内严禁开挖；当石质坚硬完整且岩石抗压强度大于 30MPa 并确认不影响衬砌结构稳定和强度时，岩石个别凸出部分（每 $1m^2$ 不大于 $0.1m^2$）可突入衬砌断面，锚喷支护时凸入不得大于 30mm，衬砌时开挖值不得大于 50mm。

(6) 洞身开挖在清除浮石后应及时进行初喷支护。

3. 洞身开挖的质量标准

(1) 洞身开挖的实测项目见表 8-5。

表 8-5　洞身开挖实测项目

项次	检查项目		规定值或允许偏差	检查方法和频率
1	拱部超挖（mm）	A 级围岩（硬岩）	平均 100，最大 200	全站仪或按 JTG F80/1—2017 附录 Q 检查：每 20m 检查 1 个断面，每个断面自拱顶起每 2m 测 1 点
		Ⅱ、Ⅲ、Ⅳ级围岩（中硬岩、软岩）	平均 150，最大 250	
		Ⅴ、Ⅵ级围岩（破碎岩、土）	平均 100，最大 150	
2	边墙超挖（mm）	每侧	+100，0	
		全宽	+200，0	
3	仰拱、隧底超挖（mm）		平均 100，最大 250	水准仪：每 20m 检查 3 处

(2) 洞身开挖外观质量应符合下列规定：

洞顶应无浮石。

4. 安全环保措施

(1) 在爆破作业中，采用水幕降尘，保证作业面粉尘含量达标。在弃渣作业时喷水降尘。

（2）在有粉尘的作业环境中作业时，除洒水外，作业人员还必须穿戴劳保防护用品。

（3）开挖中应严格规范要求进行沉降观测，随时监测、检查边坡和仰坡稳定情况，如有滑动、开裂等现象，应适当放缓坡度，保证边（仰）坡稳定和施工安全。

（4）开挖的土石方应按施工组织要求在指定地点倾倒、存放，严禁弃渣土危及边坡及其他建筑物稳定，并不得影响运输安全及周边环保要求。

8.7 喷射混凝土

1. 喷射混凝土的施工要点

（1）喷射混凝土不得采用干喷工艺，应采用湿（潮）喷工艺进行施工，鼓励采用混凝土喷射机组进行喷射混凝土施工。液体速凝剂应采用环保无碱速凝剂，湿喷混凝土的坍落度宜控制在 80～120mm。

（2）喷射混凝土配合比应通过试验确定并满足设计强度和喷射工艺的要求。

（3）隧道开挖后及时初喷，硬岩地段复喷作业距离掌子面不得大于 60m，软岩地段初期支护应紧跟掌子面。在每一开挖面应始终最少有一台可正常操作的喷浆机组，在使用前应经检查并批准，还应配备备用设备，当出现故障时，能立即投入使用，保证施工的连续性和及时性。

（4）隧道开挖后应立即对岩面喷射混凝土，以防岩体发生松弛。

（5）喷射作业应分段、分片依次进行，喷射顺序自下而上进行，每次作业区段纵向长度不宜超过 6m。

(6) 喷射混凝土作业需紧跟开挖面时，下次爆破距喷射混凝土作业完成时间的间隔不小于4h。

(7) 喷射混凝土混合料应随拌随喷，回弹物不得重新用作喷射混凝土材料。

(8) 一次喷射厚度应根据设计厚度和喷射部位确定，初喷厚度不小于4～6cm。复喷一次喷射厚度拱顶不得大于10cm、边墙不得大于15cm。首层喷混凝土时，要着重填平补齐，将小的凹坑喷圆顺。岩面有严重坑洼处采用锚杆吊模模喷混凝土处理。

(9) 喷射作业应以适当厚度分层进行，后一层喷射应在前一层混凝土终凝后进行。若终凝后间隔1h以上且初喷表面已蒙上粉尘时，受喷面应用高压风（水）清洗干净。

(10) 喷射混凝土作业时喷嘴应垂直岩面；喷嘴距岩面距离以0.6～1.2m为宜，喷射料束与受喷面垂线呈5°～15°夹角时最佳；喷射时，应使喷射料束螺旋形运动；喷射机工作压力应控制在0.1～0.15MPa。

(11) 钢架与壁面之间的间隙应用混凝土充填密实；喷射混凝土应由两侧拱脚向上对称喷射，并将钢架覆盖，保证将其背面喷射填满，粘结良好。拱脚基础喷射混凝土要密实，严禁悬空。

(12) 喷混凝土终凝2h后，应喷水养护，养护时间不少于7d；隧道内环境温度低于5℃时，不得喷水养护。

(13) 冬期施工时，喷射混凝土作业区的温度不应低于5℃，混合料进入喷射机的温度不应低于5℃，在结冰的岩面上不得进行喷射混凝土作业。混凝土强度未达到6MPa前不得受冻。

2. 喷射混凝土的质量要点

(1) 开挖断面质量、超欠挖处理、围岩表面渗漏水处理应符合施工技术规范规定，受喷岩面应清洁。

（2）喷射混凝土支护应与围岩紧密粘结，结合牢固，不得有空洞。喷层内不应存在片石和木板等杂物。严禁挂模喷射混凝土。

（3）钢架与围岩之间的间隙应采用喷射混凝土充填密实。

（4）喷射混凝土表面平整度应符合施工技术规范规定。

3. 喷射混凝土的质量标准

（1）喷射混凝土的实测项目见表 8-6。

表 8-6　喷射混凝土实测项目

项次	检查项目	规定值或允许偏差	检查方法和频率
1	喷射混凝土强度（MPa）	在合格标准内	按 1.7 节检查
2	喷层厚度（mm）	平均厚度≥设计厚度；60％的检查点的厚度≥设计厚度；最小厚度≥0.6 设计厚度	凿孔法：每 10m 检查 1 个断面，每个断面从拱顶中线起每 3m 测 1 点按 JTG F80/1—2017 附录 R 检查：沿隧道纵向分别在拱顶、两侧拱腰、两侧边墙连续测试共 5 条线，每 10m 检查 1 个断面，每个断面测 5 点
3	喷层与围岩接触状况	无空洞，无杂物	

（2）喷射混凝土外观质量应符合下列规定：

喷射混凝土表面应无漏喷、离鼓、钢筋网和钢架外露。

4. 安全环保措施

（1）喷射机内部应保持干燥和清洁，加入的干料配合比及潮湿程序，应符合喷射机性能要求，不得使用结块的水泥和未经筛选的砂石。

（2）启动前，应先接通风、水、电，开启进气阀达到额定压力，再启动电动机空载旋转，确认一切正常后，方可投料施工。

（3）在喷嘴前方严禁站人，操作人员应始终在已喷射过的混凝土支护面以内。

（4）喷射混凝土施工时在保证顺利喷射的条件下，应增加骨料含水率：在喷射混凝土或混合料搅拌处，应设置集尘器或除尘器；在喷射浓度较高的地段，设置除尘帷幕；加强作业区的通风，应设置风机。

8.8 锚　　杆

1. 锚杆的施工要点

（1）隧道锚杆施工质量执行工后检测。挂防水板之前，委托第三方检测单位对隧道锚杆长度、数量、注浆饱满度进行检测，抽检频率不低于锚杆数量的1%。

（2）锚杆应尽量与岩面垂直，为保证拱部锚杆的施作质量，要求对拱部锚杆采用专门锚杆机进行施作，锚杆机性能必须适合硬岩条件下的钻孔要求，侧墙及拱腰部位可采用一般气腿式凿岩机钻孔。

（3）所有锚杆都必须安装垫板，垫板应与喷射混凝土紧密接触。

（4）锚杆施工宜在初喷后及时进行，Ⅳ、Ⅴ级围岩系统锚杆尾端应预留足够长度，确保锚杆垫板能够在复喷完成后安装，以便于锚杆质量检测。采用锚杆头专用防护套保护，避免刺破防水板。锚杆施作位置用红漆进行标识。

（5）隧道现场监理人应准备锚杆验收专用记录本。对每次锚杆的检查验收，应详细注明锚杆施作的里程桩号、围岩等级、锚杆施作情况、设计数量、施作数量等。每期锚杆计量必须附隧道现场监理工程师签认的锚杆验收记录复印件。

（6）对中空锚杆的注浆，监理工程师必须要有旁站记录，严禁未注浆行为。

（7）全长粘结式锚杆安设后不得敲击，其端部 3d 内不得悬挂重物。

（8）钻孔深度不应小于锚杆杆体有效长度，但深度超长值不应大于 100mm。

（9）钻孔宜保持直线，系统锚杆钻孔方向宜与开挖面垂直，当岩层层面或主要结构面明显时，应尽可能与其形成较大交角，但与开挖面的垂直偏差不应大于 20°；局部锚杆应尽可能与岩层层面或主要结构面形成大角度相交。

（10）锚杆深度要求：水泥砂浆锚杆孔深允许偏差为±50mm；早强药包锚杆孔深应与杆体长度配合适当。

2. 锚杆的质量控制要点

（1）锚杆长度应不小于设计长度，锚杆插入孔内的长度不得短于设计长度的 95%。

（2）砂浆锚杆和注浆锚杆的灌浆强度应不小于设计值和规范的要求，锚杆孔内灌浆密实饱满。

（3）锁脚锚杆（管）的数量、长度、打入角度应满足设计要求。

3. 锚杆的质量标准

（1）锚杆的实测项目见表 8-7。

表 8-7 锚杆实测项目

项次	检查项目	规定值或允许偏差	检查方法和频率
1	数量（根）	不少于设计值	目测：现场逐根清点
2	锚杆拔力（kN）	28d 拔力平均值≥设计值，最小拔力≥0.9 设计值	拉拔仪：抽查 1%且不少于 3 根
3	孔位（mm）	±150	尺量：抽查 10%
4	孔深（mm）	±50	尺量：抽查 10%
5	孔径（mm）	≥锚杆杆体直径+15	尺量：抽查 10%

（2）锚杆外观质量应符合下列规定：

锚杆垫板与岩面间应无间隙。

4. 安全环保措施

（1）隧道爆破完成后待围岩稳定进行排险完成后再进行锚杆施工。

（2）施工废水、生活污水按照有关要求进行处理，不得直接排入农田、河流和渠道。

（3）施工机械排放的废油、废水，采用隔油池等有效措施加以处理，不得超标排放。

8.9 钢　筋　网

1. 钢筋网的施工要点

（1）应在初喷一层混凝土后再进行钢筋网的铺设。

（2）钢筋网宜随受喷面起伏铺设，并在锚杆安设后进行，与受喷面间隙宜控制在 20～30mm 之间。

（3）钢筋网应与锚杆或其他固定装置连接牢固，在喷射混凝土时不得晃动。

（4）钢筋搭接长度不得小于 35 倍钢筋直径，并不得小于一个网格长边尺寸。

2. 钢筋网的质量要点

钢筋网铺设应在初喷混凝土后进行。

3. 钢筋网的质量标准

（1）钢筋网的实测项目见表8-8。

表8-8 钢筋网实测项目

项次	检查项目	规定值或允许偏差	检查方法和频率
1	钢筋网喷射混凝土保护层厚度（mm）	≥20	凿孔法：每10m测5点
2	网格尺寸（mm）	±10	尺量：每100m^{2}检查3个网眼
3	搭接长度（mm）	≥50	尺量：每20m测3点

（2）钢筋网外观质量应符合下列规定：

钢筋网与锚杆或其他固定构件连接不得松脱。

8.10 钢　　架

1. 钢架的施工要点

（1）钢架应分节段制作，每节段长度应根据设计尺寸及开挖方法确定，不宜大于4m。每片节段应编号，注明安装位置。

（2）型钢钢架宜采用冷弯法制作成型。

（3）格栅钢架应利用胎模控制尺寸，所有钢筋节点必须采用焊接，焊接长度应不小于40mm，对称焊接。

（4）钢架宜在初喷后安装。

（5）钢架安装前应检查开挖断面轮廓、中线及高程。

（6）钢架在初喷混凝土后安装，应尽可能与围岩或初喷面密贴，有间隙时应采用混凝土垫块揳紧，严禁采用片石回填。

（7）钢架安装就位后，钢架与围岩之间的间隙应用喷射混凝土充填密实，并使钢架与喷射混凝土形成整体。喷射混凝土应由两侧拱脚向上对称喷射，并将钢架覆盖，临空一侧的喷射混凝土保护层厚度应不小于 20mm。

（8）钢架的抽换、拆除，应本着“先顶后拆”的原则进行，防止围岩松动坍塌。

2. 钢架的质量控制要点

（1）钢架之间应采用纵向钢筋连接，安装基础应牢固。

（2）钢架安装基底高程不足时，不得用石块、碎石砌垫，应设置钢板或采用强度等级不小于 C20 混凝土垫块。

（3）钢架应紧靠初喷面。

（4）连接钢板与钢架应焊接牢固，焊缝饱满密实；钢架节段之间通过钢板应用螺栓连接或焊接牢固。

3. 钢架的质量标准

（1）钢架的实测项目见表 8-9。

表 8-9　钢架实测项目

项次	检查项目	规定值或允许偏差	检查方法和频率
1	榀数（榀）	不少于设计值	目测或按 JTG F80/1—2017 附录 R 检查≥逐榀检查
2	间距（mm）	±50	尺量或按 JTG F80/1—2017 附录 R 检查≥逐榀检查
3	喷射混凝土保护层厚度（mm）	外侧保护层≥40 内侧保护层≥20	凿孔法：每 20m 测 5 点

续表

项次	检查项目		规定值或允许偏差	检查方法和频率
4	倾斜度（°）		±2	铅锤法：逐榀检查
5	拼装偏差（mm）		±3	尺量：逐榀检查
6	安装偏差（mm）	横向	±50	量尺和水准仪：逐榀检查
		竖向	不低于设计高程	
7	连接钢筋	数量（根）	不小于设计值	尺量：逐榀检查
		间距（mm）	±50	

注：钢架临空一侧为内侧。

（2）钢架外观质量应符合下列规定：

焊接应无假焊、漏焊，基底应无虚渣及杂物。

8.11 仰　　拱

1. 仰拱的施工要点

（1）仰拱基底承载力应满足设计要求。

（2）仰拱超挖后严禁回填虚土、虚渣。

（3）仰拱浇筑前应无积水、杂物、虚渣。

（4）仰拱曲率、仰拱与边墙连接应满足设计要求并符合施工技术规范规定。

2. 仰拱的质量要点

（1）钢架之间应采用纵向钢筋连接，安装基础应牢固。

（2）钢架安装基底高程不足时，不得用石块、碎石砌垫，应设置钢板或采用强度等级不小于C20混凝土垫块。

（3）钢架应紧靠初喷面。

（4）连接钢板与钢架应焊接牢固，焊缝饱满密实；钢架节段之间通过钢板应用螺栓连接或焊接牢固。

3. 仰拱的质量标准

（1）仰拱的实测项目见表 8-10。

表 8-10　仰拱实测项目

项次	检查项目	规定值或允许偏差	检查方法和频率
1	混凝土强度（MPa）	在合格标准内	按 1.6 节检查
2	厚度（mm）	不小于设计值	尺量：每 20m 检查 1 个断面，每个断面测 5 点
3	钢筋保护层厚度（mm）	＋10，－5	尺量：每 20m 测 5 点
4	底面高程（mm）	±15	水准仪：每 20m 测 5 点

（2）仰拱外观质量应符合下列规定：

混凝土表面应无露筋。

8.12　仰拱回填

1. 仰拱回填的施工要点与质量要点

（1）仰拱回填混凝土浇筑前表面应无积水和杂物。

（2）仰拱回填混凝土应在仰拱混凝土强度达到设计强度的 70％后进行。

2. 仰拱回填的质量标准

（1）仰拱回填的实测项目见表 8-11。

表 8-11　仰拱回填实测项目

项次	检查项目	规定值或允许偏差	检查方法和频率
1	混凝土强度（MPa）	在合格标准内	按 1.6 节检查
2	顶面高程（mm）	±10	水准仪：每 20m 测 5 点

（2）仰拱回填外观质量应符合下列规定：

仰拱回填表面应无开裂。

8.13　衬砌钢筋

1. 衬砌钢筋的施工要点

钢筋表面必须除锈和油渍，采用混凝土垫块，模板固定支撑牢靠，浇筑混凝土前应刷脱模剂，清理干净内部的杂物。

2. 衬砌钢筋的质量要点

（1）钢筋的连接方式、同一连接区段内的接头面积应满足设计要求；接头位置应设在受力较小处。

（2）钢筋的搭接长度、焊接和机械接头质量应满足施工技术规范规定。

（3）钢筋安装时，应保证设计要求的钢筋根数。

（4）受力钢筋应平直，表面不得有裂纹及其他损伤。

（5）钢筋的保护层垫块应分布均匀，数量及材料性能应满足设计和有关技术规范规定。

（6）多层钢筋网应有足够的钢筋支撑，并应保证钢筋骨架的施工刚度，使其在混凝土浇筑过程中不出现位移。

3. 衬砌钢筋的质量标准

（1）衬砌钢筋的实测项目见表 8-12。

表 8-12　衬砌钢筋实测项目

项次	检查项目	规定值或允许偏差	检查方法和频率
1	主筋间距（mm）	±10	尺量或按 JTG F 80/1—2017 附录 R 检查：每模板测 3 点

续表

项次	检查项目	规定值或允许偏差	检查方法和频率
2	两层钢筋间距（mm）	±5	尺量：每模板测 3 点
3	箍筋间距（mm）	±20	尺量：每模板测 3 点
4	钢筋长度（mm）	满足设计要求	尺量：每模板检查 2 根
5	钢筋保护层厚度（mm）	+10，−5	尺量：每模板检查 3 点

（2）衬砌钢筋外观质量应符合下列规定：

① 钢筋表面无颗粒状或片状老锈及焊渣、烧伤，绑扎或焊接的钢筋网和钢筋骨架不得松脱和开焊。

② 焊接接头、连接套筒不得出现裂纹。

8.14 混凝土衬砌

1. 混凝土衬砌的施工要点

（1）仰拱混凝土应超前拱墙混凝土施工，仰拱和铺底施工前应清除积水、杂物、虚渣等。

（2）仰拱、仰拱上的填充层及铺底混凝土施工应混凝土配比准确，必须使用模板、机械捣固密实。

（3）仰拱混凝土可采用泵送浇筑，应使用拱架模板保证浇筑尺寸符合设计要求。仰拱和填充层一次立模施工时，应先按设计完成仰拱混凝土施工，适当间歇后，再改变混凝土配比，进行填充层混凝土施工。

（4）仰拱填充采用片石混凝土时，片石应距模板 50mm 以上，片石间距应大于粗集料的最大粒径，并应分层摆放，捣固密实。

（5）仰拱以上的混凝土或片石混凝土应在仰拱混凝土达到设计强度的 70%后施工。

（6）仰拱和铺底混凝土强度达到设计强度100%后方可允许车辆通行。

2. 混凝土衬砌的质量要点

（1）衬砌施工前初期支护背部存在空洞、断面严重侵限时应及时处理。

（2）衬砌背后的空隙应回填注浆。

3. 混凝土衬砌的质量标准

（1）混凝土衬砌的实测项目见表8-13。

表 8-13　混凝土衬砌实测项目

项次	检查项目	规定值或允许偏差	检查方法和频率
1	混凝土强度（MPa）	在合格标准内	按1.6节检查
2	衬砌厚度（mm）	90%的检查点的厚度≥设计厚度，且最小厚度≥0.5设计厚度	尺量：每20m检查1个断面，每个断面测5点 按JTG F80/1—2017附录R检查：沿隧道纵向分别在拱顶、两侧拱腰、两侧边墙连续测试共5条测线，每20m检查1个断面，每个断面测5点
3	墙面平整度（mm）	施工缝、变形缝处≤20 其他部位≤5	2m直尺：每20m每侧连续检查5尺，每尺测最大间隙
4	衬砌背部密实状况	无空洞、杂物	按JTG F80/1—2017附录R检查：沿隧道纵向分别在拱顶、两侧拱腰、两侧边墙连续测试共5条测线

（2）混凝土衬砌外观质量应符合下列规定：

① 蜂窝麻面面积不得超过该面总面积的0.5%，深度不

得超过 10mm。

② 隧道衬砌钢筋混凝土结构裂缝宽度不得超过 0.2mm，混凝土结构裂缝宽度不得超过 0.4mm。

4. 安全环保措施

（1）衬砌混凝土施工中高空作业施工人员必须戴安全帽；混凝土在振捣作业时，必须戴安全手套、穿绝缘靴。

（2）台车门架应留足施工净空，保证车辆通行，并设置明显界限及缓行标识。

（3）衬砌使用工作平台、梯子等应安装牢固，不得有钉子露头和凸出尖角。衬砌台车工作台及台车上应铺满平台板，并应设置不低于 1 米的防护栏杆，尤其是二层浇筑平台。

8.15 防 水 层

1. 防水层的施工要点

（1）为保证防水板铺挂质量，应先进行试铺定位。

（2）固定点间距的控制：尺量检查，固定点间距拱部 0.5～0.7m，侧墙 1.0～1.2m，在凹凸处应适当增加固定点，布置均匀。

（3）松弛率：防水板吊环间距需根据其铺挂松弛率要求来确定，环向松弛率经验值一般取 10%，纵向松弛率一般取 6%。根据初期支护表面平整程度适当调整，以保证灌筑混凝土时板面与喷混凝土面能密贴。

2. 防水层的质量要点

（1）防水材料铺设前喷射混凝土基面不得有钢筋、凸出的管件等尖锐物。

（2）隧道断面变化处或转弯处的阴角应抹成半径不小于 50mm 的圆弧。

（3）防水层施工时，基面不得有明水。

3. 防水层的质量标准

（1）防水层的实测项目见表 8-14。

表 8-14 防水层实测项目

项次	检查项目		规定值或允许偏差	检查方法和频率
1	搭接长度（mm）		≥100	尺量：每 5 环搭接抽查 3 处
2	缝宽（mm）	焊接	焊缝宽≥10	尺量：每 5 环搭接抽查 3 处
		粘接	粘缝宽≥50	
3	固定点间距（m）		满足设计要求	尺量：每 20m 检查 3 处
4	焊缝密实性		满足设计要求	按 JTG F80/1—2017 附录 S 检查：每 20m 检查 1 处焊缝

（2）防水层外观质量应符合下列规定：

① 防水层表面应无褶皱、气泡、破损、紧绷。

② 焊接应无脱焊、漏焊、假焊、焊焦、焊穿，粘接应无脱粘、漏粘。

8.16 止 水 带

1. 止水带的施工要点

（1）止水带的接头不得设在混凝土转角处，并尽可能不设接头。

（2）止水带埋设位置准确，其中间空心圆环应与变形缝的中心线重合；止水带定位时，应使其在界面部位保持平展，防止止水带翻滚、扭结，如发现有扭结不展现象应及时调正。在固定止水带和灌注隧道过程中应防止止水带偏移，以免单侧缩短，影响止水效果。可采用位钢筋认真定位。

(3) 止水带先施工一侧混凝土时，其端头施工应支撑牢固，严防漏浆。

(4) 模板断面变化处或转角处的阴角应抹成半径不小于50mm 的圆弧，以便止水带施工。止水带在隧道断面变化处或转角处应做成弧形，橡胶止水带的转角半径不应小于200mm，钢片止水带不应小于 300mm，且转角半径应随止水带的宽度增大而相应加大。

(5) 不得在止水带上穿孔打洞固定止水带。在固定止水带和灌注混凝土过程中应注意保护止水带不被钉子、钢筋和石子等刺破。如发现有刺破、割裂现象，必须及时修补。

(6) 宜加强混凝土振捣控制，排除止水带底部气泡和空隙，使止水带和混凝土紧密结合，应注意防止振捣造成止水带偏位或破损。

(7) 止水带的长度应根据施工需要事先向生产厂家定制，尽量避免接头。如确须接头，应连接牢固，宜设置在距铺底面不小于 300mm 的边墙上。根据止水带材质和止水部位可采用不同的接头方法。橡胶止水带的接头形式应采用搭接或复合接；塑料止水带的接头形式应采用搭接或对接。止水带的搭接宽度不应小于 100mm，冷粘或焊接的缝宽不应小于 50mm。

2. 止水带的质量要点

止水带应与衬砌端头模板正交。

3. 止水带的质量标准

(1) 止水带的实测项目见表 8-15。

表 8-15　止水带实测项目

项次	检查项目	规定值或允许偏差	检查方法和频率
1	纵向偏离（mm）	±50	尺量：每衬砌台车检查 1 环，每环测 3 点
2	偏离衬砌中线（mm）	≤30	尺量：每衬砌台车检查 1 环，每环测 3 点
3	固定点间距（mm）	±50	尺量：每衬砌台车每环止水带检查 3 点

（2）止水带外观质量应符合下列规定：

① 止水带应无松脱、扭曲。

② 止水带连接缝应无裂口、脱胶。

8.17　排　　水

1. 排水的施工要点

（1）按规定画线，以使盲管位置准确合理，画线时注意盲管尽可能走基面的低凹处和有出水点的地方。

（2）盲管与岩面的间距不得大于 5cm，盲管与岩面脱开的最大长度不得大于 10cm。

（3）集中出水点沿水源方向钻孔，然后将单根集中引水盲管插入其中，并用速凝砂浆将周围封堵，以使地下水从管中集中引出。

（4）盲管上若有接头用无纺布等渗水材料包裹，防止混凝土或杂物进入堵塞管道。

2. 排水的质量要点

（1）隧道纵向排水管、横向排水管、环向排水管的材质和规格应满足设计要求。

（2）横向排水管、环向排水管的间距应满足设计要求。

（3）纵向排水管、中心排水沟（管）基座的坡度应满足设计要求。

（4）排水管整体线形应平顺，排水管接头应不得出现松动。

（5）明洞黏土隔水层应与边坡、仰坡搭接良好，封闭紧密。

3. 排水沟（管）的质量标准

（1）排水沟（管）的实测项目见表 8-16。

表 8-16 排水沟（管）实测项目

项次	检查项目	规定值或允许偏差	检查方法和频率
1	混凝土强度（MPa）	在合格标准内	按 1.6 节检查
2	轴线偏位（mm）	15	全站仪：每 10m 测 1 处
3	断面尺寸或管径（mm）	±10	尺量：每 10m 测 1 处
4	壁厚（mm）	不小于设计值	尺量：每 10m 测 1 处
5	沟底高程（mm）	±20	水准仪：每 10m 测 1 处
6	纵坡	满足设计要求	水准仪：每 10m 测 1 处
7	基础厚度（mm）	不小于设计值	尺量：每 10m 测 1 处

（2）排水外观质量应符合下列规定：

沟槽盖板应无松动、破损。

8.18 超前锚杆

1. 超前锚杆的施工要点

（1）测量开挖面中线、标高，画出开挖轮廓线，并点出锚杆孔位，孔位允许偏差为±20mm。

（2）钻孔台车或凿岩机就位，对正孔位钻孔，达到设计要求后，用吹管、掏勺将孔内碎渣和水排出。

（3）超前锚杆安装

注浆或填塞锚固药卷：将早强锚固剂药卷放在水中，泡至软而不散时取出，再人工持炮棍将药卷塞满至孔深 1/3～1/2 处；安装锚杆：用人工持铁锤将锚杆打入，以锚杆达孔底且孔口有浆液流出为止。

（4）将锚杆的尾部和系统锚杆的环向钢筋或钢架焊接，以增强共同支护作用。

（5）锚杆沿开挖轮廓线均匀布置，尾端与钢架焊接牢固，锚杆入孔长度符合要求。

（6）当超前锚杆和钢架配合使用时，宜先安装钢架，再穿过钢架腹部钻孔、安装锚杆，以利于钢架顺利安装。

2. 超前锚杆的质量控制要点

（1）超前锚杆的打入角度应满足设计要求并符合施工技术规范规定。

（2）超前锚杆纵向两排之间水平搭接长度应不小于 1m。

（3）锚杆孔内灌注砂浆应饱满密实。

3. 超前锚杆的质量标准

（1）超前锚杆的实测项目见表 8-17。

表 8-17　超前锚杆实测项目

项次	检查项目	规定值或允许偏差	检查方法和频率
1	长度（mm）	不小于设计值	尺量：逐根检查
2	数量（根）	不小于设计值	目测：逐根清点
3	孔位（mm）	±50	尺量：每 5 环抽查 5 根
4	孔深（mm）	±50	尺量：每 5 环抽查 5 根
5	孔径（mm）	≥40	尺量：每 5 环抽查 5 根

（2）超前锚杆外观质量应符合下列规定：

锚杆尾端与钢架焊接应无假焊、漏焊。

8.19 超前小导管

1. 超前小导管的施工要点

（1）和钢架联合支护时，应从钢架腹部穿过，尾端与钢架焊接。超前小导管沿隧道纵向开挖轮廓线向外以 10°～30°的外插角钻孔，将小导管打入地层，亦可在开挖面上钻孔将小导管打入地层，小导管环向间距宜为 200～500mm。

（2）钻孔、安装小导管后，管口用麻丝和锚固剂封堵钢管与孔壁间空隙，管口安装封头和孔口阀，并能承受规定的最大注浆压力和水压。

（3）注浆前，应对开挖面及 5m 范围内的坑道喷射厚为 50～100mm 混凝土或用模筑混凝土封闭，以防止注浆作业时，发生孔口跑浆现象。

（4）注浆压力应为 0.5～1.0MPa，注浆按由下至上的顺序施工，浆液先稀后浓、注浆量先大后小。

（5）结束标准：以终压控制为主，注浆量校核。当注浆压力为 0.7～1.0MPa，持续 15min 即可终止。

（6）注浆后至开挖的时间间隔，应视浆液种类决定。当采用单液水泥浆时，开挖时间为注浆后 8h，采用水泥-水玻璃浆液时为 4h 左右。开挖时应保留 1.5～2.0m 的止浆墙，防止下一次注浆时孔口跑浆。

2. 超前小导管的质量控制要点

（1）超前小导管注浆浆液强度、配合比、注浆压力和注浆量应满足设计要求，且浆液应充满钢管及周围的空隙。

（2）超前小导管的打入角度应满足设计要求并符合施工技术规范规定。

（3）两组小导管之间纵向水平搭接长度不小于 1m。

3. 超前小导管的质量标准

（1）超前小导管的实测项目见表 8-18。

表 8-18　超前小导管实测项目

项次	检查项目	规定值或允许偏差	检查方法和频率
1	长度（mm）	不小于设计值	尺量：逐根检查
2	数量（根）	不小于设计值	目测：现场逐根清点
3	孔位（mm）	±50	尺量：每 5 环抽查 5 根
4	孔深（mm）	大于钢管长度设计值	尺量：每 5 环抽查 5 根

（2）超前小导管外观质量应符合下列规定：

钢管尾端与钢架焊接应无假焊、漏焊。

4. 安全环保措施

（1）控制施工现场使用的水泥浆泄漏，避免浆液污染洞外的生活、生产用水。

（2）对有害物质（如油料、废旧材料和生产垃圾等）经处理后运至当地环保部门所指定的地点进行掩埋，防止泄漏、腐蚀造成对生态资源的破坏。

（3）施工区域、砂石料场在施工期间和完工后，妥善处理，以减少对河水的腐蚀。

8.20　管　　棚

1. 管棚的施工要点

（1）沿隧道开挖轮廓线纵向钻设管棚孔，其外插角以侵入隧道开挖轮廓线越小越好。孔深不宜小于10m，孔径比管棚钢管直径为20～30mm，钻孔顺序由高孔位向低孔位进行。

（2）接长管棚钢管时，接头应采用厚壁管箍，上满丝扣，丝扣长度不应小于150mm。接头应在隧道横断面上错开。钢管上按设计要求钻孔。

（3）管棚定位：以套拱内预埋的孔口管定向、定位，严格控制其上抬量和角度。

（4）钻孔施工采用管棚钻机，利用套管跟进的方法钻进、长管安装一次完成。为保证长管棚施工质量，在拱脚部位，选2个孔作为试验孔，找出地层特点，并进行注浆和砂浆充填试验。

（5）安装钢管时，先打有孔钢管，注浆后再打无孔钢管。每钻完一孔便顶进一根钢管。

（6）为确保注浆质量，在钢管安装后，管口用麻丝和锚固剂封堵钢管与孔壁间空隙，钢管自身利用孔口安装的封头将密封圈压紧，压浆管口上安装三通接头。

（7）用双液注浆泵按先下后上，先单液浆，再双液浆，先稀后浓的原则注浆。注浆量由压力控制，初压0.5～1.0MPa，终压为2.0MPa。达到结束标准后，停止注浆。

（8）注浆后，扫排管内胶凝浆液，用水泥砂浆紧密充填，增强管棚的刚度和强度。对于非压浆孔，直接充填即可。

2. 管棚的质量控制要点

（1）管棚注浆浆液强度、配合比、注浆压力和注浆量应满足设计要求。

（2）管棚套拱基底承载力应满足设计要求并符合施工技

术规范规定。

（3）超前钢管的打入角度应满足设计要求并符合施工技术规范规定。

（4）两组管棚之间纵向水平搭接长度应不小于 3m。

3. 管棚的质量标准

（1）管棚的实测项目见表 8-19。

表 8-19 管棚实测项目

项次	检查项目	规定值或允许偏差	检查方法和频率
1	长度（mm）	不小于设计值	尺量：逐根检查
2	数量（根）	不小于设计值	目测：现场逐根清点
3	孔位（mm）	±50	尺量：每环抽查 10 根
4	孔深（mm）	大于钢管长度设计值	尺量：每环抽查 10 根

（2）管棚外观质量应符合下列规定：

钢管尾端与钢架焊接应无假焊、漏焊。

4. 安全环保措施

（1）控制施工现场使用的水泥浆泄漏，避免浆液污染洞外的生活、生产用水。

（2）对有害物质（如油料、废旧材料和生产垃圾等）经处理后运至当地环保部门所指定的地点进行掩埋，防止泄漏、腐蚀造成对生态资源的破坏。

（3）施工区域、砂石料场在施工期间和完工后，妥善处理，以减少对河水的腐蚀。

9　交通安全设施

9.1　一般规定

（1）交通安全设施产品须经有资质的检测机构检测，取得合格证，并经工地检验确认满足设计要求后方可使用。

（2）本章未包括的其他交通安全设施工程项目，可根据设计文件和其他相关规范另行制定检验评定标准。

（3）交通安全设施采用钢质材料时，必须进行防腐处理。

（4）构件用螺栓组合时，材料的规格与质量应符合设计要求。

9.2　交通标志

1. 交通标志的施工要点

（1）交通标志制作过程的施工要点

① 加强预防，严格镀锌工艺，电镀前做好防锈处理。

② 认真细致进行放样复核，按图纸设计尺寸施工。

③ 板材必须平放，搬运、储存均须注意平整，勿碰撞、压重。

④ 出现裁剪缺陷、毛刺，应及时打磨处理。

⑤ 按设计要求选用反光膜材，贴前应将板面清理干净

及干燥处理，严防板面污损。

（2）交通标志安装过程的施工要点

① 必须认真放样、复核，确定底座预埋板位置。

② 就地浇基座，模板支撑应牢靠，基坑尺寸要合适。

③ 立柱必须安装竖直，应确保安全可靠，设置临时支撑和加固，并采取面板保护措施，使面板不受损伤，保证安装位置准确，角度符合设计要求。

2. 交通标志的质量要点

（1）交通标志的加工、制作应符合《道路交通标志和标线 第2部分 道路交通标志》（GB 5768.2—2009）和《道路交通标志板及支撑件》（GB/T 23827—2009）的规定。

（2）交通标志在运输过程中不得损伤标志面及金属构件涂层。

（3）交通标志的位置及安装应满足设计要求并符合施工技术规范的规定。

（4）交通标志及支撑件应安装牢固，基础混凝土强度应满足设计要求。

3. 交通标志的质量标准

（1）交通标志的实测项目（表9-1）

表9-1　交通标志实测项目

项次	检查项目	规定值或允许偏差	检查方法和频率
1	标志面反光膜逆反射系数（cd·$1x^{-1}$·m^{-2}）	满足设计要求	逆反射系数测试仪：每块板每种颜色测3点
2	标志板下缘至路面净空高度（mm）	＋100，0	经纬仪、全站仪或尺量：每块板测2点

续表

项次	检查项目	规定值或允许偏差	检查方法和频率
3	柱式标志板、悬臂式和门架式标志立柱的内边缘距土路肩边缘线距离（mm）	≥250	尺量：每处测 1 点
4	立柱竖直度（mm/m）	3	垂线法：每根柱测 2 点
5	基础顶面平整度	4	尺量：对角拉线测最大间隙，每个基础测 2 点
6	标志基础尺寸（mm）	+100，−50	尺量：每个基础长度、宽度各测 2 点

（2）交通标志的外观质量应符合下列规定：

交通标志在安装后标志面及金属构件涂层应无损伤。

4. 安全环保措施

（1）安全措施

① 建立安全生产组织机构，专职安全员在项目负责人和安全负责人的领导下，履行保证安全的一切工作。

② 利用各种宣传工具，采用多种教育形式，使人员树立安全统一的思想。不断强化安全意识，把安全变为自觉行为，使安全管理自觉化。

③ 进行安全技术交底，做好安全检查记录，明确提出安全生产要求，把安全生产贯彻到施工全过程中去。

④ 认真定期执行安全教育、安全检查制度。发现事故隐患要及时处理，做出记录，及时改正，落实到人。

⑤ 施工中临时结构处设置安全警示标志，必要时设置防护网。

⑥ 进入施工现场人员需戴好安全帽，施工机械操作人员须持证上岗，机械操作专人专岗。

⑦ 专职安全员对施工现场进行定期或不定期检查，及时发现安全隐患并予以纠正。

（2）环境保护

① 防止水土污染和流失

a. 施工前，应制订相应的预防水土污染和水土流失措施，考虑土地资源的合理利用，缩短临时占地时间。

b. 施工便道路面进行硬化，保证晴雨天通车，设专人进行养护，确保路面平整，防止扬尘和积水。

c. 施工过程中各种排水沟渠的水流不得直接排放到引用水源、农田、鱼塘中。

d. 不得随意丢弃生产及生活垃圾，垃圾的掩埋或处理应按当地环保部门的要求进行。不得随意排放含油废水及生活污水。

e. 废料、废渣中含有可溶性有害物质，可能造成土质、水污染时，应采取措施，予以处理。

f. 在自然保护区、森林、草原、湿地及风景名胜区进行施工时，应遵守国家环境保护的相关规定。

② 噪声、空气污染的防治

a. 在居民聚居区或其他噪声敏感建筑物附近施工时，当噪声超过规定时，应及时采取措施，减少施工活动对沿线居民的干扰。

b. 对施工作业人员，在噪声较大的现场作业时，应采取有效的防护措施。

c. 施工过程中应采取措施控制扬尘、废气排放等。

d. 施工堆料场、拌和站、材料加工厂等宜设于主要风向的下风处的空旷地区。当无法满足时，应采取必要的环保措施。

e. 粉状材料运输应采取措施防止材料散落。

9.3 交通标线

1. 交通标线的施工要点

(1) 放好样线，精心施工，选派熟练技术工人进行画线作业，并专门培训画线人员，提高操作技术水平。

(2) 涂画标线时，必须在路面完全干燥后施工。

(3) 避开夏季中午高温施工，扫净路面并在路面干燥的情况下施工。保证涂层厚度，选用优质涂料。

2. 交通标线的质量控制要点

(1) 交通标线施划前路面应清洁、干燥、无起灰。

(2) 交通标线用涂料产品应符合《路面标线涂料》(JT/T 280—2004)及《路面标线用玻璃珠》(GB/T 24722—2009)的规定，防滑涂料产品应符合《路面防滑涂料》(JT/T 712—2008)的规定。

(3) 交通标线的颜色、形状和设置位置应符合《道路交通标志和标线　第3部分　道路交通标线》(GB 5768.3—2009) 的规定并满足设计要求。

(4) 反光标线玻璃珠应撒布均匀，施划后标线无气泡、剥落现象。

3. 交通标线的质量标准

(1) 交通标线的实测项目 (表9-2)。

表 9-2　交通标线实测项目

项次	检查项目			规定值或允许偏差		检查方法和频率
1	标线线段长度（mm）	6000		±30		尺量：每 1km 测 3 处，每处测 3 个线段
		4000		±20		
		3000		±15		
		2000		±10		
		1000		±10		
2	标线宽度（mm）			+5，0		尺量：每 1km 测 3 处，每处 3 点
3	标线厚度（干膜，mm）	溶剂型		不小于设计值		标线厚度测量仪或卡尺：每 1km 测 3 处，每处测 6 点
		热熔型		+0.50，−0.10		
		水性		不小于设计值		
		双组分		不小于设计值		
		预成型标线带		不小于设计值		
		突起型	突起高度	不小于设计值		
			基线高度	不小于设计值		
4	标线横向偏位（mm）			≤30		尺量：每 1km 测 3 处，每处测 3 点
5	标线纵向间距（mm）	9000		±45		尺量：每 1km 测 3 处，每处测 3 个线段
		6000		±30		
		4000		±20		
		3000		±15		
6	逆反射亮度系数 R_L（$mcd \cdot m^{-2} \cdot lx^{-1}$）	非雨夜反光标线	Ⅰ级	白色	≥150	标线逆反射测试仪：每 1km 测 3 处，每处测 9 点
				黄色	≥100	
			Ⅱ级	白色	≥250	
				黄色	≥125	
			Ⅲ级	白色	≥350	
				黄色	≥150	
			Ⅳ级	白色	≥450	
				黄色	≥175	

续表

<table>
<tr><th>项次</th><th colspan="3">检查项目</th><th colspan="2">规定值或允许偏差</th><th>检查方法和频率</th></tr>
<tr><td rowspan="12">6</td><td rowspan="12">逆反射亮度系数 R_L(mcd·m^{-2}·lx^{-1})</td><td rowspan="6">雨夜反光标线</td><td rowspan="2">干燥</td><td>白色</td><td>≥350</td><td rowspan="12">干湿表面逆反射标线测试仪：每1km测3处，每处测9点</td></tr>
<tr><td>黄色</td><td>≥200</td></tr>
<tr><td rowspan="2">潮湿</td><td>白色</td><td>≥175</td></tr>
<tr><td>黄色</td><td>≥100</td></tr>
<tr><td rowspan="2">连续降雨</td><td>白色</td><td>≥75</td></tr>
<tr><td>黄色</td><td>≥75</td></tr>
<tr><td rowspan="6">立面反光标记</td><td rowspan="2">干燥</td><td>白色</td><td>≥400</td></tr>
<tr><td>黄色</td><td>≥350</td></tr>
<tr><td rowspan="2">潮湿</td><td>白色</td><td>≥200</td></tr>
<tr><td>黄色</td><td>≥175</td></tr>
<tr><td rowspan="2">连续降雨</td><td>白色</td><td>≥100</td></tr>
<tr><td>黄色</td><td>≥100</td></tr>
<tr><td rowspan="2">7①</td><td rowspan="2">抗滑值(BPN)</td><td colspan="2">抗滑标线</td><td colspan="2">≥45</td><td rowspan="2">摆式摩擦系数测试仪：每1km测3处</td></tr>
<tr><td colspan="2">彩色防滑路面</td><td colspan="2">满足设计要求</td></tr>
</table>

注：抗滑标线、彩色防滑路面测量抗滑值。

（2）交通标线的外观鉴定：

交通标线线形不得出现设计要求以外的弯折。

4. 安全环保措施

同9.2交通标志。

9.4 波形梁钢护栏

1. 波形梁钢护栏的施工要点

（1）立柱的放样定位，应根据设计要求进行，并以桥梁、通道、涵洞、中央分隔带开口、立交、平交等为控制点，进行测距定位。

（2）安装立柱应与设计要求相符，并与道路线形相协调。立柱的埋入土中深度须达到设计深度，同时立柱应与路面垂直。

（3）一般路段，立柱可采用打入法施工，打入位置应精确定位。当打入过深时，不得将立柱部分拔出加以矫正，而须将其全部拔出后，经重新分层回填夯实，再行按定位打入。

（4）立柱可采用钻孔法进行安装。打入法施工有困难，亦可用开挖埋设法。埋设立柱时，回填应采用良好的材料，并回填夯实。

（5）立柱安装就位后，其水平方向和竖直方向应形成平顺的线形。在护栏渐变段及端部的立柱，应按设计规定的坐标进行安装。

（6）波形梁通过拼接螺栓相互拼接，并由连接螺栓固定于立柱或横梁上。波形梁拼接方向应注意按行车方向统一拼接。

（7）波形梁的连接螺栓及拼接螺栓不宜过早拧紧，以便于安装过程中调整位置，形成平顺线形并避免局部凹凸，同时波形梁顶面应与道路竖曲线相互协调，最后拧紧螺栓予以固定。

（8）中央分隔开口处的端头梁应与分隔带标准段的护栏连接。路侧护栏开口处应安装端头梁并进行锚固。端头锚固主要包括钢丝绳锚固件及混凝土基础。在端部基础混凝土设计强度达到50％以后，方可拧紧螺栓或固定缆索。

2. 波形梁钢护栏的质量控制要点

（1）波形梁钢护栏产品应符合《波形梁钢护栏　第1部分　两波形梁钢护栏》（GB/T 31439.1—2015）的规定。

（2）路肩和中央分隔带的土基压实度应不小于设计值。

（3）石方路段和挡土墙上护栏立柱的埋深及基础处理应满足设计要求。

（4）波形梁钢护栏各构件的安装应满足设计要求并符合施工技术规范的规定，波形梁板、立柱和防阻块不得现场焊割和钻孔，波形梁板搭接方向应正确。

（5）护栏的端头处理及护栏过渡段的处理应满足设计要求。

3. 波形梁钢护栏的质量标准

（1）波形梁钢护栏的实测项目（表 9-3）。

表 9-3　波形梁钢护栏实测项目

项次	检查项目	规定值或允许偏差	检查方法和频率
1	波形梁板基底金属厚度（mm）	符合《波形梁钢护栏》（GB/T 31439—2015）标准规定	板厚千分尺、涂层测厚仪：抽查板块数的 5%，且不少于 10 块
2	立柱基底金属壁厚（mm）	符合《波形梁钢护栏》（GB/T 31439—2015）标准规定	千分尺或超声波测厚仪、涂层测厚仪：抽查 2%，且不少于 10 根
3	横梁中心高度（mm）	±20	尺量：每 1km 每侧测 5 处
4	立柱中距（mm）	±20	尺量：每 1km 每侧测 5 处
5	立柱竖直度（mm/m）	±10	垂线法：每 1km 每侧测 5 处
6	立柱外边缘距土路肩边线距离（mm）	≥250 或不小于设计要求	尺量：每 1km 每侧测 5 处

续表

项次	检查项目	规定值或允许偏差	检查方法和频率
7	立柱埋置深度（mm）	不小于设计要求	尺量或埋深测量仪测量立柱打入后定尺长度：每 1km 每侧测 5 处
8	螺栓终拧扭矩	±10%	扭力扳手：每 1km 每侧测 5 处

（2）波形梁钢护栏的外观质量应符合下列规定：

① 护栏各构件表面应无漏镀、露铁、擦痕。

② 护栏线形应无凹凸、起伏现象。

4. 安全环保措施

同 9.2 交通标志。

9.5 混凝土护栏

1. 混凝土护栏的施工要点

（1）预制混凝土护栏的施工要点

① 预制场地应平整、坚实，并应采取必要的排水措施，防止场地沉陷。

② 预制混凝土护栏块使用的模板，应是钢模板。钢模侧面要抛光，拼接应紧密牢固。不得出现漏浆现象，内侧尺寸应符合设计要求。

③ 混凝土拌和物，应采用机械搅拌。根据搅拌机的性能和拌和物的和易性要求确定搅拌时间。

④ 每块预制件的混凝土必须一次浇筑完成，不得间断。

⑤ 混凝土拌和物应采用机械振捣。一般可用附着式振

捣器，辅以插入式振捣器来振动密实。应以拌和物停止下沉，不再冒气泡并泛出水泥砂浆为准，不宜过振。振捣过程中，应随时检查模板，如有变形或松动，应及时采取措施补救。

⑥ 混凝土护栏预制块浇筑完毕，应及时养护。

⑦ 拆模时间应根据气温和混凝土强度情况而定，拆模时混凝土护栏块件强度不应低于设计强度的 70%。拆模时，不得损坏混凝土护栏的边、角，应保持模板完好并经常校验模板的尺寸（每次使用前均应校验）。

⑧ 混凝土护栏块件在安装前，应先精确放样定位。混凝土护栏的安装应从一端逐步向前推进。

⑨ 凡采用传力钢筋与基础连接的路段，应根据传力钢筋的布设放样，并把传力钢筋固定在基层混凝土块中，再将混凝土护栏吊装就位。

（2）就地浇筑混凝土护栏的施工要点

① 混凝土护栏在就地浇筑前，必须组织有关人员对设计文件、图纸、资料进行研究和现场核对。

② 混凝土护栏的长度应精确测量，定好控制点，根据公路沿线构造物的实际情况合理布设。

③ 混凝土护栏的基础施工程序应与设计文件和有关技术规范的规定相符。采用嵌锁式基础，应保证基层的厚度、强度和标高。采用传力钢筋连接时，应保证传力钢筋的位置正确、结合稳固、基底面平整、标高正确。

④ 浇筑混凝土护栏的模板，应具有足够的强度、刚度和稳定性，能可靠地承受施工过程中可能产生的各项荷载，保证构件各部形状、尺寸准确。模板板面平整，接缝严密。拆装容易，施工操作方便、安全。

⑤ 浇筑混凝土前，应按设计图规定安装好钢筋及预埋件，检查合格后方可浇筑混凝土。

⑥ 就地浇筑的混凝土护栏，可采用湿法养护或塑料薄膜养护。

2. 混凝土护栏的质量控制要点

(1) 混凝土护栏的地基承载力应满足设计要求。

(2) 混凝土护栏块件标准段、混凝土护栏起终点的几何尺寸应满足设计要求。

(3) 混凝土护栏预制块件在吊装、运输、安装过程中，不得断裂。

(4) 各混凝土护栏块件之间、护栏与基础之间的连接应满足设计要求。

(5) 混凝土护栏的埋入深度、配筋方式及数量应满足设计要求。

(6) 混凝土护栏的端头处理及护栏过渡段的处理应满足设计要求。

3. 混凝土护栏的质量标准

(1) 混凝土护栏的实测项目（表 9-4）。

表 9-4　混凝土护栏实测项目

项次	检查项目		规定值或允许偏差	检查方法和频率
1	护栏断面尺寸（mm）	高度	±10	尺量：每 1km 每侧测 5 处
		顶宽	±5	
		底宽	±5	
2	钢筋骨架尺寸（mm）		满足设计要求	过程检查，尺量：每 1km 每侧测 5 处
3	横向偏位（mm）		±20 或满足设计要求	尺量：每 1km 每侧测 5 处

续表

项次	检查项目	规定值或允许偏差	检查方法和频率
4①	基础厚度（mm）	±10H%	过程检查，尺量：每1km每侧测5处
5	护栏混凝土强度（MPa）	满足设计要求	按1.6节检测
6	混凝土护栏块件之间的错位（mm）	≤5	尺量：每1km每侧测5处

注：① H为基础的设计厚度，以mm计。

（2）混凝土护栏的外观质量应符合下列规定：

① 混凝土护栏表面的蜂窝、麻面、裂缝、脱皮等缺陷面积不超过该面面积的0.5%；深度不得超过10mm。

② 混凝土护栏块件的损边、掉角长度每处不得超过20mm。

③ 护栏线形应无凹凸、起伏现象。

4. 安全环保措施

同9.2交通标志。

9.6 缆索护栏

1. 缆索护栏的施工要点

（1）缆索护栏产品应符合《缆索护栏》（JT/T 895—2014）的规定。

（2）端部立柱应安装牢固。基础混凝土强度应满足设计要求。

（3）护栏的端头处理及护栏过渡段的处理应满足设计要求。

2. 缆索护栏的质量要点

（1）缆索护栏的实测项目（表 9-5）。

表 9-5　缆索护栏实测项目

项次	检查项目	规定值或允许偏差	检查方法和频率
1	初张力	±5%	张力计：逐根检测
2	最下一根缆索的高度（mm）	±20	尺量：每 1km 每侧测 5 处
3	立柱中距（mm）	±20	尺量：每 1km 每侧测 5 处
4	立柱竖直度（mm/m）	±10	垂线法：每 1km 每侧测 5 处
5	立柱埋置深度（mm）	不小于设计要求	尺量或埋深测量仪测量立柱打入后定尺长度：每 1km 每侧测 5 处
6	混凝土基础尺寸	满足设计要求	尺量：每个基础长度、宽度各测 2 点

（2）缆索护栏外观质量应符合下列规定：

① 护栏各构件表面应无漏镀、露铁、擦痕。

② 护栏线形应无凹凸、起伏现象。

3. 安全环保措施

同 9.2 交通标志。

9.7　突起路标

1. 突起路标的施工要点

（1）粘贴时路面面层应干燥清洁、无杂质，路
灰尘过多、风速过大或温度过低时，不得进行粘贴

（2）突起路标粘贴在两侧路缘带上，距离车行道边缘线20mm。隧道路段在中间粘贴突起路标，粘贴突起路标处不得施划熔融标线。

（3）将环氧树脂等粘结剂均匀涂敷于突起路标的底部，涂敷厚度约为8mm，粘结剂凝固前不得扰动。

（4）在水泥混凝土路面设置突起路标时，先用硬刷和10%盐酸溶液洗刷混凝土表面，然后用清水洗干净待路面清洁干燥后安装突起路标。

（5）突起路标设置高度，顶部不得高出路面25mm。

2. 突起路标的质量要点

（1）突起路标产品应符合《突起路标》（GB/T 24725—2009）、《太阳能突起路标》（GB/T 19813—2005）的规定。

（2）突起路标的布设及其颜色应符合《道路交通标志和标线　第2部分　道路交通标志》（GB 5768.2—2009）的规定并满足设计要求。

（3）突起路标施工前路面应清洁、干燥，定位准确。

（4）突起路标与路面的粘结应牢固。

3. 突起路标的质量标准

（1）突起路标的实测项目（表9-6）。

表9-6　突起路标实测项目

项次	检查项目	规定值或允许偏差	检查方法和频率
1	安装角度（°）	±5	角尺：抽检10%
2	纵向间距（mm）	±50	尺量：抽检10%
3	横向偏位（mm）	±50	尺量：抽检10%

（2）突起路标的外观质量应符合下列规定：

突起路标表面无污损。

4. 安全环保措施

同 9.2 交通标志。

9.8 轮 廓 标

1. 轮廓标的施工要点

（1）设置间距及其他规定应按图纸要求和监理工程师的指示进行。

（2）在降雨、风速过大或温度过高、过低时，不进行设置。

（3）柱式轮廓标应在预制的基础中埋入标柱套管，按图纸要求进行施工，安装时应按图纸所示进行；附着式轮廓标安装在钢护栏托架连接螺栓上，或用胀锚螺栓固定在护栏上。安装就位无误后，将定向反光材料（膜）用不剥落的热活性胶粘剂粘贴，防止在表面上产生任何气泡和污损，并注意反光膜色块粘贴正确。

2. 轮廓标的质量要点

（1）轮廓标产品应符合《轮廓标》（GB/T 24970—2010）的规定。

（2）柱式轮廓标的基础混凝土强度、基础尺寸应符合设计要求。

（3）轮廓标的布设应满足设计要求并符合施工技术规范规定。

（4）轮廓标应安装牢固，色度性能和光度性能应满足设计要求。

3. 轮廓标的质量标准

（1）轮廓标的实测项目（表 9-7）。

表 9-7　轮廓标实测项目

项次	检查项目	规定值或允许偏差	检查方法和频率
1	安装角度 (°)	0～5	花杆、十字架、卷尺、万能角尺：抽查 5%
2	反射器中心高度 (mm)	±20	尺量：抽检 5%
3	柱式轮廓标竖直度 (mm/m)	±10	垂线法：抽查 5%

（2）轮廓标外观质量应符合下列规定：

轮廓标表面应无污损。

4. 安全环保措施

同 9.2 交通标志。

9.9　防眩设施

1. 防眩设施的施工要点

（1）防眩设施的施工应根据其设置方法在路面工程或护栏工程施工完成后进行，或者与护栏工程同步进行。

（2）施工前应清理场地，确定控制点（如桥梁、立交、中央分隔带开口及防眩设施需变化的路段），在控制点之间测距定位、放样。

（3）防眩设施在施工过程中，不得损坏中央分隔带上的通信管道、护栏等设施。应按设计要求处理好路段与桥梁上的防眩设施的设置位置及高度，不得出现高低不平甚至扭曲的外形。

（4）防眩板单独埋设立柱时，应在基础混凝土达到设计强度后，方可安装上部构件。

（5）施工过程中不应损伤金属涂层。任何形式涂层的损伤，均应在 24h 之内给予修补。

2. 防眩设施的质量要点

(1) 防眩板产品应符合《防眩板》（GB/T 24718—2009）的规定，其他防眩设施应满足设计要求并符合施工技术规范的规定。

(2) 防眩设施的几何尺寸及遮光角应满足设计要求。

(3) 防眩设施应安装牢固。

3. 防眩设施的质量标准

防眩设施的实测项目见表 9-8。

表 9-8 防眩设施实测项目

项次	检查项目	规定值或允许偏差	检查方法和频率
1	安装高度（mm）	±10	尺量：每 1km 测 10 处
2	防眩板设置间距（mm）	±10	尺量：每 1km 测 10 处
3	竖直度（mm/m）	±5	垂线法：每 1km 测 5 处
4	防眩网网孔尺寸	满足设计要求	尺量：每 1km 测 5 处，每处测 3 孔

4. 安全环保措施

同 9.2 交通标志。

9.10 隔离栅和防落网

1. 隔离栅和防落网的施工要点

(1) 隔离栅应严格按设计图进行施工放样。先定中心线，然后按设计的柱距定出柱位。

(2) 每个柱位均应按设计要求确定高程，并与公路界地形相协调；必要时，应按规范所规定用顺坡或阶梯形进行整修后安装隔离栅。

（3）柱孔深度应符合设计要求，挖钻到设计要求深度后，应将基底清理干净，经检验合格后，方准进行下道工序。

（4）柱坑底可垫混凝土，放入立柱后，检查柱顶标高，并用临时的支撑固定立柱，检查其垂直度。立柱的埋设应分段进行。先埋两端的立柱，然后拉线埋设中间立柱。立柱纵向应在一条直线上，不得出现参差不齐的现象。柱顶应平顺，不得出现高低不平的情况。立柱的埋置深度、地面高度、垂直度检查无误后，可浇灌混凝土，分层捣实。

（5）有框架的隔离网宜在工厂集中制作。焊接网片时，先将外框架按几何尺寸焊好，经检查合格后，放到胎具上，将钢板网按设计要求切好，放入网框内，各部尺寸核对无误后，用张拉工具将网拉紧，再把其与外框焊接在一起。除锈、去油污后，进行规定的表面防锈处理。

（6）钢筋混凝土立柱的预制，应满足设计图规定的几何尺寸和混凝土的强度要求。

（7）钢筋混凝土立柱的运输及装卸应避免立柱折断或摔坏棱角。装车时码高不宜超过五层。金属构件和网片在装运、堆放过程中应避免损坏。

（8）立柱基础混凝土强度达设计强度70%以后，方可安装隔离栅网片。

2. 隔离栅和防落网的质量控制要点

（1）隔离栅产品应符合《隔离栅》（GB/T 26941—2011）的规定，绿篱隔离栅和防落物网应满足设计要求。

（2）立柱混凝土基础应满足设计要求。

（3）各构件的安装应满足设计要求并符合施工技术规范的规定。

(4) 防落物网网孔应均匀，结构牢固，围封严实。

(5) 隔离栅起终点端头围封应满足设计要求。

3. 隔离栅和防落网的质量标准

(1) 隔离栅和防落网的实测项目（表 9-9）。

表 9-9 隔离栅和防落物网实测项目

<table>
<tr><th>项次</th><th colspan="2">检查项目</th><th>规定值或允许偏差</th><th>检查方法和频率</th></tr>
<tr><td>1</td><td colspan="2">高度（mm）</td><td>±15</td><td>尺量：每 1km 测 5 处</td></tr>
<tr><td>2</td><td colspan="2">刺钢丝的中心垂度（mm）</td><td>≤15</td><td>尺量：每 1km 测 5 处</td></tr>
<tr><td rowspan="4">3</td><td rowspan="4">立柱中距（mm）</td><td>焊接网</td><td>±30</td><td rowspan="4">尺量：每 1km 测 5 处</td></tr>
<tr><td>钢板网</td><td>±30</td></tr>
<tr><td>刺钢丝网</td><td>±60</td></tr>
<tr><td>编织网</td><td>±60</td></tr>
<tr><td>4</td><td colspan="2">立柱竖直度（mm/m）</td><td>±10</td><td>垂线法：每 1km 测 5 处</td></tr>
<tr><td>5</td><td colspan="2">立柱埋置深度</td><td>不小于设计要求</td><td>过程检查，尺量：抽查 2%</td></tr>
</table>

(2) 隔离栅和防落物网外观质量应符合下列规定：

混凝土立柱表面无裂缝、蜂窝。

4. 安全环保措施

同 9.2 交通标志。

9.11 中央分隔带开口护栏

1. 中央分隔带开口护栏的施工要点

(1) 中央分隔带开口护栏的防护等级应满足设计要求，

安全性能应符合《公路护栏安全性能评价标准》（JTG B05—01—2013）的规定。

（2）中央分隔带开口护栏的安装及与中央分隔带护栏过渡段处理，应满足设计要求并符合施工技术规范的规定。

（3）中央分隔带开口护栏在使用时，应易于开启，移动方便。

2. 中央分隔带开口护栏的质量要点

中央分隔带开口护栏的实测项目见表 9-10。

表 9-10　中央分隔带开口护栏的实测项目

项次	检查项目	规定值或允许偏差	检查方法和频率
1	高度（mm）	±20	尺量：每处测 5 处
2	涂层厚度（μm）	满足设计要求	涂层测厚仪：每处测 5 处

9.12　里程碑和百米桩

1. 里程碑和百米桩的施工要点

（1）里程碑的样式、尺寸、颜色、字体应符合《道路交通标志和标线　第 2 部分　道路交通标志》（GB 5768.2—2009）的规定。

（2）里程碑和百米桩在运输、安装过程中不得断裂和破损。

（3）里程碑和百米桩应定位准确、安装牢固。

2. 里程碑和百米桩的质量要点

（1）里程碑和百米桩的实测项目（表 9-11）。

（2）里程碑和百米桩外观质量应符合下列规定：

里程碑和百米桩表面应无裂缝、蜂窝和破损。

表 9-11　里程碑和百米桩的实测项目

项次	检查项目		规定值或允许偏差	检查方法和频率
1	外形尺寸（mm）	高度	±10	尺量：抽查 10%
		宽度	±5	
		厚度	±5	
2	字体及尺寸（mm）		满足设计要求	尺量：抽查 10%
3	里程碑竖直度（mm/m）		±10	垂线法：抽查 10%

9.13　避险车道

1. 避险车道的施工要点

（1）避险车道基床、排水应符合相关章节的规定。

（2）制动床铺装材料与级配应满足设计要求。

2. 避险车道的质量要点

避险车道的实测项目见表 9-12。

表 9-12　避险车道实测项目

项次	检查项目	规定值或允许偏差	检查方法和频率
1	避险车道宽度（m）	满足设计要求	尺量：每道测 5 个断面，引道入口处设测点
2	制动床长度（m）	满足设计要求	尺量：每道测 3 点
3	制动床集料厚度（m）	满足设计要求	尺量：每道测 5 处
4	坡度（%）	满足设计要求	水准仪：每道测 3 处

10 绿化工程

10.1 一般规定

（1）植物种子应有由国家法定种子质量检验机构出具的种子质量检验报告，外省市调入的苗木和种子应有植物检疫证书。

（2）植物成活率、覆盖率、植被盖度的检验应在满一个年生长周期后进行。

10.2 绿地整理

1. 绿地整理的施工要点

（1）绿地内不得有废弃构筑物、工程渣土与废料及其他有害污染物，互通式立体交叉区与环岛、管理养护设施区及服务设施区等有景观要求的绿地内不得有宿根性杂草、树根。

（2）回填土及地形造型的范围、厚度、高程、造型及坡度应满足设计要求。回填的种植土已达到自然沉降的状态，表层不得有明显低洼和积水处。

2. 绿地整理的质量控制要点

绿地整理的实测项目见表10-1。

表 10-1　绿地整理实测项目

项次	检查项目		规定值或允许偏差	检查方法和频率
1	有效土层厚度（mm）		满足设计要求	环刀或挖样洞，尺量：带状绿地①每 1km 测 5 点，点状绿地②每个连续种植单元每 $1000m^2$ 测 2 点，且不少于 3 点
2	地形相对高程③（mm）	$H \leq 1000$	± 50	水准仪测量或尺量：分隔带绿地每 1km 测 5 点；互通式立体交叉区与环岛、管理养护设施区及服务设施区绿地每个连续种植单元每 $1000m^2$ 测 2 点，且不少于 3 点
		$1000 < H \leq 2000$	± 100	
		$2000 < H \leq 3000$	± 150	
		$3000 < H \leq 4000$	± 200	

注：① 指分隔带、边坡、护坡道、碎落台及边坡平台等沿公路路线纵向发布的可绿化场地。

② 指互通式立体交叉区与环岛、管理养护设施区、服务设施区及取、弃土场等分布于公路沿线局部路段集中成块的可绿化场地。

③ H 为设计高程，与原地面的高差、边坡、护坡道、碎落台、边坡平台及取、弃土场等绿地不做要求。

10.3　树木栽植

1. 树木栽植的施工要点

（1）严禁使用带有严重病虫害的苗木，非检疫对象的病虫害危害痕迹不得超过树体的 5%～10%。

（2）种植穴（槽）的定点放线应满足设计要求，位置准确、标记明显。

（3）带土球苗木栽植前应去除不易降解的包装物。

（4）树木栽植不得影响行车安全视距。规则式种植、绿篱、球类的植物修剪应整齐，绿篱不得有空缺。

（5）孤植树、珍贵树种以及大树（胸径在 200mm 以上的落叶乔木或常绿阔叶乔木，株高在 6m 以上或地径在 180mm 以上的常绿针叶乔木）应全部成活。

2. 树木栽植的质量标准

（1）树木栽植的实测项目（表 10-2）。

表 10-2　树木栽植实测项目

<table>
<tr><th>项次</th><th colspan="4">检查项目</th><th>规定值或允许偏差</th><th>检查方法和频率</th></tr>
<tr><td rowspan="2">1</td><td colspan="4">种植穴（槽）直径（mm）</td><td>D+400～D+600①</td><td rowspan="2">尺量：抽查全部种植穴（槽）5%，且不少于 10 个，少于 10 个时应全部检查</td></tr>
<tr><td colspan="4">种植穴（槽）深度（mm）</td><td>(3/4～4/5)穴径</td></tr>
<tr><td>2</td><td colspan="4">苗木数量</td><td>满足设计要求</td><td rowspan="2">目测或无人机航拍测量：带状绿地每 1km 检查 100m 内的苗木；点状绿地每个连续种植单元按苗木数量抽查 10%，且不少于 10 株，少于 10 株的苗木应全部检查</td></tr>
<tr><td>3</td><td colspan="4">苗木成活率（%）</td><td>≥95</td></tr>
<tr><td rowspan="7">4</td><td rowspan="7">苗木规格</td><td rowspan="7">乔木</td><td rowspan="5">胸径（mm）</td><td><50</td><td>−2</td><td rowspan="7">尺量：带状绿地每 1km 检查 100m 内的苗木；点状绿地每个连续种植单元按苗木数量抽查 10%，且不少于 10 株，少于 10 株的苗木应全部检查</td></tr>
<tr><td>50～90</td><td>−5</td></tr>
<tr><td>90～150</td><td>−8</td></tr>
<tr><td>150～200</td><td>−10</td></tr>
<tr><td>>200</td><td>−20</td></tr>
<tr><td colspan="2">高度（mm）</td><td>−200</td></tr>
<tr><td colspan="2">冠径（mm）</td><td>−200</td></tr>
</table>

续表

项次	检查项目				规定值或允许偏差	检查方法和频率
4	苗木规格	灌木	高度（mm）	≥1000	−100	尺量：带状绿地每1km检查100m内的苗木；点状绿地每个连续种植单元按苗木数量抽查10%，且不少于10株，少于10株的苗木应全部检查
				<1000	−50	
			冠径（mm）	≥1000	−100	
				<1000	−50	
		球类	冠径（mm）	<500	0	
				500～1000	−50	
				1000～2000	−100	
				>2000	−200	
			高度（mm）	<500	0	
				500～1000	−50	
				1000～2000	−100	
				>2000	−200	
		藤本	主蔓长（mm）	≥1500	−100	
			主蔓径（mm）	≥10	0	
		棕榈类植物	株高（mm）	≤1000	0	
				1000～2500	−100	
				2500～4000	−200	
				>4000	−300	
			地径（mm）	≤100	−10	
				100～400	−20	
				>400	−30	

注：① *d* 为土球苗直径或裸根苗根系展幅，以mm计。

（2）树木栽植外观质量应符合下列规定：

① 乔木、灌木以及球类苗木不得有木烧膛，不得有影响行车安全的偏冠苗木。

② 树木应无损伤的断枝、枯枝、严重病虫害枝。

10.4 草坪、草本地被及花卉种植

1. 草坪、草本地被及花卉种植的施工要点

（1）铺栽草坪用的草卷、草块应厚度均匀，杂草不应超过5%。

（2）草坪、草本地被及花卉种植的施工工艺、品种及配合比或栽植株行距应满足设计要求；采用喷播绿化施工工艺时，其质量检验应按有关规定执行。

（3）花苗的栽植放样、密度及图案均应满足设计要求。

2. 草坪、草本地被及花卉种植的质量标准

（1）草坪、草本地被及花卉种植实测项目（表10-3）。

表10-3　草坪、草本地被及花卉种植实测项目表

项次	检查项目		规定值或允许偏差	检查方法和频率
1	草坪、草本地被面积		满足符合设计	尺量或无人机航拍测量：带状绿地每1km检查100m；点状绿地按每个连续种植单元全部检查
2	草坪、草本地被覆盖率（%）	取弃土场绿地	≥90	尺量或无人机航拍测量：带状绿地每1km检查100m；点状绿地按每个连续种植单元全部检查
		其他绿地	≥95	

续表

项次	检查项目	规定值或允许偏差	检查方法和频率
3	花卉数量	满足设计要求	目测或无人机航拍测量：带状绿地每1km检查100m内的花卉数量；点状绿地每个连续种植单元按花卉数量抽查5%，且不少于10株，少于10株的花卉应全部检查
4	花卉成活率（%）	≥95	

（2）草坪、草本地被及花卉种植外观质量

互通式立体交叉区与环岛、管理养护设施区、服务设施区等绿地内的草坪、草本地被及花卉不得有连续空秃。

10.5 喷播绿化

1. 喷播绿化的施工质量要点

（1）草本植物种子的质量不应低于《禾本科草种子质量分级》（GB 6142—2008）中所规定的二级标准，木本植物种子的质量不应低于《林木种子质量分级》（GB 7908—1999）中所规定的二级标准。此两项标准中均未提及的植物种子应在使用前进行发芽率试验和种子配合比试验，确定合适的种子用量后方可进行大规模的施工。

（2）喷播绿化采用的植物品种及种子配比应满足设计要求。

2. 喷播绿化的质量标准

（1）喷播绿化的实测项目（表10-4）。

表 10-4　喷播绿化实测项目表

项次	检查项目	规定值或允许偏差	检查方法和频率
1	基材混合物喷射厚度（mm）	设计厚度±10	环刀取样或挖样洞，尺量：带状绿地每 1km 测 10 点；点状绿地每个连续种植单元每 1000m^2 测 2 点，且不少于 5 点
2	植物群落物种组成	满足设计要求	植物样方法调查：带状绿地每 1km 设置 3 个样方（长 2m，宽 2m 或等同于绿地宽度），且不少于 3 个；点状绿地每个连续种植单元设置 3 个样方（长 2m，宽 2m），且不少于 3 个
3	绿化面积	满足设计要求	目测或无人机航拍测量：带状绿地每 1km 检查 100m；点状绿地按每个连续种植单元全部检查设置 3 个样方（长 2m，宽 2m），且不少于 3 个
4	植被盖度（%）	≥95	目测或无人机航拍测量：带状绿地每 1km 检查 100m；点状绿地按每个连续种植单元全部检查

（2）喷播绿化外观质量：

绿地不得有连续空秃、冲沟侵蚀。

11　声屏障工程

11.1　一般规定

（1）声屏障工程的插入损失应满足设计要求。

（2）声屏障排水应满足设计要求。

11.2　砌块体声屏障

1. 砌块体声屏障的施工要点

（1）砌筑顺序应符合下列规定：

① 基底标高不同时，应从低处砌起，并应由高处向低处搭砌。设计无要求时，搭接长度不应小于基础扩大部分的高度。

② 砌体的转角处与交接处应同时砌筑。不能同时砌筑时，应留槎、接槎。

（2）墙上预留临时施工洞口的净宽度不应大于 1m。临时施工洞口应做好补砌。

（3）施工过程中的墙体超过 2m 高，应采用临时支撑等有效措施，防止大风侵袭。

2. 砌块体声屏障的质量控制要点

（1）砂浆所用的水泥、砂、水、外加剂的品种、规格和质量应满足设计要求。

（2）地基承载力应满足设计要求。

（3）砌筑基础前，基坑尺寸应满足设计要求。

（4）砌筑应分层错缝，浆砌时坐浆挤紧，嵌填饱满密实，不得有空洞。

（5）砌体中的钢筋防腐应满足设计要求。

3. 砌块体声屏障的质量标准

（1）砌块体声屏障的实测项目（表 11-1）。

表 11-1　砌块体声屏障实测项目

项次	检查项目	规定值或允许偏差	检查方法和频率
1	砂浆强度（MPa）	在合格标准内	按 1.8 节检查
2	顶面高程（mm）	±20	水准仪：抽查标准段数的 30%，每段测 1 点
3	墙体厚度（mm）	满足设计要求	直尺：抽查标准段数的 30%，每段测 1 点
4	基础外露宽度（mm）	±20	尺量：抽查标准段数的 30%，每段测 1 点
5	墙体竖直度（mm/m）	≤3	直尺、经纬仪：抽查标准段数的 30%，每段测 1 点
6	顺直度（mm/10m）	≤10	10m 拉线：每 100m 测 2 处，且不少于 5 处
7	表面平整度（mm）	≤8	2m 直尺：每 100m 测 10 尺

（2）砌块体声屏障外观质量应符合下列规定：

墙体表面应无破损。

4. 安全环保措施

（1）安全措施

① 建立安全生产组织机构，专职安全员在项目负责人

和安全负责人的领导下，履行保证安全的一切工作。

② 利用各种宣传工具，采用多种教育形式，使人员树立安全统一的思想。不断强化安全意识，把安全变为自觉行为，使安全管理自觉化。

③ 进行安全技术交底，做好安全检查记录，明确提出安全生产要求，把安全生产贯彻到施工全过程中去。

④ 认真定期执行安全教育、安全检查制度。发现事故隐患要及时处理，做出记录，及时改正，落实到人。

⑤ 施工中临时结构处设置安全警示标志，必要时设置防护网。

⑥ 进入施工现场人员需戴好安全帽，施工机械操作人员须持证上岗，机械操作专人专岗。

⑦ 专职安全员对施工现场进行定期或不定期检查，及时发现安全隐患并予以纠正。

（2）环境保护

① 防止水土污染和流失

a. 施工前，应制定相应的预防水土污染和水土流失措施，考虑土地资源的合理利用，缩短临时占地使用时间。

b. 施工便道路面进行硬化，保证晴雨天通车，设专人进行养护，确保路面平整，防止扬尘和积水。

c. 施工过程中各种排水沟渠的水流不得直接排放到饮用水源、农田、鱼塘中。

d. 不得随意丢弃生产及生活垃圾，垃圾的掩埋或处理应按当地环保部门的要求进行。不得随意排放含油废水及生活污水。

e. 废料、废渣中含有可溶性有害物质，可能造成土质、水污染时，应采取措施，予以处理。

f. 在自然保护区、森林、草原、湿地及风景名胜区进行施工时，应遵守国家环境保护的相关规定。

② 噪声、空气污染的防治

a. 在居民聚居区或其他噪声敏感建筑物附近施工时，当噪声超过规定时，应及时采取措施，减少施工活动对沿线居民的干扰。

b. 对施工作业人员，在噪声较大的现场作业时，应采取有效的防护措施。

c. 施工过程中应采取措施控制扬尘、废气排放等。

d. 施工堆料场、混凝土搅拌站、材料加工厂等宜设于主要风向的下风处的空旷地区。当无法满足时，应采取必要的环保措施。

e. 粉状材料运输应采取措施防止材料散落。

11.3 金属结构声屏障

1. 金属结构声屏障的施工要点

（1）金属立柱、连接件和声屏障屏体在运输时，应采取可靠措施防止构件变形或防腐处理层损坏。严禁安装变形的构件。

（2）固定螺栓紧固，位置正确，数量符合设计要求，封头平整无蜂窝麻面。

2. 金属结构声屏障的质量控制要点

（1）基础的埋置深度应符合设计要求。

（2）金属屏体声学性能应满足设计要求并应有声学性能检测报告。

（3）金属立柱、连接件和金属屏体在安装前，应无构件变形或防腐处理层损坏。

（4）固定螺栓应紧固，位置正确，数量满足设计要求。

（5）屏体间及屏体与基础的接缝应密实。

3. 金属结构声屏障的质量标准

（1）金属结构声屏障的实测项目（表 11-2）。

表 11-2　金属结构声屏障实测项目表

项次	检查项目	规定值或允许偏差	检查方法和频率
1	混凝土强度（MPa）	在合格标准内	按 1.6 节检查
2	顶面高程（mm）	±20	水准仪：抽查标准段数的 30%，每段测 1 点
3	基础外露宽度（mm）	±20	尺量：抽查标准段数的 30%，每段测 1 点
4	与路肩边线位置偏移（mm）	±20	尺量：抽查标准段数的 30%，每段测 1 点
5	立柱中距（mm）	≤10	尺量：抽查标准段数的 30%，每段测 1 点
6	立柱竖直度（mm/m）	≤3	垂线法：抽查标准段数的 30%，每段测 1 点
7	立柱镀（涂）层厚度（μm）	不小于规定值	测厚仪：抽查标准段数的 20%，每段测 1 点
8	屏体表面镀（涂）层厚度（μm）	不小于规定值	测厚仪：抽查标准段数的 20%，每段测 1 点
9	屏体背板厚度（mm）	±0.1	游标卡尺：检查屏体总块数的 5%
10	表面平整度（mm）	≤8	2m 直尺：每 100m 测 10 尺

（2）金属结构声屏障外观质量应符合下列规定：

① 立柱镀（涂）层不得有剥落、气泡、漏镀（涂）、刻痕、划伤。

② 屏体应无裂纹、划伤。

4. 安全环保措施

同 11.2 砌块体声屏障。

11.4 复合结构声屏障

1. 复合结构声屏障的施工要点

（1）立柱、连接件和声屏障屏体在运输时，应采取可靠措施防止构件变形或防腐处理层损坏。严禁安装变形的构件。

（2）固定螺栓紧固，位置正确，数量符合设计要求，封头平整无蜂窝麻面。

2. 复合结构声屏障的质量控制要点

（1）基础的埋置深度应符合设计要求。

（2）非金属屏体声学性能应满足设计要求并应有声学性能检测报告。

（3）安装紧固件应满足设计要求和符合现行标准的规定。

（4）立柱、连接件和屏体在安装前，应无构件变形或防腐处理层损坏。

（5）固定螺栓应紧固，位置正确，数量满足设计要求。

（6）屏体与立柱及屏体与基础的接缝应密实。

3. 复合结构声屏障的质量标准

（1）复合结构声屏障的实测项目（表 11-3）。

表 11-3 复合结构声屏障实测项目表

项次	检查项目	规定值或允许偏差	检查方法和频率
1	混凝土强度（MPa）	在合格标准内	按 1.6 节检查
2	顶面高程（mm）	±20	水准仪：抽查标准段数的 30%，每段测 1 点
3	屏体厚度（mm）	±3	钢卷尺：抽查标准段数的 30%，每段测 1 点
4	透明屏体厚度（mm）	±0.2	游标卡尺：抽查标准段数的 30%，每段测 1 点
5	基础外露宽度（mm）	±20	尺量：抽查标准段数的 30%，每段测 1 点
6	与路肩边线位置偏移（mm）	±20	抽查标准段数的 30%，每段测 1 点
7	立柱中距（mm）	≤10	钢卷尺：抽查标准段数的 30%，每段测 1 点
8	立柱竖直度（mm/m）	≤3	垂线法：抽查标准段数的 30%，每段测 1 点
9	金属立柱镀（涂）层厚度（μm）	不小于规定值	测厚仪：抽查标准段数的 20%，每段测 1 点
10	表面平整度（mm）	≤8	2m 直尺：每 100m 测 10 尺

（2）金属结构声屏障外观质量应符合下列规定：

① 立柱镀（涂）层不得有剥落、气泡、漏镀（涂）、刻痕、划伤。

② 屏体应无裂纹、划伤。

4. 安全环保措施

同 10.2 砌块体声屏障。

参 考 文 献

[1] 中华人民共和国交通运输部. 公路工程质量检验评定标准 第一册 土建工程：JTG F80/1—2017[S]. 北京：人民交通出版社，2017.

[2] 中华人民共和国交通运输部. 公路沥青路面施工技术规范：JTG F 40—2004[S]. 北京：人民交通出版社，2004.

[3] 中华人民共和国交通运输部. 公路路基设计规范：JTG D30—2015[S]. 北京：人民交通出版社，2015.

[4] 中华人民共和国交通运输部. 公路路基施工技术规范：JTG/T 3610—2019[S]. 北京：人民交通出版社，2019.

[5] 中华人民共和国住房和城乡建设部. 建筑砂浆基本性能试验方法标准：JGJ/T 70—2009[S]. 北京：中国建筑工业出版社，2009.

[6] 中华人民共和国交通运输部. 公路土工试验规程：JTG E40—2007[S]. 北京：人民交通出版社，2007.

[7] 中华人民共和国国家质量监督检验检疫总局. 爆破安全规程 国家标准第1号修改单：GB 6722—2014/XG 1—2016[S]. 北京：中国标准出版社，2016.

[8] 中华人民共和国建设部. 施工现场临时用电安全技术规范：JGJ 46—2005[S]. 北京：中国建筑工业出版社，2005.

[9] 中华人民共和国交通运输部. 公路桥涵施工技术规范：JTG/T F50—2011[S]. 北京：人民交通出版社，2011.

[10] 中华人民共和国国家质量监督检验检疫总局. 环境空气质量标准：GB 3095—2012[S]. 北京：中国环境科学出版社，2012.